March of America Facsimile Series

Number 20

Les Voyages du
Sieur de Champlain

Samuel de Champlain

Les Voyages du Sieur de Champlain

by Samuel de Champlain

ANN ARBOR

UNIVERSITY MICROFILMS, INC.

A Subsidiary of Xerox Corporation

Foreword

Les Voyages Du Sieur De Champlain, published at Paris in 1613, was one of several books which the French navigator Samuel de Champlain wrote about his explorations in North America. As the first person to make public a detailed description of the coasts of Nova Scotia and New England, and as the founder of the first permanent French settlement in the New World at Quebec, Champlain's accounts possess a particular interest and value.

The material contained in this book covers Champlain's activities in North America between 1604-1613. He had visited America prior to 1604 and he would continue active in America as an explorer and administrator after 1613, but the middle years were especially fruitful. Included in the "first book" are descriptions of his voyages along the New England shore and his most southern penetration in 1606 to the vicinity of Cape Cod. The "second book" treats of his voyage up the St. Lawrence River in 1608, the foundation of Quebec that summer, the cruel winter which he and his companions endured there, and his discovery of Lake Champlain. Then, after a brief sojourn in France, he describes his return to New France in 1610 (which he calls his "second voyage") and his hostile encounters with the Iroquois Indians. The "third voyage" relates his trip up the St. Lawrence River and through the Lachine Rapids in 1611. Champlain added an account of his "fourth voyage" in 1613, which took him up the Ottawa River in a vain search for the sea. Although this latter account seems to be separate from the rest of the book, it was printed at the same time.

The desire to find a northern passage to China still haunted men's thoughts in Champlain's day. Indeed, Champlain tells us that to make easier the achievement of this goal the French "had in recent years attempted to establish a permanent settlement in the lands we call New France." Champlain fully realized his dependence on support from France to carry through such undertakings. Therefore he repeatedly emphasized the advantages which France derived from voyages of discovery by pointing out that because of them "we attract and bring to our country all sorts of riches." Furthermore, he wrote, because of these voyages, "the idolatry of paganism is overthrown and Christianity is proclaimed in every corner of the globe."

Champlain believed, rightly, that his "little treatise" could render valuable service by providing maps of the coasts, ports, rivers, and lands he had explored. Consequently he saw to it that numerous maps and illustrations accompanied the text.

A useful study of Champlain and his voyages is that of Narcisse E. Dionne, *Champlain* (Toronto, 1963). For an English translation of *Les Voyages*, see *The Works of Samuel de Champlain*, ed. H. P. Biggar (Toronto, 1922-1936).

Les Voyages du
Sieur de Champlain

LES VOYAGES

DV SIEVR DE CHAMPLAIN

XAINTONGEOIS, CAPITAINE
ordinaire pour le Roy, T
en la marine.

DIVISEZ EN DEVX LIVRES
ou,

*IOVRNAL TRES-FIDELE DES OBSERVA-
tions faites és defcouuertures de la Nouuelle France : tant en la defcri-
ptiõ des terres, coftes, riuieres, ports, haures, leurs hauteurs, & plufieurs
declinaifons de la guide-aymant : qu'en la creãce des peuples, leur fuperftition, façon de viure & de guerroyer : enrichi de quantité de figures.*

Enfemble deux cartes geografiques : la premiere feruant à la nauigation, dreflée felon les compas qui nordeftent, fur lefquels
les mariniers nauigent : l'autre en fon vray Meridien, auec fes
longitudes & latitudes : à laquelle eft adioufté le voyage du
deftroict qu'ont trouué les Anglois, au deffus de Labrador,
depuis le 53e. degré de latitude, iufques au 63e. en l'an 1612.
cerchans vn chemin par le Nord, pour aller à la Chine.

A PARIS,

Chez Iean Berjon, rue S. Iean de Beauuais, au Cheual
volant, & en fa boutique au Palais, à la gallerie
des prifonniers.

M. DC. XIII.

AVEC PRIVILEGE DV ROY.

AV ROY.

SIRE,

Vostre Maiesté peut auoir assez de cognoissance des descouuertures, faites pour son seruice, de la nouuelle France (dicte Canada) par les escripts que certains Capitaines & Pilotes en ont fait, des voyages & descouuertures, qui y ont esté faites, depuis quatre vingts ans, mais ils n'ont rien rendu de si recommandable en vostre Royaume, ny si profitable pour le seruice de vostre Majesté & de ses subiects; comme peuuët estre les cartes des costes, haures, riuieres, & de la situation des lieux lesquelles seront representées par ce petit traicté, que ie prens la hardiesse d'adresser à vostre Maiesté, intitulé Iournalier des voyages & descouuertures que i'ay faites auec le sieur de Mons, vostre Lieutenant, en la nouuelle France: & me voyant poussé d'vne iuste recognoissance de l'honneur que i'ay reçeu depuis dix ans, des commandements, tant de vostre Maiesté, Sire, que du feu Roy, Henry le Grand, d'heureuse memoire, qui me commanda de faire les recherches & defcouuertures les plus exactes qu'il me feroit poßible: Ce que i'ay fait auec les augmentatiõs, reprefentées par les cartes, contenues en ce petit liure, auquel il fe trouuera vne remarque particuliere des perils, qu'on pourroit encourir s'ils n'eftoyent euitez : ce que les fubiects de voftre Majefté, qu'il luy plaira employer cy apres, pour la conferuation defdictes defcouuertures pourront euiter felon la cognoiffance que leur en donneront les cartes contenues en ce traicté, qui feruira d'exemplaire en voftre Royaume, pour feruir à voftre Majefté, à l'augmentation de fa gloire, au bien de fes fubiects, & à l'honneur du feruice tres-humble que doit à l'heureux accroiffement de vos iours.

SIRE,

Voftre tref-humble, tref-obeiffant
& tref-fidele feruiteur & fubiect.

CHAMPLAIN.

A LA ROYNE REGENTE
MERE DV ROY.

ADAME,
Entre tous les arts les plus vtiles
& excellens, celuy de nauiger
m'a toufiours femblé tenir le
premier lieu : Car d'autant plus
qu'il eft hazardeux & accôpa-
gné de mille perils & naufrages, d'autant plus
auffi eft-il eftimé&releué par deffus tous, n'eftât
aucunement conuenable à ceux qui mâquent
de courage & affeurance. Par cet art nous auôs
la cognoiffance de diuerfes terres, regions, &
Royaumes. Par iceluy nous attirons & appor-
tons en nos terres toutes fortesde richeffes, par
iceluy l'idolatrie du Paganifme eft renuerfé,&
le Chriftianifme annoncé par tous les endroits
de la terre. C'eft cet art qui m'a des mô bas aage
attiré à l'aimer & qui m'a prouoqué à m'expo-
fer prefque toute ma vie aux ondes impetueu-
fes de l'Oceâ, &qui m'a fait nauiger &coftoyer
vne partie des terres de l'Amerique & principalement de la Nouuelle France, où i'ay toufiours en defir d'y faire fleurir le Lys auec l'vni-
á iij

que Religion Catholique, Apoſtolique & Ro-
maine. Ce que ie croy à preſent faire auec l'aide
de Dieu, eſtant aſſiſté de la faueur de voſtre
Majeſté, laquelle ie ſupplie treſ-humblement
de continuer à nous maintenir, afin que tout
rëuſſiſſe à l'honneur de Dieu, au bien de la France & ſplendeur de voſtre Regne, pour la grandeur & proſperité duquel, ie prieray Dieu, de
vous aſſiſter touſiours de mille benedictions, &
demeureray.

MADAME,

Voſtre treſ-humble, treſ-obeiſſant
& treſ-fidele ſeruiteur & ſubiect.

CHAMPLAIN.

AVX FRANCOIS, SVR LES
voyages du sieur de Champlain.

STANCES.

LA France estant vn iour à bon droit irritée
De voir des estrangers l'audace tant vantée,
Voulans comme ranger la mer à leur merci,
Et rendre iniustement Neptune tributaire
Estant commun à tous; ardente de cholere
Appella ses enfans, & les tançoit ainsi.

2

Enfans, mon cher soucy, le doux soin de mon ame,
Quoy? l'honneur qui espoint d'vne si douce flamme,
Ne touche point vos cœurs? Si l'honneur de mon nom
Rend le vostre pareil d'eternelle memoire,
Si le bruit de mon los redonde à vostre gloire,
Chers enfans, pouués vous trahir vostre renom?

3

Ie voy de l'estranger l'insolente arrogance,
Entreprenant par trop, prendre la iouissance
De ce grand Ocean, qui languit apres vous,
Et pourquoy le desir d'vne belle entreprise
Vos cœurs comme autresfois n'espoinçonne & n'attise?
,, Tousiours vn braue cœur de l'honneur est ialoux.

4

Apprenés qu'on a veu les François armées
De leur nombre couurir les plaines Idumées,
L'Afrique quelquefois a veu vos deuanciers,
L'Europe en a tremblé, & la fertile Asie
En a esté souuent d'effroy toute saisie,
Ces peuples sont tesmoins de leurs actes guerriers.

Ainſi moy voſtre mere en armes ſi feconde
 I'ay fait trembler ſoubs moy les trois parts de cē monde,
 La quarte ſeulement mes armes n'a gouſté.
 C'eſt ce monde nouueau dont l'Eſpagne roſtie,
 Ialouſe de mon los, ſeule ſe glorifie,
 Mon nom plus que le ſien y doit eſtre planté.

Peut eſtre direz vous que mon ventre vous donne
 Ce que pour eſtre bien, Nature vous ordonne,
 Que vous auez le Ciel clement & gracieux,
 Que de chercher ailleurs ſe rendre à la fortune,
 Et plus ſe confier à vne traiſtre Neptune,
 Se ſeroit s'hazarder ſans eſpoir d'auoir mieux.

Si les autres auoyent leurs terres cultiuées,
 De fleuues & ruiſſeaux plaiſamment abbreuuées
 Et que l'air y fut doux: ſans doute ils n'auroyent pas
 Dans ce pays lointain porté leur renommée
 Que foible on la verroit dans leurs murs enfermée
„ Mais pour vaincre la faim, on ne craint le treſpas.

Il eſt vray chers enfans, mais ne faites vous compte
 De l'honneur, qui le temps & ſa force ſurmonte?
 Qui ſeul peut faire viure en immortalité?
 Ha! ie ſçay que luy ſeul vous plaiſt pour recompenſe,
 Allés donc courageux, ne ſouffrez ceſte offenſe,
 De ſouffrir tels affrons, ce ſeroit laſcheté.

Ie n'en ſentirois pas la paſſion ſi forte,

Si nature n'ouuroit à ce deſſein la porte,
Car puis qu'elle a voulu me bagner les coſtés
De deux ſi larges mers: c'eſt pour vous faire entendre
Que guerriers il vous faut mes limites eſtendre
Et rendre des deux parts les peuples ſurmontés.

10

C'eſt trop, c'eſt trop long temps ſe priuer de l'vſage,
D'vn bien que par le Ciel vous euſtes en partage,
Allés donc courageux, faites bruire mon los,
Que mes armes par vous en ce lieu ſoyent portées
Rendés par la vertu les peines ſurmontées
„ L'honneur eſt tant plus grand que moindre eſt le repos.

11

Ainſi parla la France: & les vns approuuerent
Son diſcours, par les cris qu'au Ciel ils eſleuerent,
D'autres faiſoient ſemblant de louer ſon deſſein,
Mais nul ne s'efforçoit de la rendre contente,
Quand Champlain luy donna le fruit de ſon attente.
„ Vn cœur fort genereux ne peut rien faire en vain.

12

Ce deſſein qui portoit tant de peines diuerſes,
De dangers, de trauaux, d'eſpines de trauerſes,
Luy ſeruit pour monſtrer qu'vne entiere vertu
Peut rompre tous efforts par ſa perſeuerance
„ Emporter, vaincre tout: vn cœur plein de vaillance
„ Se monſtre tant plus grand, plus il eſt combattu.

13

François, chers compagnons, qu'vn beau deſir de gloire
Eſpoinçonnant vos cœurs, rende voſtre memoire
Illuſtrée à iamais: venez braues guerriers,

Non non ce ne sont point des esperances vaines.
Champlain à surmonté les dangers & les peines.
Veñes pour receuillir mille & mille lauriers.

14

HENRY mon grand Henry à qui la destinée
Impiteuse à trop tost la carriere bornée,
Si le Ciel t'eust laissé plus long temps icy bas,
Tu nous eusse assemblé la France auec la Chine:
Tu ne meritois moins que la ronde machine,
Et l'eussions veu courber sous l'effort de ton bras.

15

Et toy sacré fleuron, digne fils d'vn tel Prince,
Qui luis comme vn soleil aux yeux de ta Prouince,
Le Ciel qui te reserue à vn si haut dessein,
Face vn iour qu'arriuant l'effect de mon enuie,
Ie verse en t'y seruant & le sang, & la vie,
Ie ne quiers autre honneur si tel est mon destin.

16

Tes armes ô mon Roy, ô mon grand Alexandre!
Iront de tes vertus vn bon odeur espandre
Au couchant & leuant. Champlain tout glorieux
D'vn desir si hautain ayant l'ame eschauffée
Aux fins de l'Ocean plantera ton trophée,
La grandeur d'vn tel Roy doit voler iusqu'aux Cieux.

L'ANGE Parif.

A MONSIEVR DE CHAM-
plain sur son liure & ses cartes marines.

ODE.

Ve desire, tu voir encore
Curieuse temerité :
Tu cognois l'vn & l'autre More,
En ton cours est-il limité?
En quelle coste reculee
N'es-tu pas sans frayeur allee?
Et ne sers tu pas de raison?
Que l'ame est vn feu qui nous pousse,
Qui nous agite & se courouce
D'estre en ce corps comme en prison?
Tu ne trouues rien d'impossible,
Et mesme le chemin des Cieux
A peine reste inaccessible
A ton courage ambitieux.
Encore vn fugitif Dedale,
Esbranlant son aisle inegale
Eut l'audace d'en approcher,
Et ce guerrier qui de la nue
Vid la jeune Andromede nue
Preste à mourir sur le rocher.
Que n'ay ie leur aisle asseuree,
Ou celle du vent plus leger,
Ou celles des fils de Boree
Ou l'Hippogriphe de Roger.
Que ne puis-ie par characteres
Parfums & magiques mysteres

ē ij

Courir l'vn & l'autre Element.
Et quand ie voudrois l'entreprendre
Auſſi-toſt qu'vn daimon me rendre
Au bout du monde en vn moment.
Non point qu'alors ie me promette
D'aller au ſeiour eſleué
Qu'auec vne longue lunette
On a dans la lune trouué;
Ny d'apprendre ſi les lumieres
D'eſclairer au ciel couſtumieres,
Et qui font nos biens & nos maux,
D'humides vapeurs ſont nourries,
Comme icy bas dans les prairies
D'herbe on nourit les animaux.
Mais pour aller en aſſeurance
Viſiter ces peuples tous nuds
Que la bien heureuſe ignorance
En long repos a maintenus.
Telle eſtoit la gent fortunée
Au monde la premiere née,
Quand le miel en ruiſſeaux fondoit
Au ſein de la terre fleurie
Et telle ſe voit l'Hetrurie
Lors que Saturne y commandoit.
Quels honneurs & quelles loüanges
Champlain ne doit point eſperer,
Qui de ces grands pays eſtranges
Nous a ſçeu le plan figurer
Ayant neuf fois tenu la ſonde
Et porté dans ce nouueau monde

Son courage aueugle aux dangers,
Sans craindre des vents les haleines,
Ny les monftrueufes Baleines
Le butin des Bafques legers.
Efprit plus grand que la fortune
Patient & laborieux.
Toufiours foit propice Neptune
A tes voyages glorieux.
Puiffes tu d'aage en aage viure,
Par l'heureux effort de ton liure:
Et que la mefme eternité
Donne tes chartes renommées
D'huile de cedre perfumées
En garde à l'immortalité.

Motin.

ē iiÿ

SOMMAIRES DES CHAPITRES
LIVRE PREMIER

Auquel font defcrites les defcouuertures de la cofte
d'Acadie & de la Floride.

Chap. I.

L'Vtilité du commerce a induit plufieurs Princes à recercher vn chemin plus
facile pour trafiquer auec les Orientaux. Plufieurs voyages qui n'ont
point reuffi. Refolution des François à cet effect. Entreprife du fieur de Mons.
Sa commiffion, & reuocation d'icelle. Nouuelle commiffion au mefme fieur
de Mons.

Chap. II.

Defcription de l'ifle de Sable: Du Cap Breton, de la Heue: Du port au Mouton: Du port du cap Negre: Du cap & Baye de Sable: De l'ifle aux Cormorans: Du cap Fourchu: De l'ifle longue: De la baye fainćte Marie: Du port fainćte
Marguerite, & de toutes les chofes remarquables qui font le long de cefte cofte.

Chap. III.

Defcription du port Royal & des particularitez d'iceluy. De l'ifle haute. Du
port aux Mifnes. De la grande baye Françoife. De la riuiere fainćt Iean, & ce
que nous auons remarqué depuis le port aux Mifnes iufques à icelle. De l'ifle
appellée par les Sauuages Methane. De la riuiere des Etechemins & de plufieurs belles ifles qui y font. De l'ifle de fainćte Croix, & autres chofes remarquables d'icelle cofte.

Chap. IV.

Le fieur de Mons ne trouuant point de lieu plus propre pour faire vne demeure arreftée, que l'ifle de fainćte Croix, la fortifie & y fait des logemens. Retour des raiffeaux en France, & de Ralleau Secretaire d'iceluy fieur de Mons,
pour mettre ordre à quelques affaires.

Chap. V.

De la cofte, peuples & riuieres de Norembeque, & de tout ce qui s'eft paffé
durant les defcouuertures d'icelle.

CHAP. XV.

CHAP. XVI.

CHAP. XVII.

SECOND LIVRE

Auquel sont descrits les voyages faits au grand fleuue sainct Laurens, par le sieur de Champlain.

CHAP. I.

CHAP. II.

CHAP. III.

CHAP. IV.

CHAP. V.

SECOND VOYAGE DV SIEVR
de Champlain.

Chap. I.

ij

LE TROISIESME VOYAGE DV
sieur de Champlain en l'annee 1611.

CHAP. I.

CHAP. II.

CHAP. III.

CHAP. IV.

PLus est adiouté le voyage à la petite carte du destroit qu'ont trouué les Anglois au dessus de Labrador depuis le 53 degré de latitude, iusques au 63. qu ils ont descouuert en ceste presente annee 1612. pour trouuer vn passage d'aller à la Chine par le Nort, s'il leur est possible : & ont hyuerné au lieu où est ceste marque, E Ce ne fut pas sans auoir beaucoup enduré de froidures, & furent contraincts de retourner en Angletetre : ayans laissé leur chef dans les terres du Nort, & depuis six mois, trois autres vaisseaux sont partis pour pene-trer plus auant, s'ils peuuent, & par mesmes moyens voir s'ils trouueront les hommes qui ont esté delaissez audict pays.

EXTRAIT DV PRIVILEGE.

PAr lettres patentes du Roy données à Paris, le 9. de Ianuier, 1613. & de noftre regne le 3. par le Roy en fon Confeil PERREAV: & feellées en cire jaune fur fimple queüe, il eft permis à IEAN BERJON, Imprimeur & Libraire en cefte ville de Paris, imprimer ou faire imprimer par qui bon luy femblera vn liure intitulé, *Les Voyages de Samuel de Champlain Xainctongeois, Capitaine ordinaire pour le Roy en la Marine, &c.* pour le temps & terme de fix ans entiers & confecutifs à commencer du iour que ledit liure aura efté acheué d'imprimer, iufques audit temps de fix ans. Eftant femblablement fait deffenfes par les mefmes lettres, à tous Imprimeurs, marchans Libraires, & autres quelconques, d'imprimer, ou faire imprimer, vendre ou diftribuer ledit liure durant ledit temps, fans l'exprés confentement dudit BERJON, ou de celuy à qui il en aura donné permiffion, fur peine de confifcation defdicts liures la part qu'ils feront trouuez, & d'amende arbitraire, comme plus à plein eft declaré efdictes lettres.

la forme des cabannes almouchicois

nebechis

C, hirocay

C'hebree des aquecynck

Contree des sauuages appelles Iroumberoni

C, escoube nom

chanzoay

C, escoube nom

garan tha honandat

Montaignuay

Contree des équi

grand, lac contenant 300. heux de long

Luc Contenant 15 Iournees des canaux des sauuages.

chaouaroa

suda de m

Contree des

nurie

yrocou

yrocou

yrocou

combre de baroueaux

B, de port

B, de amor

B, de port

B, baru port

Oplan

Malle barre

C, haurier

soupsonneuse

C. Islane

Siguenee

figures des montaignais — figure des sauuages almouchicois

Dauid pelletier fecit

prune

fraise

cazi

groisille rouge

Raisine de 7 sortes

pigue penay

prune

fueil de tabac

la forme de siroulez

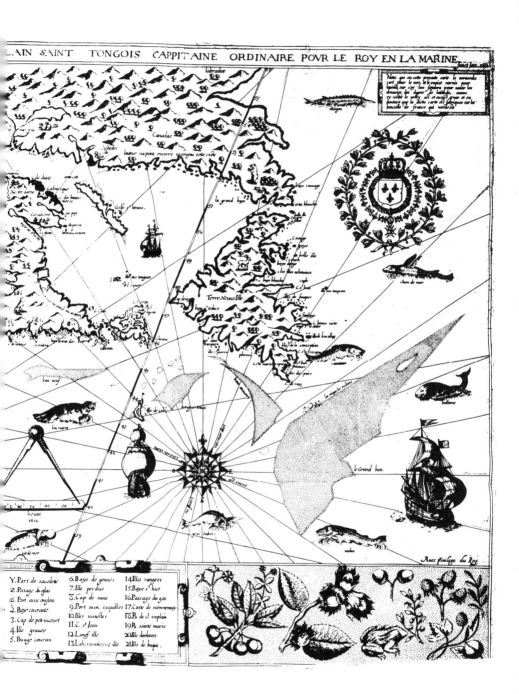

LES VOYAGES

DV SIEVR DE CHAMPLAIN

CAPITAINE ORDINAIRE POVR LE
Roy en la marine, & Lieutenant de Monsieur de Mons
gentilhomme ordinaire de la Chambre du Roy, son Lieutenant general en la Nouuelle France, & Gouuerneur
de Pons en Xaintonge,

OV

IOVRNAL TRES-FIDELE DES OBSER-
uations faites és descouuertures de la Nouuelle France: tant en la descri-
ption des terres, costes, riuieres, ports, haures, leurs hauteurs & plu-
sieurs declinaisons de la guide-aimant; qu'en la creance des peuples, leur
superstition, façon de viure & de guerroyer, enrichi de quantité de figures.

ENSEMBLE

Deux cartes geographiques : la premiere seruant à la nauigation, dre-
sée selon les compas qui nordestent, sur lesquels les mariniers nauigent: l'autre en son vray meridié, auec ses longitudes & latitudes.

PREMIER VOYAGE DE L'AN 1604.

L'vtilité du commerce a induit plusieurs | *Resolutions des François a cet effect.*
Princes a rechercher vn chemin plus | *Entreprise du Sieur de Mons: sa commis-*
facile pour trafiquer auec les Orien- | *sion & reuocation d'icelle.*
taux. | *Nouuelle commission au mesme sieur de*
Plusieurs voyages qui n'ont pas reüssy. | *Mons pour continuer son entreprise.*

CHAP. I.

SElon la diuersité des humeurs les
inclinations sont differentes: &
chacun en sa vacation a vne fin
particuliere. Les vns tirét au proffit, les autres à la Gloire, & aucuns
au bien public. Le plus grand est au commer-

A

ce, & principalement celuy qui fe faiĉt fur la
mer. De là vient le grand foulagement du peuple, l'opulence & l'ornement des Republiques.
C'eft ce qui a efleué l'ancienne Rome à la Sei-
gneurie & domination de tout le monde. Les
Venitiens à vne grandeur efgale à celle des
puiffans Roys. De tout temps il a fait foifonner
en richeffes les villes maritimes, dont Alexan-
drie & Thir font fi celebres : & vne infinité
d'autres, lefquelles rempliffent le profond des
terres aprés que les nations eftrangeres leur
ont enuoyé ce qu'elles ont de beau & de fingu-
lier. C'eft pourquoy plufieurs Princes fe font
efforcez de trouuer par le Nort, le chemin de
la Chine, afin de faciliter le commerce auec
les Orientaux, efperans que cefte route feroit
plus briefue & moins perilleufe.

En l'an 1496. le Roy d'Angleterre commit à
cefte recherche Ieã Chabot & Sebaftié fon fils.
Enuiron le mefme temps Dom Emanuel Roy
de Portugal y enuoya Gafpar Cortereal, qui
retourna fans auoir trouué ce qu'il pretendoit:
& l'année d'aprés reprenant les mefmes erres,
il mourut en l'entreprife, comme fit Michel fon
frere qui la continuoit obftinément. Es annees
1534. & 1535 Iacques Quartier eut pareille commiffion du Roy François I. mais il fut arrefté
en fa courfe. Six ans aprés le fieur de Roberual

l'ayãt renouuelee, enuoya Iean Alfonce Xain-
tongeois plus au Nort le long de la coſte deLa-
brador, qui en reuint auſſi ſçauant que les autres. Es annees 1576. 1577. & 1578. Meſſire Mar-
tin Forbicher Anglois fit trois voyages ſuiuant
les coſtes du Nort. Sept ans aprés Hunfrey Gil-
bert auſſi Anglois partit auec cinq nauires, &
s'en alla perdre ſurl'iſle de Sable, où demeurerẽt
trois de ſes vaiſſeaux. En la meſme année, & és
deux ſuiuantes Iean Dauis Anglois fit trois
voyages pour meſme ſubiect, & penetra ſoubs
les 72. degrez & ne paſſa pas vn deſtroit qui eſt
appelé auiourdhuy de ſon nom. Et depuis luy
le Capitaine Georges en fit auſſi vn enl'an 1590.
qui fut contraint à cauſe des glaces, de retourner ſans auoir rien deſcouuert. Quant aux Ho-
landois ils n'en ont pas eu plus certaine cognoiſſance a la nouuelle Zemble.

Tant de nauigations & deſcouuertures vai-
nement entrepriſes, auec beaucoup de trauaux
& deſpences, ont fait reſoudre noz François en
ces dernieres annees, à eſſayer de faire vne demeure arreſtee és terres que nous diſons la
Nouuelle France, eſperans paruenir plus facilement à la perfection de ceſte entrepriſe, la
Nauigation commençant en la terre d'outre
l'Ocean, le long de laquelle ſe fait la recherche
du paſſage deſiré: Ce qui auoit meu le Marquis

A ij

de la Roche en l'an 1598. de prendre commiſſion du Roy pour habiter ladite terre. A cet effect il deſchargea des hommes & munitions
en l'Iſle de Sable: mais les conditions qui luy
auoient eſté accordees par ſa Maieſté luy ayant
eſté deniees, il fut contraint de quitter ſon
entrepriſe, & laiſſer là ſes gens. Vn an aprez le
Capitaine Chauuin en prit vne autre pour y
conduire d'autres hommes : & peu aprez eſtât
auſſi reuocquee, il ne pourſuit pas dauantage.

Aprez ceux cy, nonobſtant toutes ces variations & incertitudes, le ſieur de Mons voulut
tenter vne choſe deſeſperee : & en demanda
commiſſion à ſa Maieſté : recognoiſſant que
ce qui auoit ruiné les entreprinſes precedentes, eſtoit faute d'auoir aſſiſté les entrepre-
neurs, qui en vn an, ny deux, n'ont peu recognoiſtre les terres & les peuples qui y ſont:
ny trouuer des ports propres à vne habitation.
Il propoſa à ſa Maieſté vn moyen pour ſupporter ces frais ſans rien tirer des deniers Royaux,
aſçauoir, de luy octroyer, priuatiuement a tous
autres la traitte de peleterie d'icelle terre. Ce
que luy ayât eſté accordé, il ſe mit en grâde &
exceſſiue deſpéce: & mena auec luy bon nombre d'hommes de diuerſes conditions: & y fit
baſtir des logemens neceſſaires pour ſes gens:
laquelle deſpence il continua trois annees con-

fecutiues, aprez lefquelles, par l'enuie & importunité de certains marchans Bafques & Bretons, ce qui luy auoit efté octroyé, fut reuocqué par le Confeil, au grand preiudice d'iceluy fieur de Mons : lequel par telle reuocation fut contraint d'abbandonner tout, auec perte de fes trauaux & de tous les vtenfilles dont il auoit garny fon habitation.

Mais comme il eut fait raport au Roy de la fertilité de la terre; & moy du moyen de trouuer le paffage de la Chine, fans les incómoditez des glaces du Nort, ny les ardeurs de la Zone torride, foubs laquelle nos mariniers paffent deux fois en allant & deux fois en retournant, auec des trauaux & perils incroiables, fa Maiefté commanda au fieur de Mons de faire nouuel equipage & renuoyer des hómes pour continuer ce qu'il auoit commencé. Il le fit. Et pour l'incertitude de fa commiffion il changea de lieu, afin d'ofter aux enuieux l'ombrage qu'il leur auoit apporté; meu auffi de l'efperance d'auoir plus d'vtilité au dedans des terres où les peuples fót ciuilifez, & eft plus facile de planter la foy Chreftienne & eftablir vn ordre comme il eft neceffaire pour la confaruation d'vn païs, que le long des riues de la mer, où habitét ordinairement les fauuages : & ainfi faire que le Roy en puiffe tirer vn proffit ineſtimable: Car il eſt aiſé à croire que les peuples de l'Europe rechercheront pluſtoſt ceſte facilité que non pas les humeurs enuieuſes & farouches qui ſuiuent les coſtes & les nations barbares.

DESCRIPTION DE L'ISLE DE SABLE: DV CAP Breton; De la Héue; Du port au Mouton; Du port du cap Negré: Du cap & baye de Sable: De l'iſle aux Cormorans : Du cap Fourchu: De l'iſle Longue: De la baye ſainĉte Marie: Du port de ſainĉte Marguerite: & de toutes les choſes remarcables qui ſont le long de cette coſte.

CHAP. II.

L E ſieur de Mons, en vertu de ſa commiſſion, ayant par tous les ports & haures de ce Royaume fait publier les defences de la traitte de pelleterie à luy accordée par ſa Maieſté, amaſſa enuiron 120. artiſans, qu'il fit embarquer en deux vaiſſeaux : l'vn du port de 120. tonneaux , dans lequel commandoit le ſieur de Pont-graué:& l'autre de 150.ou ſe il mit auec pluſieurs gentilshommes.

Le ſeptieſme d'Auril mil ſix cens quatre, nous partiſmes du Hauredegrace,&Pont-graué le 10. qui auoit le rendes-vous à Canceau 20. lieuës du cap Breton. Mais comme nous fuſmes en pleine mer le ſieur de Mons changea d'aduis & prit ſa route vers le port au Mouton, acauſe qu'il eſt plus au midy, & auſſi plus commode pour aborder, que non pas Cáceau.

Le premier de May nous eufmes cognoiffance de l'ifle de Sable, où nous courufmes rifque d'eftre perduz par la faute de nos pilotes
qui s'eftoient trompez en l'eftime qu'ils firent
plus de l'auant que nous n'eftions de 40. lieues.

Cefte ifle eft efloignee de la terre du cap
Breton de 30. lieues, nort & fu, & contient enuiron 15. lieues. Il y a vn petit lac. L'ifle eft fort
fablonneufe & n'y a point de bois de haute fu-
taie, fe ne font que taillis & herbages que pa-
fturent des bœufz & des vaches que les Portu-
gais y porterét il y a plus de 60. ans, qui feruirét
beaucoup aux gens du Marquis de la Roche :
qui en plufieurs annees qu'ils y feiournerent
prirent grande quantité de fort beaux renards
noirs, dont ils conferuerent bien foigneufemét
les peaux. Il y a force loups marins de la peau
defquels ils s'abillerent ayans tout difcipé
leurs veftemens. Par ordonnance de la Cour
de Parlement de Rouan il y fut enuoie vn vaiffeau pour les requerir : Les conducteurs firent
la peche de mollues en lieu proche de cefte ifle
qui eft toute batturiere és enuirons.

Le 8. du mefme mois nous eufmes cognoiffance du Cap de la Héue, à l'eft duquel il y a
vne Baye où font plufieurs Ifles couuertes de
fapins; & à la grand teire de chefnes, ormeaux

& bouleaux. Il eſt ioignant la coſte d'Accadie par les 44. degrez & cinq minutes de latitude, & 16. degrez 15. minutes de declinaiſon
de laguide-aimāt, diſtant à l'eſt nordeſt du Cap
Breton 85. lieuës, dont nous parlerons, cy aprez.

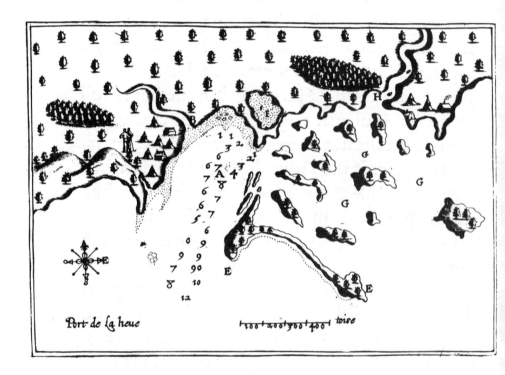

Port de ſa heue   toiſe

Les chifres montrent les braſſes d'eau.

A Le lieu ou les vaiſſeaux moullent l'ancre.	D Vne baſſe a l'entree du port	H Vne riuiere qui va dans les terres 6. ou 7. lieux, auec peu d'eau.
B Vne petite riuiere qui aſſe-che de baſſe mer.	E Vne petite iſle couuerte de bois.	
C Les lieux ou les ſauuages cabannent.	F Le Cap de la Héue.	I Vn eſtang proche de la mer.
	G Vne baye ou il y a quanti-té d'iſles couuertes de bois.	

Le 12. de May nous entrasmes dans vn autre
port, à 5. lieuës du cap de la Héue, où nous primes vn vaisseau qui faisoit traitte de peleterie
contre les defences du Roy. Le chef s'appeloit
Rossignol, dont le nó en demeura au port, qui
est par les 44. degrez & vn quart de latitude.

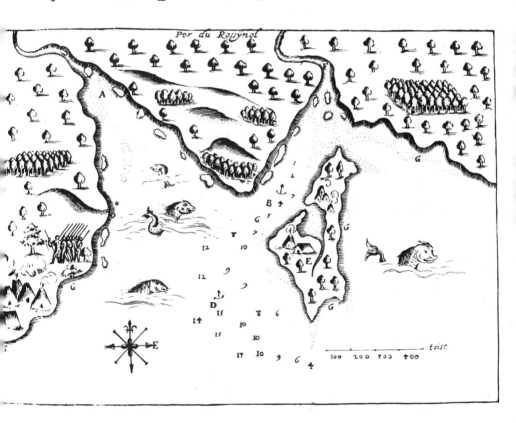

Les chifres montrent les brasses d'eau.

A Riuiere qui va 25. lieuës
dans les terres.
B Le lieu où ancrent les vaisseaux.
C Place à la grande terre où
les sauuages font leur logement.
D la rade où les vaisseaux
mouillent l'ancre en attendant la maree
E L'endroit où les sauuages
cabannent dans l'isle.
F Achenal qui asseche de basse mer.
G La coste de a grande terre.
Ce qui est piqueté demonstre
les basses.

B

Le 13. de May nous arriuafmes à vn tres-beau port, où il y a deux petites riuieres, appelé le port au Mouton, qui eſt à ſept lieuës de celuy du Roſſignol. Le terroir eſt fort pierreux, rempli de taillis & bruyeres. Il y a grand nombre de lappins; & quantité de gibier à cauſe des eſtangs qui y ſont.

Auſſi toſt que nous fuſmes deſembarquez, chacun commença à faire des cabannes ſelon ſa fantaiſie, ſur vne pointe à l'entree du port auprés de deux eſtangs d'eau douce. Le ſieur de Mons en meſme téps depeſcha vne chalouppe, dans laquelle il enuoya auec des lettres vn des noſtres, guidé d'aucuns ſauuages, le long de la coſte d'Accadie, chercher Pót-graué, qui auoit vne partie des commoditez neceſſaires pour noſtre hyuernement. Il le trouua a la Baye de Toutes-iſles fort en peine de nous (car il ne ſçauoit point qu'on eut changé d'aduis) & luy preſenta ſes lettres. Incontinent qu'il les eut leuës, il s'en retourna vers ſon nauire à Canceau, où il ſaiſit quelques vaiſſeaux Baſques qui faiſoyent traitte de pelleterie, nonobſtát les defences de ſa Maieſté; & en enuoya les chefs au ſieur de Mós: Lequel ce pendát me donna la charge d'aller recognoiſtre la coſte, & les ports propres pour la ſeureté de noſtre vaiſſeau.

Defirant accomplir fa volonté ie partis du
port au Mouton le 19.de May,dans vne barque
de huict tonneaux,accópaigné du fieurR aleau
fon Secretaire, & de dix hommes. Allant le
long de la cofte nous abordâmes à vn port tres-
bon pour les vaiffeaux , où il y a au fonds vne
petite riuiere qui entre affez auant dans les
terres, que i'ay appelé le port du cap Negré, à
caufe d'vn rocher qui deloing en a la fembláce,
lequel eft efleué fur l'eau proche d'vn cap où
nous paffames le mefme iour,qui en eft à quatre lieuës, & à dix du port au Mouton. Ce cap
eft fort dangereux à raifon des rochers qui iettent à la mer. Les coftes que ie vis iufques là
font fort baffes couuertes de pareil bois qu'au
cap de la Héue; & les ifles toutes remplies de
gibier.Tirant plus outre nous fufmes paffer la
nuict à la Baye de Sable,où les vaiffeaux peuuent mouiller l'ancre fans aucune crainte de
danger.

Le lendemain nous allames au cap de Sable, qui eft auffi fort dangereux, pour certains
rochers & batteures qui iettent prefque vne
lieuë à la mer . Il eft à deux lieuës de la baye
de Sable,où nous paffames la nuict precedente.
Delà nous fufmes en l'ifle aux Cormorans,qui
en eft à vne lieue, ainfi appelee àcaufe du nombre infini qu'il y a de ces oyfeaux, où nous pri-

mes plein vne barrique de leurs œufs. Et de
ceſt iſle nous fiſmes l'oueſt enuiron ſix lieues
trauarſant vne baye qui fuit au Nort deux ou
trois lieues: puis rencontraſmes pluſieurs iſles
qui iettent 2. ou trois lieues àla mer, leſquelles
peuuent contenir les vnes deux, les autres trois,
lieues, & d'autres moins, ſelon que i'ay peu iuger. Elles ſont la pluſpart fort dangereuſes à
aborder aux grands vaiſſeaux, à cauſe des grandes marees, & des rochers qui ſont à fleur d'eau.
Ces iſles ſont remplies de pins, ſapins, boulleaux & de trébles. Vn peu plus outre, il y en a
encore quatre. En l'vne nous viſmes ſi grande
quātité d'oiſeaux appelez tangueux, que nous
les tuyōs aiſemét à coups de baſtō. En vne autre
nous trouuâmes le riuage tout couuert de loups
marins, deſquels nous primes autant que bon
nous ſembla. Aux deux autres il y a vne telle a-
bondáce d'oiſeaux de differentes eſpeces, qu'on
ne pourroit ſe l'imaginer ſi l'on ne l'auoit veu,
comme Cormorans, Canards de trois ſortes,
Oyees, Marmettes, Outardes, Perroquets de
mer, Beccacines, Vaultours, & autres Oyſeaux
de proye: Mauues, Allouettes de mer de deux
ou trois eſpeces, Herons, Goillans, Courlieux,
Pyes de mer, Plongeons, Huats, Appoils, Cor-
beaux, Grues, & autres ſortes que ie ne cognois point, leſquels y font leurs nyds. Nous

les auons nommees, isles aux loups marins. Elles sont par la hauteur de 43. degrez & demy
de latitude, distantes de la terre ferme ou Cap
de Sable de quatre à cinq lieues. Apres y auoir
passé quelque temps au plaisir de la chasse
(& non pas sans prendre force gibier) nous
abordâmes à vn cap qu'auons nommé le port
Fourchu; i'autant que sa figure est ainsi, distant
des isles aux loups marins cinq à six lieues. Ce
port est fort bon pour les vaisseaux en son entree: mais au fonds il asseche presque tout de
basse mer, forsle cours d'vne petite riuiere, toute enuironnee de prairies, qui rendét ce lieu assez aggreable. La pesche de moruës y est bonne
auprés du port. Partát de là nous fismes le nort
dix ou douze lieues sans trouuer aucun port
pour les vaisseaux, sinon quátité d'ances ou playes tresbelles, dont les terres semblét estre propres pour cultiuer. Les bois y sont tres-beaux,
mais il y a bien peu de pins & de sappins. Ceste
coste est fort seine, sans isles, rochers ne basses:
de sorte que seló nostre iugemét les vaisseaux y
peuuét aller en asseurance. Estans esloignez vn
quart de lieuë de la coste, nous fusmes à vne isle,
qui s'appelle l'isle Lógue, qui git nort nordest,
& sur surouest, laquelle faict passage pour aller dedans la grande baye Françoise, ainsi nommee par le sieur de Mons.

B iij

Ceſte iſle eſt de ſix lieues de lóg:& a en quelques endroicts prés d'vne lieue de large, & en
d'autres vn quart ſeulemét. Elle eſt remplie de
quátité de bois,cóme pins &boulleaux.Toute
la coſte eſt bordee de rochers fort dágereux:&
n'y a point de lieu propre pour les vaiſſeaux,
qu'au bout de l'iſle quelques petites retrait-
tes pour des chaloupes , & trois ou quatre
iſlets de rochers, où les ſauuages prennent force loups marins. Il y court de grandes marees,
& principalement au petit paſſage de l'iſle,
qui eſt fort dangereux pour les vaiſeaux s'ils
vouloyent ſe mettre au haſard de le paſſer.

Du paſſage de l'iſle Lógue fiſmes le nordeſt
deux lieux, puis trouuâmes vne ance où les
vaiſſeaux peuuent ancrer en ſeureté, laquelle a
vn quart de lieue ou enuiron de circuit. Le
fonds n'eſt que vaſe,& la terre qui l'enuironne
eſt toute bordee de rochers aſſez hauts. En ce
lieu il y a vne mine d'argent treſbonne, ſelon
le raport du mineur maiſtre Simon,qui eſtoit
auec moy.A quelques lieues plus outre eſt auſſi vne petite riuiere, nommée du Boulay, où
la mer monte demy lieue dans les terres,à l'entree de laquelle il y peut librement ſurgir des
nauires du port de cent tonneaux. A vn quart
de lieue d'icelle il y a vn port bon pour les
vaiſſeaux où nous trouuâmes vne mine de fer

que noſtre mineur iugea rédre cinquante pour
cent.Tirant-trois lieux plus outre au nordeſt,
nous viſmes vne autre mine de fer aſſezbonne,
proche de laquelle il y a vne riuiere enuirónee
de belles &aggreables prairies. Le terroir d'al-
lentour eſt rouge cóme ſang. Quelques lieues
plus auant il y a encore vne autre riuiere qui
aſſeche de baſſe mer,horſmis ſon cours qui eſt
fort petit, qui va proche du port Royal. Au
fonds de ceſte baye y a vn achenal qui aſſeche
auſſi de baſſe mer,autour duquel y a nóbre de
prez & de bonnes terres pour cultiuer, toutesfois réplies de quátité de beaux arbres de toutes les ſortes que i'ay dit cy deſſus. Ceſte baye
peut auoir depuis l'iſleLógue iuſques au fonds
quelque ſix lieues.Toute la coſte des mines eſt
terre aſſez haute, decouppee par caps,qui paroiſſent ronds,aduançans vn peu à la mer. De
l'autre coſté de la baye au ſueſt, les terres ſont
baſſes & bonnes, où il y a vn fort bon port,
& en ſon entree vn banc par où il faut paſſer,
qui a de baſſe mer braſſe & demye d'eau, &
l'ayant paſſé on en trouué trois & bon fonds.
Entre les deuxpointes du port il y a vn iſlet de
caillons qui couure de plaine mer. Ce lieu va
demye lieue dans les terres. La mer y baiſſe de
trois braſſes, &y a force coquillages, comme
moulles coques & bregaux. Le terroir eſt des

meilleurs que i'aye veu. I'ay nommé ce port,le port fainĉte Marguerite. Toute cefte cofte du fueft eft terre beaucoups plus baffe que celle des mines qui ne font qu'a vne lieue & demye de la cofte du port de fainĉte Marguerite,de la largeur de la baye, laquelle a trois lieues en fon entree. Ie pris la hauteur en ce lieu, & la trouué par les 45. degrez & demy, & vn peu plus de latitude, & 17. degrez 16. minuttes de declinaifon de la guide-aymant.

Apres auoir recogneu le plus particuliere-mét qu'il me fut poffible les coftes ports & ha-ures,ie m'en retourné au paffage de l'ifle Longue fans paffer plus outre, d'où ie reuins par le dehors de toutes les ifles, pour remarquer s'il y auoit point quelques dangers vers l'eau: mais nous n'en trouuâmes point, finon aucuns rochers qui font à pres de demye lieue des ifles aux loups marins, que l'on peut efuiter facilement: d'autant que la mer brife par deffus. Continuant noftre voyage nous fufmes furpris d'vn grand coup deuent qui nous contrai-gnit d'efchouer noftre barque à la cofte, où nous courufmes rifque de la perdre : ce qui nous eut mis en vne extrefme peine. La tourmente eftant ceffee nous nous remifmes en la mer: & le lendemain nous arriuafmes au port du Mouton, où le fieur de Mons nous atten-

doit

doit de iour en iour ne sachãt que péser de nostre seiour, sinon qu'il nous fust arriué quelque
fortune. Ie luy fis relatiõ de tout nostre voyage
& où nos vaisseaux pouuoyent aller en seureté.
Cependant ie cõsideré fort particlieremẽt ce
lieu, lequel est par les 44. degrez de latitude.

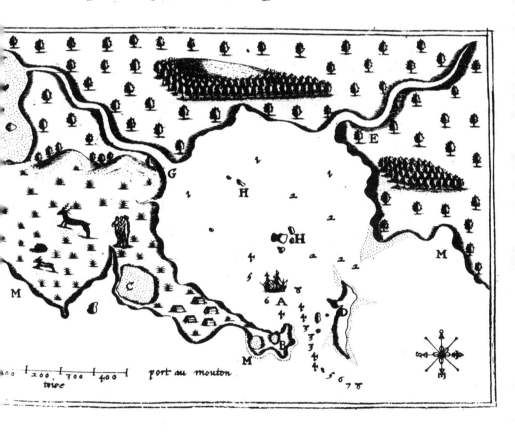

port au mouton

Les chifres montrent les brasses d'eau.

A Les lieux où posent les vais- | couuerte de bois. | H 6. Petites isles qui sont dãs
seaux. | E Vne riuiere qui est assez | le port.
B Le lieu où nous fismes nos | basse d'eau. | L Cãpagne où il n'y a que des
logemens. | F Vn estang. | tailis & bruyeres fort petites,
C Vn estang. | G Ruisseau assez grand, qui | M La coste du costé de la mer.
D Vne isle à l'entree du port | vient de l'estang f. |

Le lendemain le ſieur de Mons fit leuer les
ancres pour aller à la baye ſainƈte Marie, lieu
qu'auions recogneu propre pour noſtre vaiſſeau, attendant que nous en euſſions trouué
vn autre plus commode pour noſtre demeure. Rengeant la coſte nous paſſames proche
du cap de Sable & des iſles aux loups marins,
où le ſieur de Mõs ſe delibera d'aller dans vne
chalouppe voir quelques iſles dont nous luy
auions faiƈt recit, & du nõbre infini d'oiſeaux
qu'il y auoit. Il s'y mit donc accompagné du
ſieur de Poitrincourt & de pluſieurs autres gé-
tilshõmes en intétion d'aller en l'iſle aux Tangueux, où nous auiõs auparauãt tué quãtité de
ces oyſeaux à coups de baſton. Eſtant vn peu
loing de noſtre nauire il fut hors de noſtre puiſſance de la gaigner, & encore moins noſtre vaiſſeau : car la maree eſtoit ſi forte que nous fuſmes cõtrains de relaſcher en vn petit iſlet, pour
y paſſer celle nuiƈt, auquel y auoit grand
nombre de Gibier. I'y tué quelques oyſeaux
de riuiere, qui nous ſeruirent bien : d'autãt que
nous n'auiõs pris qu'vn peu de biſcuit, croyãs
retoúrner ce meſme iour. Le lendemain nous
fuſmes au cap Fourchu, diſtant de là, demye
lieue. Rengeant la coſte nous fuſmes trouuer
noſtre vaiſſeau qui eſtoit en la baye ſainƈte Ma-
rye. Nos gens furent fort en peine de nous l'e-

ſpace de deux iours, craignant qu'il nous fuſt arriué quelque malheur : mais quand ils nous virent en lieu de ſeureté, celà leur donna beau-coup de reſiouiſſance.

Deux ou trois iours aprés noſtre arriuee, vn de nos preſtres, appellé meſire Aubry, de la ville de Paris, s'eſgara ſi bien dans vn bois en allant chercher ſon eſpee laquelle il y auoit ou-blyee, qu'il ne peut retrouuer le vaiſſeau : & fut 17. iours ainſi ſans aucune choſe pour ſe ſubſtanter, que quelques herbes ſeures & ai-grettes comme de l'oſeille, & des petits fruits de peu de ſubſtáce, gros comme groiſelles, qui viennent rempant ſur la terre. Eſtant au bout de ſon rollet, ſans eſperance de nous reuoir ia-mais, foible & debile, il ſe trouua du coſté de la baye Françoiſe, ainſi nommee par le ſieur de Mons, proche de l'iſle Longue, où il n'en pou-uoit plus, quand l'vne de nos chalouppes al-lât à la peſche du poiſſon, l'aduiſa, qui ne pou-uant appeller leur faiſoit ſigne auec vne gaule au bout de laquelle il auoit mis ſon chappeau, qu'on l'allaſt requerir : ce qu'ils firent auſſi toſt & l'ammenerent. Le ſieur de Mons l'a-uoit faict chercher, tant par les ſiens que des ſauuages du païs, qui coururent tout le bois & n'en apporterent aucunes nouuelles. Le tenant pour mort, on le voit reuenir dans la

chalouppe au grand contentement d'vn chacun: Et fut vn long temps à ſe remettre en ſon
premier eſtat.

CHAP. III

A Quelques iours de là, le ſieur de Mons ſe
delibera d'aller deſcouurir les coſtes de la
baye Frãçoiſe: & pour cet effeۥ partit du vaiſſeau le 16. de May, & paſſames par le deſtroit de
l'iſle Lõgue. N'ayant trouué en la baye S. Marie
aucun lieu pour nous fortiffier qu'auec beaucoup de tẽps, celà nous fit reſoudre de voir ſi à
l'autre il n'y en auroit point de plus propre.
Mettãt le cap au nordeſt 6. lieux, il y a vne ance
où les vaiſſeaux peuuẽt mouiller l'ancre à 4. 5. 6.
& 7. braſſes d'eau. Le fonds eſt Sable. Ce lieu
n'eſt que cõme vne rade. Continuãt au meſme
vent deux lieux, nous entraſmes en l'vn des
beaux ports que i'euſſe veu en toutes ces coſtes, où il pourroit deux mille vaiſſeaux en ſeureté. L'entree eſt large de huiۥ cens pas:
puis on entre dedans vn port qui a deux lieux
de long & vne lieu ede large, que i'ay nommé

port Royal, où deffendent trois riuieres, dont
il y en a vne affez grande, tirant à l'eft, appel-
lee la riuiere de l'Equille, qui eft vn petit
poiffon de la grandeur d'vn Efplan, qui s'y pefche en quantité, côme aüffi on fait du Harang,
& plufieurs autres fortes de poiffon qui y
font en abondance en leurs faifons. Cefte riuiere a prés d'vn quart de lieue de large en fon entree, où il y a vne ifle, laquelle peut contenir
demye lieue de circuit, remplie de bois ainfi
que tout le refte du terroir, comme pins,
fapins, pruches, boulleaux, trábles, & quelques
chefnes qui font parmy les autres bois en petit
nombre. Il y a deux entrees en ladite riuiere,
l'vne du cofté du nort: l'autre au fu de l'ifle. Celle du nort eft la meilleure, où les vaiffeaux peuuent mouiller l'ancre à l'abry de l'ifle à 5. 6. 7. 8.
& 9. braffes d'eau : mais il faut fe donner garde quelques baffes qui font tenant à l'ifle, & a
la grand terre, fort dangereufes, fi on n'a recogneu l'achenal.

Nous fufmes quelques 14. ou 15. lieux où la
mer monte, & ne va pas beaucoup plus auant
dedans les terres pour porter bafteaux : En ce
lieu elle contient 60. pas de large, & enuiron
braffe & demye d'eau. Le terroir de cefte
riuiere eft remply de force chefnes, frefnes &
autres bois. De l'entree de la riuiere iufques au

C iij

lieu où nous fufmes y a nombre de preries:
mais elles font innondees aux grádes marees,
y ayant quantité de petits ruiffeaux qui trauerfent d'vne part & d'autre, par où des chalouppes & batteaux peuuét aller de pleine mer. Ce
lieu eftoit le plus propre & plaifant pour habiter que nous euffions veu. Dedans le port y a
vne autre ifle, diftante de la premiere prés de
deux lieues, où il y a vne autre petite riuiere
qui va affez auant dans les terres, que nous
auons nommée la riuiere fainct Antoine. Son
entree eft diftante du fonds de la baye fainéte
Marie de quelque quatre lieux par le trauers
des bois. Pour ce qui eft de l'autre riuiere ce
n'eft qu'vn ruiffeau remply de rochers, où on
ne peut monter en aucune façon que ce foit,
pour le peu d'eau: & a efté nommee, le ruiffeau
de la roche. Ce lieu eft par la hauteur de 45. degrez de latitude & 17. degrez 8. minuttes de
declinaifon de la guide-ayment.

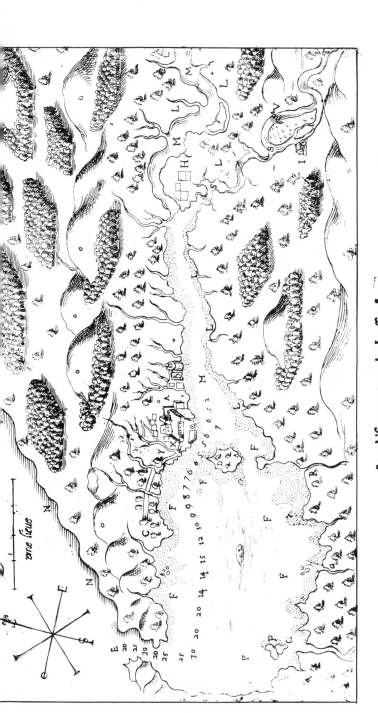

une lieue

Les chiffres montrent les brasses d'eau.

A Le lieu de l'habitation.
B Iardin du sieur de Champlain.
C Allée au trauers les bois que fit faire le sieur de Poitrincourt.
D Ille à l'entrée de la riuiere de l'Equille.
E entrée du port Royal
F Basses qu'assechéit de basse mer

G Riuiere sainct Antoine.
H Lieu du labourage où on seme le blé.
I Moulin que fit faire le sieur de Poitrincourt.
L Prairies qui sont inondées des eaux aux grandes marées.
M Riuiere de l'Equille.

N La coste de la mer du port Royal.
O Costes de montaignes.
P Ille proche de la riuiere sainct Antoine.
Q Ruisseau de la Roche
R Autre Ruisseau.

S Riuiere du moulin.
T Petit lac
V Le lieu où les sauuages peschent le harang en la saison.
X Ruisseau de la truitiere
Y Allée que fit faire le sieur de Champlain.

Apres auoir recogneu ce port, nous en partifmes pour aller plus auant dans la baye Françoife, & voir fi nous ne trouuerions point la
mine de cuiure qui auoit efté defcouuerte l'annee precedéte. Mettant le cap au nordeft huict
ou dix lieux rengeant la cofte du port Royal,
nous trauerfames vne partie de la baye comme de quelque cinq ou fix lieues; iufques
à vn lieu qu'auons nommé le cap des deux
bayes: & paffames par vne ifle qui en eft à
vne lieue, laquelle contient autant de circuit,
efleuée de 40. ou 45. toifes de haut : toute entouree de gros rochers, horf-mis en vn endroit
qui eft en talus, au pied duquel y a vn eftang
d'eau fallee, qui vient par deffoubs vne poincte
de cailloux, ayant la forme d'vn efperon. Le
deffus de l'ifle eft plat, couuert d'arbres auec
vne fort belle fource d'eau. En ce lieu y a vne
mine de cuiure. De là nous fufmes à vn port
qui en eft à vne lieue & demye, où iugeâmes
qu'eftoit la mine de cuiure qu'vn nommé Pre-
uert de fainct Mallo auoit defcouuerte par le
moyen des fauuages du païs. Ce port eft foubs
les 45. degrez deux tiers de latitude, lequel affeche de baffe mer. Pour entrer dedans il faut
ballizer & recognoiftre vne batture de Sable
qui eft à l'entree, laquelle va rengeant vn canal
fuiuant l'autre cofté de terre ferme: puis **on**
entre

entre dans vne baye qui contient prés d’vne
lieue de long, & demye de large. En quelques
endroits le fonds eſt vaſeux & ſablonneux,&
les vaiſſeaux y peuuent eſchouer.La mer y pert
& croiſt de 4. a 5. braſſes. Nous y miſmes pied
à terre pour voir ſi nous verrions les mines que
Preuerd nous auoit dit. Et ayant faiƈt enuiron
vn quart de lieue le long de certaines montagnes, nous ne trouuaſmes aucune d’icelles, ny
ne recognuſmes nulle apparéce de la deſcriptió
du port ſelon qu’il nous l’auoit figuré: Auſſi n’y
auoit il pas eſté : mais bien deux ou trois des
ſiens guidés de quelques ſauuages, partie par
terre & partie par de petites riuieres ; qu’il
attendit dans ſa chalouppe en la baye ſainƈt
Laurens,à l’entree d’vne petite riuiere:leſquels
à leur retour luy apporterent pluſieurs petits morceaux de cuiure, qu’il nous mõſtra au
retour de ſon voyage. Toutesfois nous trouuaſmes en ce port deux mines de cuiure non
en nature, mais par apparence, ſelon le rapport du mineur qui les iugea eſtre treſbonnes.

D

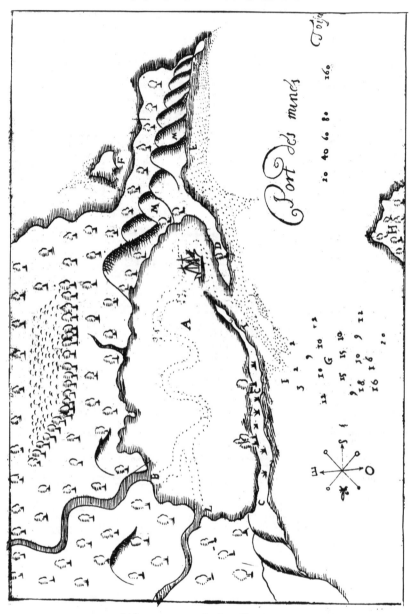

Les chifres montrent les brasses d'eau.

A Le lieu ou les vaisseaux peuuent eschouer.
B Vne petite riuiere.
C Vne langue de terre qui est de Sable.
D Vne pointe de gros cailloux qui est comme vne moule.

E Le lieu où est la mine de cuiure qui couure de mer deux fois le iour.
F Vne isle qui est derriere le cap des mines.
G La rade ou les vaisseaux posent l'ancre attendant la maree.

I Lachenal.
H L'isle haute qui est a vne lieue & demye duport aux mines.
L Petit Ruisseau.
M Costeau de montaignes le long de la coste du cap aux mines.

Le fonds de la baye Françoise que nous trauerſames entre quinze lieux dans les terres.
Tout le païs que nous auons veu depuis le petit paſſage de l'iſleLongue rangeant la coſte,ne
ſont que rochers, où il n'y a aucun endroit où
les vaiſſeaux ſe puiſſent mettre en ſeureté, ſinon le port Royal.Le païs eſt remply de quantité de pins & boulleaux, & à mon aduis n'eſt
pas trop bon.

Le 20. de May nous partiſmes du port aux
mines pour chercher vn lieu propre à faire vne
demeure arreſtee afin de ne perdre point de
temps: pour puis apres y reuenir veoir ſi nous
pourrions deſcouurir la mine de cuiure franc
que les gens de Preuerd auoient trouuee par le
moyen des ſauuages. Nous fiſmes l'oueſt deux
lieux iuſques au cap des deux bayes: puis le
nort cinq ou ſix lieux : & trauerſames l'autre
baye, où nous iugions eſtre ceſte mine de cuiure,dont nous auons deſia parlé: d'autāt qu'il y
a deux riuieres:l'vne venāt dedeuers le cap Breton : & l'autre du coſté de Gaſpe ou de Tre-
gatté, proche de la grande riuiere de ſainct
Laurens. Faiſant l'oueſt quelques ſix lieues
nous fuſmes à vne petite riuiere, à l'entree de
laquelle y a vn cap aſſez bas,qui aduance à la
mer:&vn peu dans les terres vne mōtaigne qui
a la forme d'vn chappeau de Cardinal. En ce

lieu nous trouuaſmes vne mine de fer. Il n'y a
ancrage que pour des chalouppes. A quatre
lieux à l'oueſt ſuroueſt y a vne pointe de rocher qui auance vn peu vers l'eau, où il y a de
grandes marees, qui ſont fort dangereuſes. Proche de la pointe nous viſmes vne ance qui a
enuiron demye lieue de circuit, en laquelle
trouuaſmes vne autre mine de fer, qui eſt auſſi
treſbonne. A quatre lieux encore plus de l'aduant y a vne belle baye qui entre dans les terres, où au fonds y a trois iſles & vn rocher: dont
deux ſont à vne lieue du cap tirant à l'oueſt : &
l'autre eſt à l'emboucheure d'vne riuiere des
plus grandes & profondes qu'euſſions encore
veues, que nommaſmes la riuiere S.Iean: pource que ce fut ce iour là que nous y arriuaſmes:
& des ſauuages elle eſt appelee Ouygoudy.
Ceſte riuiere eſt dangereuſe ſi on ne recognoiſt
bien certaines pointes & rochers qui ſont des
deux coſtez. Elle eſt eſtroicte en ſon entree,
puis vient à s'eſlargir : & ayant doublé vne
pointe elle eſtrecit de rechef,& fait comme vn
faut entre deux grands rochers, où l'eau y
court d'vne ſi grande viteſſe, que y jettant
du bois il enfonce en bas, & ne le voit on
plus. Mais attendant le pleine mer, l'on peut
paſſer fort aiſement ce deſtroict : & lors elle
s'eſlargit comme d'vne lieue par aucuns en-

droiɑs, où il y a trois iſles. Nous ne la recogneuſmes pas plus auant: Toutesfois Ralleau
Secretaire du ſieur de Mons y fut quelque
téps apres trouuer vn ſauuage appellé Secondon chef de la ladiɑe riuiere, lequel nous ra-
porta qu'elle eſtoıt belle, gráde & ſpacieuſe: y
ayant quantité de preries & beaux bois, comme cheſnes, heſtres, noyers & lambruches de
vignes ſauuages. Les habitans du pays vont
par icelle riuiere iuſques à Tadouſſac, qui eſt
dans la grande riuiere de ſainɑ Laurens: & ne
paſſent que peu de terre pour y paruenir. De la
riuiere ſainɑ Iean iuſques à Tadouſſac y a 65.
lieues. A l'entree d'icelle, qui eſt par le hauteur
de 45. degrez deux tiers, y a vne mine de fer.

D iij

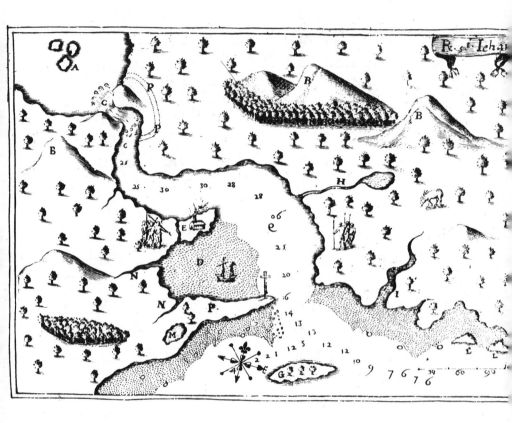

Les chifres montrent les braſſes d'eau.

A Trois iſles qui ſont par dela le ſaut.
B Montaignes qui paroiſſent
par deſſus les terres deux
lieues au ſu de la riuiere.
C Le ſaut de la riuiere.
D Baſſes quand la mer eſt perdue, ou vaiſſeaux peuuent
eſchouer.
E Cabanne où ſe fortifient les
ſauuages.

F Vne pointe de cailloux, où y
a vne croix.
G Vne iſle qui eſt a l'entree
de la riuiere.
H Petit ruiſſeau qui vient
d'vn petit eſtang.
I Bras de mer qui aſſeche de
baſſe mer.
L Deux petits iſlets de rocher.
M Vn petit eſtang.

N Deux Ruiſſeaux.
O Baſſes fort dangereuſes le
long de la coſte qui aſſe-
chent de baſſe mer.
P Chemin par où les ſauuages
portent leurs canaux quand
ils veulent paſſer le ſault.
Q Le lieu où peuuent mouiller l'ancre où la riuiere a
grand cours.

De la riuiere sainct Iean nous fusmes à
quatre isles, en l'vne desquelles nous mismes
pied à terre, & y trouuasmes grande quantité
d'oiseaux appellez Margos, dont nous prismes
force petits, qui sont aussi bons que pigeon-
neaux. Le sieur de Poitrincourt s'y pensa
esgarer : Mais en fin il reuint à nostre barque
comme nous l'allions cerchant autour de isle,
qui est esloignee de la terre ferme trois lieues.
Plus à l'ouest y a d'autres isles : entre autres vne
contenant six lieues, qui s'appelle des sauuages
Manthane, au su de laquelle il y a entre les isles
plusieurs ports bons pour les vaisseaux. Des
isles aux Margos nous fusmes à vne riuiere en
la grãde terre, qui s'appelle la riuiere des Este-
chemins, nation de sauuages ainsi nommee en
leur païs : & passames par si grande quantité
d'isles, que n'en auons peu sçauoir le nombre,
assez belles ; côtenant les vnes deux lieues les autres trois, les autres plus ou moins. Toutes ces
isles sont en vn cu de sac, qui contient à mon
iugement plus de quinze lieux de circuit : y
ayant plusieurs endrois bons pour y mettre tel
nombre de vaisseaux que l'on voudra, lesquels
en leur saison sont abondans en poisson, comme mollues, saulmons, bars, harangs, flaitans,
& autres poissons en grand nombre. Faisant
l'ouest norouest trois lieux par les isles, nous en

trafmes dans vne riuiere qui a prefque demye
lieue de large en fon entree, où ayans faiĉt vne
lieue ou deux, nous y trouuafmes deux ifles:
l'vne fort petite proche de la terre de l'oueft:
& l'autre au milieu, qui peut auoir huiĉt ou
neuf cens pas de circuit, efleuee de tous coftez
de trois à quatre toifes de rochers, fors vn petit
endroiĉt d'vne poinĉte de Sable & terre graffe,
laquelle peut feruir à faire briques, & autres
chofes neceffaires. Il y a vn autre lieu à couuert pour mettre des vaiffeaux de quatre vingt
à cent tonneaux : mais il affeche de baffe mer.
L'ifle eft remplie de fapins, boulleaux, efra-
bles & chefnes. De foy elle eft en fort bonne
fituation, & n'y a qu'vn cofté où elle baiffe
d'enuiron 40. pas, qui eft aifé à fortifier, les coftes de la terre ferme en eftans des deux coftez
efloignees de quelques neuf cens à mille pas.
Il y a des vaiffeaux qui ne pourroyent paffer
fur la riuiere qu'a la mer cy du canon d'icelle
Qui eft le lieu que nous iugeâmes le meilleur:
tant pour la fituation, bon pays, que pour le
communication que nous pretendions auec
les fauuages de ces coftes & du dedans des terres, eftans au millieu d'eux: Lefquels auec le
temps on efperoit pacifier, & amortir les guerres qu'ils ont les vns contre les autres, pour en
tirer à l'aduenir du feruice : & les reduire à la
foy

foy Chreſtiéne. Ce lieu eſt nommé par le ſieur
de Mons l'iſle ſainȼte Croix. Paſſant plus outre
on voit vne grande baye en laquelle y a deux
iſles: l'vne haute & l'autre platte: & trois riuieres, deux mediocres, dont l'vne tire vers l'O-
rient & l'autre au nord : & la troiſieſme grande, qui va vers l'Occident. C'eſt celle des Etechemins, dequoy nous auons parle cy deſſus.
Allans dedans icelle deux lieux il y a vn ſault
d'eau, où les ſauuages portent leurs cannaux
par terre quelque 500. pas, puis rentrent dedans icelle, d'où en aprés en trauerſant vn peu
de terre on va dans la riuiere de Norembegue & de ſainȼt Iean, en ce lieu du ſault que
les vaiſſeaux ne peuuent paſſer à cauſe que
ce ne ſont que rochers, & qu'il n'y a que quatre
a cinq pieds d'eau. En May & Iuin il s'y prend
ſi grande abondance de harangs & bars que
l'on y en pourroit charger des vaiſſeaux. Le
terroir eſt des plus beaux, & y a quinze ou
vingt arpens de terre deffrichee, où le ſieur de
Mons fit ſemer du froment, qui y vint fort
beau. Les ſauuages s'y retirent quelquesfois
cinq ou ſix ſepmaines durant la peſche. Tout le
reſte du païs ſont foreſts fort eſpoiſſes. Si les
terres eſtoiét deffrichees les grains y viédroiét
fort bié. Ce lieu eſt par la hauteur de 45. degrez
vn tiers de latitude, & 17. degrez 32. minuttes
de declinaiſon de la guide-ayment.

E

Isle de sainte Croix.

Les chiffres montrent les brasses d'eau.

A Le plan de l'habitation.
B Iardinages.
C Petit islet seruant de platte forme a mettre le canon.
D Platte forme où on mettoit du

E Le cimetiere.
F La chappelle.
G Basses de rochers autour de l'isle saincte Croix.
H vn petit islet

auoit fait commencer vn moulin à eau.
I Place où l'on faisoit le charbon
M Iardinages à la grãde terre de l'Ouest.

terre de l'Est.
O Grande montaigne fort haute dans la terre
P Riuiere des Etechemins passant au tour de l'isle saincte

LE SIEVR DE MONS NE TROVVANT POINT
de lieu plus propre pour faire vne demeure arreſtee que l'iſle de S. Croix,
la fortifie & y faiɛt des logemens. Tetour des vaiſſeaux en France, & de
Ralleau Secretaire d'iceluy ſieur de,Mons pour mettre ordre à quelques
affaires.

C H A P. I V.

N'Avant trouué lieu plus propre que
ceſte Iſle,nous commençames à faire vne
barricade ſur vn petit iſlet vn peu ſeparé de l'I-
ſle,qui ſeruoit de platte-forme pour mettre no•
ſtre canõ.Chacun s'y emploïa ſi vertueuſemét
qu'en peu de temps elle fut rédue en defence,
bien que les mouſquittes (qui ſont petites
mouches)nous apportaſſent beaucoup d'inco-
modité au trauail : car il y euſt pluſieurs de nos
gens qui eurent le viſage ſi enflé par leur pi-
queure qu'ils ne pouuoient preſque voir. La
barricade eſtant acheuee, le ſieur de Mons enuoya ſa barque pour aduertir le reſte de nos
gens qui eſtoiét auec noſtre vaiſſeau en la baye
ſainɛte Marie, qu'ils vinſſent à ſainɛte Croix.
Ce qui fut promptement fait : Et en les attendant nous paſſames le temps aſſez ioyeu-
ſement.

Quelques iours aprés nos vaiſſeaux eſtans
arriuez,& ayant mouillé l'ancre, vn chacun
deſcendit à terre:puis ſans perdre temps le ſieur
de Mons commança à employer les ouuriers à

E ij

baſtir des maiſons pour noſtre demeure, & me
permit de faire l'ordónáce de noſtre logemét.
Aprez que le ſieur de Mons eut prins la place
du Magazin qui cótient neuf thoiſes de long,
trois de large & douze pieds de haut, il print le
plan de ſon logis, qu'il fit promptement baſtir
par de bons ouuriers, puis aprés dóna à chacun
ſa place: & auſſi toſt on Cómença à s'aſſembler
cinq a cinq & ſix a ſix, ſelon que l'on deſiroit.
Alors tous ſe mirét à deffricher l'iſle, aller au
bois, charpenter, porter de la terre & autres
choſes neceſſaires pour les baſtimens.

Cependant que nous baſtiſſions nos logis le
ſieur de Mons depeſcha, le Capitaine Fouques
dans le vaiſſeau de Roſſignol, pour aller trouuer Pontgraué à Cáceau, afin d'auoir ce qui reſtoit des commoditez pour noſtre habitation.

Quelque temps apres qu'il fut parti, il arriua
vne petite barque du port de huiçt tonneaux,
où eſtoit du Glas de Honfleur pilotte du
vaiſſeau de Pontgraué, qui amena auec luy
les Maiſtres des nauires Baſques qui auoiét eſté
prins par ledit Pont en faiſant la traiçte de peleterie, cóme nous auons dit. Le ſieur de Mons
les receut humainement & les renuoya par ledit du Glas au Pont auec commiſſion de luy
dire qu'il emmenaſt à la Rochelle les vaiſſeaux
qu'il auoit prins, afin que iuſtice en fut faiçte.

Cependát on trauailloit fort & ferme aux logemens: les charpentiers au magazin & logis
du fieur de Mons , & tous les autres chacun
au fien; comme moy au mien, que ie fis auec
l'aide de quelques feruiteurs que le fieur d'Oruille & moy auiós; qui fut incontinent ache-
ué:où depuis le fieur de Mons fe logea attendant que le fien le fut. L'on fit auffi vn four, &
vn moulin à bras pour moudre nos bleds,qui
donna beaucoup de peine & trauail à la plufpart, pour eftre chofe penible. L'on fit aprés
quelques iardinages, tant à la grand terre que
dedans l'ifle, où on fema plufieurs fortes de
graines, qui y vindrent fort bien , horfmis en
l'ifle; d'autant que ce n'eftoit que Sable qui
brufloit tout, lors que le foleil donnoit, encore
qu'on prift beaucoup de peine à les arroufer.

E iij

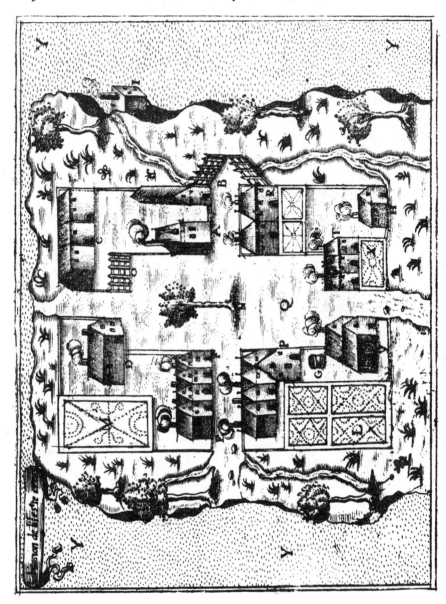

A Logis du fieur de Mons.
B Maifon publique ou l'on paffoit le temps durant la pluie.
C Le magafin.
D Logement des fuiffes.
E La forge.
F Logement des charpentiers
G Le puis.
H Le tour ou l'on faifoit le pain.

I La cuifine.
L Iardinages.
M Autres Iardins.
N La place où au milieu y a vn arbre.
O Pa liffade.
P Logis des fieurs d'Oruille, Champlain & Chandore.
Q Logis du fieur Boulay, & autres artifans.

R Logis ou logeoiët les fieurs de Geneftou, Sourin & autres artifans.
T Logis des fieurs de Beaumont, la Motte Bourioli & Fougeray.
V Logement de noftre curé.
X Autres iardinages.
Y La riuiere qui entoure l'ifle.

Quelques iours aprés le fieur de Mons fe delibera de fçauoir où eftoit le mine de cuiure
franc qu'auions tant cherchee : Et pour ceft
effect m'enuoya auec vn fauuage appellé Meffamouet, qui difoit en fçauoir bien le lieu. Ie
party dans vne petite barque du port de cinq a
fix tonneaux,& neuf matelots auec moy. A
quelque huict lieues de l'ifle,tirât à la riuiere S.
Iean,en trouuafmes vne de cuiure, qui n'eftoit
pas pur;neantmoins bonne felon le rapport du
mineur,lequel difoit que l'on en pourroit tirer
18. pour cent . Plus outre nous en trouuafmes
d'autres moindres que cefte cy . Quand nous
fufmes au lieu où nous pretédiós que fut celle
que nous cherchions le fauuage ne la peut
trouuer : de forte qu'il fallut nous enreuenir,
laiffant cette recerche pour vne autre fois.

Comme ie fus de retour de ce voyage, le
fieur de Mons refolut de renuoyer fes vaiffaux
en France, & auffi le fieur de Poitrincourt qui
n'y eftoit venu que pour fon plaifir, & pour
recognoiftre de païs & les lieux propres pour
y habiter,feló le defir qu'il en auoit: c'eft pourquoy il demáda au fieur de Mós le portRoyal,
qu'il luy donna fuiuant le pouuoir & commiffion qu'il auoit du Roy.Il renuoya auffi Ralleau fon Secretaire pour mettre ordre à quelques affaires touchant le voyage; lefquels par-

tirent de l'ifle S. Croix le dernier iour d'Aouſt audict an 1604.

DE LA COSTE, PEVPLES ET RIVIERE DE NO-
rembeque: & de tout ce qui c'eſt paſſé durant les deſcouuertures d'icelle.
CHAP. V.

APres le partement des vaiſſeaux, le ſieur de Mons ſe delibera d'enuoyer deſcouurir le long de la coſte de Norembegue, pour ne perdre temps : & me commit ceſte charge, que i'eus fort aggreable.

Et pour ce faire ie partis de S. Croix le 2. de Septembre auec vne pattache de 17. a 18. tonneaux, douze matelots, & deux ſauuages pour nous ſeruir de guides aux lieux de leur cognoiſſance. Ce iour nous trouuaſmes les vaiſſeaux où eſtoit le ſieur de Poitrincourt, qui eſtoient ancrés à l'amboucheure de la riuiere ſainte Croix, à cauſe du mauuais temps, duquel lieu ne puſmes partir que le 5. dudict mois : & eſtans deux ou trois lieux vers l'eau la brume s'eſleua ſi forte que nous perdimes auſſi toſt leurs vaiſſeaux de veue. Côtinuât noſtre route le lôg des coſtes nous fiſmes ce iour là quelque 25. lieux : & paſſames par grâde quantité d'iſles, bancs, battures & rochers qui iettent plus de quatre lieux à la mer par endroicts. Nous auôs nommé les iſles, les iſles rangees, la plus part deſquel-

defquelles font couuertes de pins & fapins, &
autres mefchants bois.Parmy ces ifles y a force
beaux & bôs ports, mais mal-aggreables pour
y demeurer. Ce mefme iour nous paffames
auffi proche d'vne ifle qui contient enuiron 4.
ou cinq lieux de lôg,auprés laquelle nous nous
cuidames perdre fur vn petit rocher à fleur
d'eau, qui fit vne ouuerture à noftre barque
proche de la quille. De cefte ifle iufques au
nord de la terre ferme il n'y a pas cêt pas de large. Elle eft fort haute couppee par endroicts,
qui paroifsét,eftât en la mer,cóme fept ou huit
montagnes rágees les vnes proches des autres.
Le fómet de la plus part d'icelles eft defgarny,
d'arbres;parce que ce ne font que rochers. Les
bois ne font que pins, fapins & boulleaux. Ie
l'ay nómée l'ifle desMonts-deferts.La hauteur
eft par les 44. degrez & demy de latitude.
    Le lendemain 6. du mois fifmes deux lieux:
& aperçeumes vne fumee dedans vne ance
qui eftoit au pied des montaignes cy deffus: &
vifmes deux canaux côduits par des fauuages,
qui nous vindrent recognoiftre à la portee du
moufquet. I'enuoyé les deux noftres dans vn
canau pour les affeurer de noftre amitié. La
crainte qu'ils eurent de nous les fit retourner. Le lendemain matin ils reuindrent au
bort de noftre barque,& parlementerent auec

F

nos ſauuages. Ie leur fis donner du biſcuit, petum & quelques autres petites bagatelles.Ces
ſauueges eſtoient venus à la chaſſe des Caſtors
& à la peſches du poiſſon , duquel ils nous
donnerent. Ayant fait alliance auec eux, ils
nous guiderent en leur riuiere dePeimtegoüet
ainſi d'eux appelee, où ils nous dirent qu'eſtoit
leur Capitaine nommé Beſſabez chef d'icelle.
Ie croy que ceſte riuiere eſt celle que pluſieurs
pilottes & Hiſtoriens appellent Norembegue: & que la plus part ont eſcript eſtre grande & ſpacieuſe,auec quantité d'iſles: & ſon entree par la hauteur de 43. & 43. & demy: &
d'autres par les 44. degrez, plus ou moins de
latitude.Pour la declinaiſon,ie n'en ay leu ny
ouy parler à perſonne. On deſcrit auſſi qu'il
y a vne grande ville fort peuplée de ſauuages adroits & habilles,ayans du fil de cotton.
Ie m'aſſeure que la pluſpart de ceux qui en font
mentió ne l'ont veue,& en parlét pour l'auoir
ouy dire à gens qui n'en ſçauoyent pas plus
qu'eux.Ie croy bien qu'il y en a qui ont peu en
auoir veu l'emboucheure, à cauſe qu'en effet il
y a quátité d'iſles,&qu'elle eſt par la hauteur de
44.degrez de latitude en ſon entree,comme ils
diſent:Mais qu'aucun y ait iamais entré il n'y a
point d'apparence : car ils l'euſſent deſcripte
d'vne autre façon, afin d'oſter beaucoup de

gens de cefte doute.

Ie diray donc au vray ce que i'en ay reco-
neu & veu depuis le commencement iufques
ou i'ay efté.

Premierement en fon entree il y a plufieurs
ifles efloignees de la terre ferme 10. ou 12. lieues
qui font par la hauteur de 44. degrez de latitude, & 18. degrez & 40. minuttes de declinaifon de la guide-aymāt. L'ifle des Móts-deferts
fait vne des pointes de l'emboucheure, tirant à
l'eft: & l'autre eft vne terre baffe appelee des
fauuages Bedabedec, qui eft à l'oueft d'icelle, di-
ftātes l'vn de l'autre neuf ou dix lieues. Et prefque au milieu à la mer y a vne autre ifle fort
haute & remarquable, laquelle pour cefte raifon i'ay nommee l'ifle haute. Tout autour il y
en à vn nombre infini de plufieurs grandeurs & largeurs: mais la plus grande eft celle
des Monts-deferts. La pefche du poiffon de
diuerfes fortes y eft fort bonne: comme auffi la
chaffe du gibier. A quelques deux ou trois
lieues de la poincte de Bedabedec, rengeant la
grande terre au nort, qui va dedans icelle riuiere, ce font terres fort hautes qui paroiffent à
la mer en beau temps 12. à 15. lieues. Venant
au fu de l'ifle haute, en la rengeāt comme d'vn
quart de lieue où il y a quelques battures qui
font hors de l'eau, mettant le cap à l'oueft iuf-

ques à ce que l'on ouure toutes les montaignes
qui font au nort d'icelle ifle, vous vous pouuez
affeurer qu'en voyant les huict ou neuf de-
couppees de l'ifle des Monts-deferts & celle
de Bedabedec, l'on fera le trauers de la riuiere de Norembegue : & pour entrer dedans
il faut mettre le cap au nort, qui eft fur les plus
hautes montaignes dudict Bedabedec : & ne
verrez aucunes ifles deuant vous : & pouuez
entrer feurement y ayant affez d'eau, bien que
voyez quantité de brifans, ifles & rochers à
l'eft & oueft de vous. Il faut les efuiter la fonde
en la main pour plus grande feureté : Et croy
à ce que i'en ay peu iuger, que l'on ne peut
entrer dedans icelle riuiere par autre endroict,
finon auec des petits vaiffeaux ou chalouppes: Car comme i'ay dit cy deffus le quantité
des ifles, rochers, baffes, bancs & brifans y font
de toutes parts en forte que c'eft chofe eftrange à voir.

Or pour reuenir à la continuation de noftre routte : Entrât dans la riuiere il y a de belles ifles, qui font fort aggreables, auec de belles
prairies. Nous fufmes iufques à vn lieu où les
fauuages nous guiderent, qui n'a pas plus de
demy quart de lieue de large: Et a quelques
deux cens pas de la terre de l'oueft y a vn rocher à fleur d'eau, qui eft dangereux. De là

à l'iſle haute y a quinze lieues. Et depuis ce lieu
eſtroict, (qui eſt la moindre largeur que nous
euſſions trouuee,) apres auoir faict quelque 7.
ou 8. lieues, nous rencontraſmes vne petite riuiere, où auprés il fallut mouiller l'ancre: d'autant que deuant nous y viſmes quantité de rochers qui deſcouurent de baſſe mer: & auſſi
que quand euſſions voullu paſſer plus auant
nous n'euſſions pas peu faire demye lieue: à
cauſe d'vn ſault d'eau qu'il y a, qui vient en
talus de quelque 7. a 8. pieds, que ie vis allant
dedans vn canau auec les ſauuages que nous
auions: & n'y trouuaſmes de l'eau que pour vn
canau: Mais paſſé le ſault, qui à quelques deux
cens pas de large, la riuiere eſt belle, &
continue iuſques au lieu ou nous auions
mouillé l'ancre. Ie mis pied à terre pour veoir le
païs: & allât à la chaſſe ie le trouué fort plaiſant
& aggreable en ce que i'y fis de chemin. Il
ſemble que les cheſnes qui y ſont ayent eſté
plantez par plaiſir. I'y vis peu de ſapins, mais
bien quelques pins à vn coſté de la riuiere:
Tous cheſnes a l'autre: & quelques bois taillis
qui s'eſtendent fort auant dans les terres. Et
diray que depuis l'entree où nous fuſmes, qui
ſont enuiron 25. lieux, nous ne viſmes aucune
ville ny village, ny apparence d'y en auoir eu:
mais bien vne ou deux cabannes de ſauuages

où il n'y auoit perſonne, leſquelles eſtoient faites de meſme façon que celles des Souriquois
couuertes d'eſcorce d'arbres : Et à ce qu'auons
peu iuger il y a peu de ſauuages en icelle riuiere, qu'on appele auſſi Etechemins. Ils n'y
viennent non plus qu'aux iſles, que quelques
mois en eſté durant la peſche du poiſſon &
chaſſe du gibier, qui y eſt en quantité. Ce ſont
gens qui n'ont point de retraicte arreſtee à ce
que i'ay recogneu & apris d'eux : car ils yuer-
nent tantoſt en vn lieu & tantoſt à vn autre, où
ils voient que la chaſſe des beſtes eſt meilleure;
dont ils viuent quand la neceſſité les preſſe,
ſans mettre rien en reſerue pour ſubuenir aux
diſettes qui ſont grandes quelquesfois.

   Or il faut de neceſſité que ceſte riuiere ſoit
celle de Norembegue : car paſſé icelle iuſques
au 41. degré que nous auons coſtoyé, il n'y en a
point d'autre ſur les hauteurs cy deſſus dictes,
que celle de Quinibequy, qui eſt preſque en
meſme hauteur, mais non de grande eſtendue.
D'autre part il ne peut y en auoir qui entrent
auant dans les terres : d'autant que la grande
riuiere ſaint Laurens coſtoye la coſte d'Accadie & de Norembegue, où il n'y a pas plus de
l'vne à l'autre par terre de 45. lieues, ou 60. au
plus large, comme il ſe pourra veoir par ma
carte Geographique.

Or ie laiſſeray ce diſcours pour retourner aux ſauuages qui m'auoient conduit aux ſaults de la riuiere de Norembegue, leſquels furent aduertir Beſſabez leur chef, & d'autres ſauuages, qui allerent en vne autre petite riuiere aduertir auſſi le leur, nommé Cabahis, & luy donner aduis de noſtre arriuee.

Le 16. du mois il vint à nous quelque trente ſauuages, ſur l'aſſeurance que leur donnerent ceux qui nous auoient ſeruy de guide. Vint auſſi ledict Beſſabez nous trouuer ce meſme iour auec ſix canaux. Auſsi toſt que les ſauuages qui eſtoient à terre le virent arriuer, ils ſe mirét tous à châter, dancer & ſauter, iuſques à ce qu'il eut mis pied à terre : puis aprés s'aſſirent tous en rond contre terre, ſuiuant leur couſtume lors qu'ils veulét faire quelque harãgue ou feſtin. Cabahis l'autre chef peu aprés arriua auſſi auec vingt ou tréte de ſes cópagnós, qui ſe retirét apart, & ſe reiouirét fort de nous veoir: d'autãt que c'eſtoit la premiere fois qu'ils auoient veu des Chreſtiens. Quelque temps aprés ie fus à terre auec deux de mes compagnons & deux de nos ſauuages, qui nous ſeruoient de truchemét : & donné charge à ceux de noſtre barque d'approcher prés des ſauuages, & tenir leurs armes preſtes pour faire leur deuoir s'ils aperçeuoient quelque eſmotion de ces peuples contre nous. Beſſabez nous voyant à terre nous fit aſſeoir, & commença à petuner auec ſes compagnons , comme ils font ordinairement auparauant que faire leurs diſcours. Ils nous firent preſent de venaiſon & de gibier.

Ie dy à noſtre truchement, qu'il diſt à nos ſauuages qu'ils fiſſent entendre à Beſſabez, Cabahis & à leurs compagnons , que le ſieur de Mons m'auoit enuoyé pardeuers eux pour les voir & leur pays auſſi: & qu'il vouloit les tenir en amitié, & les mettre d'accord auec les Souriquois & Canadiens leurs ennemis: Et d'auantage qu'il deſiroit habiter leur terre, & leur môtrer à la cultiuer, afin qu'ils ne trainaſſent plus vne vie ſi miſerable qu'ils faiſoient , & quelques autres propos à ce ſubiet. Ce que nos ſauuages leur firent entendre, dont ils demonſtrerent eſtre fort contens, diſant qu'il ne leur pouuoit arriuer plus grand bien que d'auoir noſtre amitié: & deſiroyent que l'on habitaſt leur terre, & viure en paix auec leur ennemis: afin qu'a l'aduenir ils allaſſent à la chaſſe aux Caſtors plus qu'ils n'auoient iamais faiƈt, pour nous en faire part, en les accômodant de choſes neceſſaires pour leur vſage. Apres qu'il eut acheué ſa harangue, ie leur fis preſent de haches, patinoſtres, bonnets, couſteaux & autres petites

tites ioliuetés:aprez nous nous feparafmes les
vns des autres. Tout le refte de ce iour, & la
nuiét fuiuante, ils ne firent que dancer,châter
& faire bonne chere, attendans le iour auquel
nous treétafmes quelque nóbre de Caftors: &
aprez chacun s'en retourna, Beffabez auec fes
compagnons de fon cofté, & nous du noftre,
fort fatiffaits d'auoir eu cognoiffance de ces
peuples.

Le 17.du mois ie prins la hauteur,& trouuay
45. degrez & 25. minuttes de latitude: Ce faiét
nous partifmes pour aller à vne autre riuiere
appelee Quinibequy,diftáte de ce lieu de trente cinq lieux,& prés de 20.deBedabedec.Cefte
nation de fauuages de Quinibequy s'appelle
Etechemins, auffi bien que ceux de Norembegue.

Le 18. du mois nous paffames prés d'vne petite riuiere où eftoit Cabahis, qui vint auec
nous dedans noftre barque quelque douze
lieues:Et luy ayant demandé d'où venoit la riuiere de Norembegue,il me dit qu'elle paffé le
fault dont i'ay faiét cy deffus mention , & que
faifant quelque chemin en icelle on entroit
dás vn lac par où ils vót à la riuiere de S. Croix,
d'où ils vont quelque peu par terre, puis
entrent dans la riuiere des Etechemins. Plus
au lac defcent vne autre riuiere par où ils

G

vont quelques iours, en aprés entrent en vn autre lac, & paſſent par le millieu; puis eſtans paruenus au bout, ils font encore quelque chemin par terre, aprés entrent dans vne autre petite riuiere qui vient ſe deſcharger à vne lieue de Quebec, qui eſt ſur le grand fleuue S. Laurés. Tous ces peuples de Norembegue ſont fort baſannez, habillez de peaux de caſtors & autres fourrures, cóme les ſauuages Cannadiens & Souriquois : & ont meſme façon de viure.

Le 20. du mois rangeaſmes la coſte de l'oueſt, & paſſames les montaignes de Bedabedec, où nous mouillaſmes l'ancre: Et le meſme iour recogneuſmes l'entree de la riuiere, où il peut aborder de grands vaiſſeaux : mais dedás il y a quelques battures qu'il faut eſuiter la ſonde en la main. Nos ſauuages nous quitterent, d'autát qu'ils ne vollurent venir a Quinibequy: parceque les ſauuages du lieu leur ſont grands ennemis. Nous fiſmes quelque 8. lieux rangeant la coſte de l'oueſt iuſques à vne iſle diſtante de Quinibequy 10. lieux, où fuſmes cótrainćts de relaſcher pour le mauuais temps & vent contraire. En vne partye du chemin que nous fiſmes nous paſſames par vne quantité d'iſles & briſlans qui iettent à la mer quelques lieues fort dágereux. Et voyát que le mauuais temps nous contrarioit si fort, nous ne passames pas plus outre que trois ou 4. lieues. Toutes ces isles & terres sont répliesde quantité de pareil bois que i'ay dit cy dessus aux autres costes. Et considerant le peu de viures que nous auions, nous resolusmes de retourner à nostre habitation, attendans l'annee suiuante où nous esperions y reuenir pour recognoistre plus amplement. Nous y rabroussames donc chemin le 23. Septembre & arriuasmes en nostre habitation le 2. Octobre ensuiuant.

Voila au vray tout ce que i'ay remarqué tant des costes, peuples que riuiere de Norembegue, & ne sont les merueilles qu'aucuns en ont escrites. Ie croy que ce lieu est aussi mal aggreble en yuer que celuy de nostre habitation, dont nous fusmes bien desceus.

DV MAL DE TERRE, FORT CRVELLE MALA-
die. A quoy les hommes & femmes sauuages passent le temps durant
l'yuer. Et tout ce qui ce passa en l'habitation pendant l'yuernement.

C H A P. V I.

COmme nous arriuasmes à l'isle S. Croix chacun acheuoit de se loger. L'yuer nous surprit plustost que n'esperions, & nous empescha de faire beaucoup de choses que nous nous estiós proposées. Neátmoins le sieur de Mós ne

laiſſa de faire faire des iardinages dans l'iſle.
Beaucoup commancerent à deffricher chacun le ſien;& moy auſſi le mien,qui eſtoit aſſez
grand,où ie ſemay quantité de graines,comme
firent auſſi ceux qui en auoient , qui vindrent
aſſez bien.Mais comme l'iſle n'eſtoit que Sable-
tout y bruſloit preſque lors que le ſoleil y donnoit: & n'auions point d'eau pour les arrouſer,
ſinõ de celle de pluye,qui n'eſtoit pas ſouuent.

    Le ſieur de Mons fit auſſi deffricher à la grãde
terre pour y faire des iardinages , & aux ſaults
il fit labourer à trois lieues de noſtre habitation , & y fit ſemer du bled qui y vint treſbeau
& à maturité. Autour de noſtre habitation il y
a de baſſe mer quantité de coquillages,comme
coques, moulles, ourcins & bregaux , qui faiſoyent grand bien à chacun.

    Les neges commencerent le 6.du mois d'O-
ctobre. Le 3. de Decembre nous viſmes paſſer
des glaſſes qui venoyent de quelque riuiere
qui eſtoit gellee. Les froidures furent aſpres &
plus exceſſiues qu'en France,& beaucoup plus
de duree: & n'y pleuſt preſque point ceſt yuer.
Ie croy que cela prouient des vents du nord &
noroueſt, qui paſſent par deſſus de hautes mõ-
taignes qui ſont touſiours couuertes de neges,
que nous euſmes de trois à quatre pieds de haut,
iuſques à la fin du mois d'Auril;& auſſi qu'elle

ſe concerue beaucoup plus qu'elle ne feroit ſi
le païs eſtoit labouré.

Durant l'yuer il ſe mit vne certaine maladie
entre pluſieurs de nos gens, appelée mal de la
terre, autrement Scurbut, à ce que i'ay ouy dire
depuis à des hommes doctes. Il s'engendroit
en la bouche de ceux qui l'auoient de gros
morceaux de chair ſuperflue & baueuſe (qui
cauſoit vne grande putrefaction) laquelle ſur-
montoit tellement, qu'ils ne pouuoient preſque prendre aucune choſe, ſinon que bien
liquide. Les dents ne leur tenoient preſque
point, & les pouuoit on arracher auec les doits
ſans leur faire douleur. L'on leur coupoit
ſouuent la ſuperfluité de cette chair, qui leur
faiſoit ietter force ſang par la bouche. Apres
il leur prenoit vne grande douleur de bras
& de iambes, leſquelles leur demeurerent
groſſes & fort dures, toutes tachetes cóme de
morſures de puces, & ne peuuoient marcher à
cauſe de la contraction des nerfs : de ſorte
qu'ils demeuroient preſque ſans force, & s'en-
toient des douleurs intolerables. Ils auoient
auſſi douleur de reins, d'eſtomach & de ventre, vne thoux fort mauuaiſe, & courte haleine:
bref ils eſtoient en tel eſtat, que la pluſpart des
malades ne pouuoient ſe leuer n'y remuer, &
meſme ne les pouuoit on tenir debout, qu'ils
G iij

ne tombaſſent en ſyncope: de façon que de 79.
que nous eſtions, il en mourent 35. & plus de
20. qui en furēt bien prés: La plus part de ceux
qui reſterent ſairs, ſe plaignoient de quelques petites douleurs & courte haleine. Nous
ne puſmes trouuer aucun remede pour la cura-
tion de ces maladies. L'on en fit ouuerture de
pluſieurs pour recognoiſtre la cauſe de leur
maladie.

L'on trouua à beaucoup les parties interieures gaſtees, comme le poulmon, qui eſtoit tellement alteré, qu'il ne s'y pouuoit recognoiſtre aucune humeur radicalle: la ratte cereuſe
& enflee: le foye fort legueux & t'achetté,
n'ayant ſa couleur naturelle: la vaine caue, aſ-
cendante & deſcendāte remplye de gros ſang
agulé & noir: le fiel gaſté: Toutesfois il ſe trouua quantité d'arteres, tant dans le ventre
moyen qu'inferieur, d'aſſez bonne diſpoſition.
L'on dōna à quelques vns des coups de raſoüer
deſſus les cuiſſes à l'endroit des taches pour-
prees qu'ils auoiét, d'où ils ſortoit vn ſang cail-
le fort noir. C'eſt ce que l'on à peu recognoiſtre aux corps infectes de ceſte maladie.

Nos chirurgiens ne peurent ſi bien faire pour
eux meſmes qu'ils n'y ſoient demeurez comme les autres. Ceux qui y reſterent malades furent gueris au printemps; lequel com-

mence en ces pays là eft en May. Cela nous fit croire que le changement de faifon leur rendit pluftoft la fanté que les remedes qu'on leur auoit ordonnés.

Durant cet yuer nos boiffons gelerent toutes, horfmis le vin d'Efpagne. On donnoit le cidre à la liure. La caufe de cefte parte fut qu'il n'y auoit point de caues au magazin: & que l'air qui entroit par des fentes y eftoit plus afpre que celuy de dehors. Nous eftions côtraints d'vfer de trefmauuaifes eaux, & boire de la nege fondue, pour n'auoir n'y fontaines n'y ruiffeaux: car il n'eftoit pas poffible d'aller en la grand terre, à caufe des grâdes glaces que le flus & reflus charioit, qui eft de trois braffes de baffe & haute mer. Le trauail du moulin à bras eftoit fort penible : d'autant que la plus part eftans mal couchez , auec l'incommodité du chauffage que nous ne pouuicns auoir à caufe des glaces, n'auoient quafi point de force, & auffi qu'on ne mangeoit que chair falee & legumes durant l'yuer, qui engendrent de mauuais fang : ce qui à mon opinion caufoit en partie ces facheufes maladies. Tout cela donna du mefcontentement au fieur de Mons & autres de l'habitation.

Il eftoit mal-aifé de recognoiftre ce pays fans y auoir yuerné, car y arriuant en eté tout y eft

fort aggreable, à cauſe des bois, beaux pays
& bonnes peſcheries de poiſſon de pluſieurs
ſortes que nous y trouuaſmes. Il y a ſix mois
d'yuer en ce pays.

Les ſauuages qui y habitent ſont en petite
quãtité. Durant l'yuer au fort de neges ils vont
chaſſer aux eſlans & autres beſtes : de quoy ils
viuent la pluſpart du temps. Et ſi les neges ne
ſont grandes ils ne font guerres bien leur proffit : d'autant qu'ils ne peuuent rien prendre
qu'auec vn grandiſſime trauail, qui eſt cauſe
qu'ils endurent & patiſſent fort. Lors qu'ils ne
vont à la chaſſe ils viuent d'vn coquillage qui
s'appelle coque. Ils ſe veſtent l'yuer de bonnes
fourrures de caſtois & d'eſlans. Les femmes
font tous les habits, mais non pas ſi propre-
mẽt qu'on ne leur voye la chair au deſſous des
aiſſelles, pour n'auoir pas l'induſtrie de les
mieux accommoder . Quand ils vont à la
chaſſe ils prennent de certaines raquettes,
deux fois auſſi grandes que celles de pardeça, qu'ils s'attachent ſoubs les pieds, & vont
ainſi ſur la neige ſans enfoncer , auſſi bien
les femmes & enfans, que les hommes, leſquels
cherchent la piſte des animaux ; puis l'ayant
trouuee ils la ſuiuent iuſques à ce qu'ils aper-
coiuent la beſte : & lors ils tirent deſſus auec
leur arcs, où la tuent au coups d'eſpees emman-
chees

chees au bout d'vne demye pique, ce qui ce fait
fort aifement; d'autant que ces animaux ne
peuuent aller fur les neges fans enfoncer dedans: Et lors les femmes & enfans y viennent,
& là Cabannent & fe donnent curee : Apres
ils retournent voir s'ils en trouueront d'autres,
& paffent ainfi l'yuer. Au mois de Mars enfuiuant il vint quelques fauuages qui nous firent
part de leur chafle en leur donnant du pain &
autres chofes en efchange. Voila la façon de
viure en yuer de ces gens là, qui me femble
eftre bien miferable.

Nous attendions nos vaiffeaux à la fin d'A-
uril lequel eftant paffé chacun commença à
auoir mauuaife opinion , craignant qu'il ne
leur fuft arriué quelque fortune, qui fut occafion que le 15. de May le fieur de Mons delibera de faire accommoder vne barque du port
de 15. tonneaux, & vn autre de 7. afin de nous
en aller à la fin du mois de Iuin à Gafpé,
chercher des vaiffeaux pour retourner en France, fi cependant les noftres ne venoient: mais
Dieu nous affifta mieux que nous n'efperions:
car le 15. de Iuin enfuiuant eftans en garde enuiron fur les onze heures du foir, le Pont Capitaine de l'vn des vaiffeaux du fieur de Mons
arriua dans vne chalouppe, lequel nous dit que
fon nauire eftoit ancré à fix lieux de noftre ha-

H

bitations, & fut le bien venu au contentement
d'vn chacun.

Le lédemain le vaiſſeau arriua, & vint mouiller l'ancre proche de noſtre habitatió. Le pont
nous fit entendre qu'il venoit aprés luy vn
vaiſſeau de S. Maſlo, appelé le S. Eſtienne, pour
nous apporter des viures & commoditez.

Le 17. du mois le ſieur de Mons ce delibera
d'aller chercher vn lieu plus propre pour habiter & de meilleure temperature que la noſtre:
Pour c'eſt effect il fit équiper la barque de
dans laquelle il auoit penſé aller à Gaſpé.

L E 18. du mois de Iuin 1605. le ſieur de Mons
partit de l'iſle ſaincte Croix auec quelques
gentilshommes, vingt matelots & vn ſauua-
uage nommé Panounias & ſa femme, qu'il ne
voulut laiſſer, que menaſmes auec nous pour
nous guider au pays des Almouchiquois, en
eſperance de recognoiſtre & entendre plus
particuliarement par leur moyen ce qui en
eſtoit de ce pays : d'autant qu'elle en eſtoit
natiue.

Et rangeant la coſte entre Menane, qui eſt vne

isle à trois lieues de la gráde terre, nous vinsmes aux isles rangees par le dehors, où mouillasmes l'ancre en l'vne d'icelles, où il y auoit vne gráde multitude de corneilles, dót nos gens prindrét en quantité; & l'auons nommee l'isle aux corneilles. De là fusmes à l'isle des Mótsdeserts qui est à l'entree de la riuiere de Norembegue, comme i'ay dit cy dessus, & fismes cinq ou six lieues parmy plusieurs isles, où il vint à nous trois sauuages dans vn canon de la poincte de Bedabedec où estoit leur Capitaine ; & aprés leur auoir tenu quelques discours ils s'en retournerent le mesme iour.

Le vendredy premier de Iuillet nous partismes d'vne des isles qui est à l'amboucheure de la riuiere, où il y a vn port assez bon pour des vaisseaux de cent & cent cinquante tonneaux. Ce iour fismes quelque 25. lieues entre la pointe de Bedabedec & quátité d'isles & rochers, que nous recogneusmes iusques à la riuiere de Quinibequy, où à l'ouuert d'icelle il y a vne isle assez haute , qu'auons nommée la tortue , & entre icelle & la grand terre quelques rochers esparts, qui couurent de pleine mer : neantmoins on ne laisse de voir briser la mer par dessus. L'Iile de la tortue & la riuiere sont su suest & nort noroüest. Cóme l'on y entre , il y a deux moyenes isles, qui font l'en-

tree, l'vne d'vn cofté & l'autre de l'autre, & a
quelques 300. pas au dedans il y a deux rochers
où il n'y à point de bois, mais quelque peu
d'herbes. Nous mouillafmes l'ancre à 300. pas
de l'entree, à cinq & fix braffes d'eau. Eftans en
ce lieu nous fufmes furprins de brumes qui
nous firent refoudre d'entrer dedant pour voir
le haut de la riuiere & les fauuages qui y habitent; & partifmes pour cet effect le 5. du mois.
Ayans fait quelques lieues noftre barque pença fe perdre fur vn rocher que nous frayames
en paffant. Plus outre rencontrafmes deux canaux qui eftoiét venus à la chaffe aux oifeaux,
qui la plufpart muent en ce temps, & ne peuuent voler. Nous accoftames ces fauuages
par le moyen du noftre, qui les fut trouuer
auec fa femme, qui leur fit entendre le fubiect
de noftre venue. Nous fifmes amitié auec eux
& les fauuages d'icelle riuiere, qui nous feruit-
rent de guide : Et allant plus auant pour veoir
leur Capitaine appelé Manthoumermer, comme nous eufmes fait 7. à 8. lieux nous paffames par quelques ifles, deftroits & ruiffeaux,
qui s'efpandent le long de la riuiere, où vifmes
de belles prairies : & coftoyant vne ifle qui à
quelque quatre lieux de long ils nous mene-
rent où eftoit leur chef, auec 25. ou 30. fauuages,
lequel auffitoft que nous eufmes mouillé l'an-

cre vint à nous dedans vn canau vn peu separé
de dix autres, où estoient ceux qui l'accom-
paignoient: Aprochant prés de nostre barque
il fit vne harangue, où il faisoit entendre l'aise
qu'il auoit de nous veoir,& qu'il desiroit auoir
nostre alliance, & faire paix auec leurs ennemis par nostre moyen,disant que le lendemain
il enuoyeroit à deux autres Capitaines sauuages qui estoient dedans les terres, l'vn appelé
Marchim, & l'autre Sazinou chef de la riuiere
de Quinibequy. Le sieur de Mons leur fit donner des gallettes & des poix, dont ils furent
fort contens.Le lendemain ils nous guiderent
en deffendant la riuiere par vn autre chemin
que n'estions venus, pour aller à vn lac: & pas-
fant par des isles, ils laifferét chacun vne fleche
proche d'vn cap par où tous les sauuages pas-
fent, & croyent que s'ils ne le faifoyent il leur
arriueroit du malheur, à ce que leur persuade
le Diable ; & viuent en ces superstitions,
comme ils font en beaucoup d'autres.Par de là
ce cap nous paffames vn fault d'eau fort estroit,
mais ce ne fut pas fans grande difficulté, car
bien qu'euffions le vent bon & frais,& que le
fiffions porter dans nos voilles le plus qu'il
nous fut poffible, fi ne le peufme nous paffer
de la façon, & fufmes contraints d'attacher à
terre vne hauffiere à des arbres, & y tirer tous

H iij

ainſi nous fiſmes tant à force de bras auec l'aide
du vent qui nous fauoriſoit que le paſſames.
Les ſauuages qui eſtoient auec nous porterent
leurs canaux par terre ne les pouuant paſſer à
la rame. Apres auoir franchi ce ſault nous viſmes de belles prairies. Ie m'eſtonnay ſi fort de
ce ſault, que deſcendant auec la maree nous l'a-
uions fort bonne, & eſtans au ſault nous la
trouuaſmes contraire, & aprés l'auoir paſſé
elle deſcendoit comme auparauant, qui nous
donna grand contentement Pourſuiuant
noſtre routte nous vinſmes au lac, qui à trois à
quatre lieues de long, où il y a quelques iſles,
& y deſcent deux riuieres, celle de Quinibequy qui vient du nort nordeſt, & l'autre du
noroueſt, par où deuoient venir Marchim &
Saſinou, qu'ayant attendu tout ce iour & voyāt
qu'ils ne venoiēt point, nous reſoluſmes d'employer le temps : Nous leuaſmes donc l'ancre,
& vint auec nous deux ſauuages de ce lac
pour nous guider, & ce iour vinſmes mouiller
l'ancre à l'amboucheure de la riuiere, où nous
peſchaſmes quātité de pluſieurs ſortes de bons
poiſſons : cependant nos ſauuages allerent à la
chaſſe, mais ils n'ē reuindrēt point. Le chemin
par où nous deſcendiſmes ladicte riuiere eſt
beaucoup plus ſeur & meilleur que celuy par
où nous auiōs eſté. L'iſle de la tortue qui eſt de-

uant l'étree de lad.riuiere, eſt par la hauteur de 44. degrez de latitude & 19. degrez 12. minutes de declinaiſon de laguide-aymant. L'on va par ceſte riuiere au trauers des terres iuſques à Quebec quelque 50. lieues ſans paſſer qu'vn trajet de terre de deux lieues: puis on entre dedans vne autre petite riuiere qui viét deſcédre dedans le grád fleuue S. Laurens. Ceſte riuiere de Quinibequy eſt fort dágereuſe pour les vaiſſeaux à demye lieue au dedans, pour le peu d'eau, grandes marees, rochèrs & baſſes qu'il y a, tant dehors que dedans. Il n'y laiſſe pas d'y auoir bon achenal s'il eſtoit bien recogneu. Si peu de pays que i'ay veu le long des riuages eſt fort mauuais : car ce ne ſont que rochers de toutes parts. Il y a quantité de petits cheſnes, & fort peu de terres labourables. Ce lieu eſt abódant en poiſſon, comme ſont les autres riuieres cy deſſus dictes. Les peuples viuent comme ceux de noſtre habitation, & nous dirent, que les ſauuages qui ſemoient le bled d'Inde, eſtoient fort auant dans les terres, & qu'ils auoient delaiſſé d'en faire ſur les coſtes pour la guerre quils auoient auec d'autres, qui leur venoient prendre. Voila ce que i'ay peu aprendre de ce lieu, lequel ie croy n'eſtre meilleur que les autres.

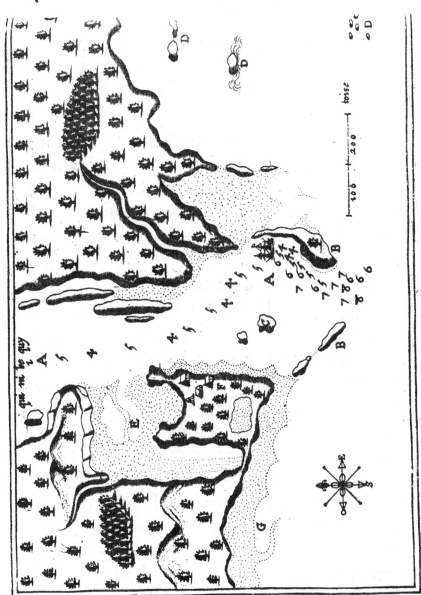

Les chifres montrent les brasses d'eau.

A Le cours de la riuiere.
B. 2. Isles qui sont à l'antré de la riuiere.
C Deux rochers qui sont dans la riuiere fort dange-reux.
D Islets & rochers qui sont le long de la coste.

E Basses ou de plaine mer vaisseaux du port de 60. tonneaux peuuét eschouer.
F Le lieu ou les sauuages ca-banét quant ils viennent à la pesche du poisson.
G Basses de sable qui sont le long de la coste.

H Vn estang d'eau douce.
I Vn ruisseau ou des chalou-pes peuuent entrer a demy flot.
L Isles au nombre de 4. qui sont dans la riuiere comme l'on est entré de dans.

Le 8.

Le 8. du mois partifmes de l'emboucheure d'icelle riuiere ce que ne peufmes faire pluftoft à caufe des brumes que nous eufmes. Nous fifmes ce iour quelque quatre lieux, & paffames par vne baye où il y a quantité d'ifles ; & voit on d'icelle de grandes montaignes à l'oueft, où eft la demeure d'vn Capitaine fauuage appelé Aneda, qui fe tient proche de la riuiere de Quinibequy. Ie me parfuaday par ce nom que c'eftoit vn de fa race qui auoit trouué l'herbe appelée Aneda, que Iacques Quartier à dict auoir tant de puiffance contre la maladie appelee Scurbut, dont nous auons def-ia parlé, qui tourmenta fes gens auffi bien que les noftres, lors qu'ils yuernerét en Canade. Les fauuages ne cognoiffent point cefte herbe, ny ne fçauent que c'eft, bien que ledit fauuage en porte le nó. Le lédemain fifmes huict lieux. Coftoyát la cofte nous apperçeufmes deux fumees que nous faifoiét des fauuages, vers lefquelles nous fufmes mouiller l'ancre derriere vn petit iflet proche de la grande terre, où nous vifmes plus de quatre vingts fauuages qui accouroyét le long de la cofte pour nous voir, danfant & faifant figne de la refiouiffance qu'ils en auoient. Le fieur de Mons enuoya deux hommes auec noftre fauuage pour les aller trouuer, & aprés qu'ils eurent parlé quelque temps

I

à eux, & les eurent affeurez de noftre amitié nous leur laiffames vn de nos gés, & eux nous baillerent vn de leurs compagnons en oftage: Cepédát le fieur de Môs fut vifiter vne ifle, qui eft fort belle de ce qu'elle contient, y ayant de beaux chefnes & noyers, la terre deffrichee & force vignes, qui aportent de beaux raifins en leur faifon : c'eftoit les premiers qu'euffions veu en toutes ces coftes de puis le cap de la Héue : Nous la nômafmes l'ifle de Bacchus. Eftans de pleine mer nous leuafmes l'ancre, & entrafmes dedans vne petite riuiere, où nous ne peufmes pluftoft: d'autât que c'eft vn haure de barre, n'y ayant de baffe mer que demie braffe d'eau, de plaine mer braffe & demie, & du grand de l'eau deux braffes; quand on eft dedans il y en a trois, quatre, cinq & fix. Comme nous eufmes mouillé l'ancre il vint à nous quantité de fauuages fur le bort de la riuiere, qui commencerent à dancer : Leur Capitaine pour lors n'eftoit auec eux, qu'ils appeloient Honemechin: il arriua enuiron deux ou trois heures apres auec deux canaux, puis s'en vint tournoyant tout autour de noftre barque. Noftre fauuage ne pouuoit entendre que quelques mots, d'autant que la langue Almouchiquoife, comme s'appelle cefte nation, differe du tout de celle des Souriquois & Ete-

chemins. Ces peuples demonſtroient eſtre fort
contens: leur chef eſtoit de bonne façon, ieune
& bien diſpoſt: l'on enuoya quelque marchandiſe à terre pour traicter auec eux, mais ils n'a-
uoient rien que leurs robbes, qu'ils changerét,
car ils ne font aucune prouiſion de pelleterie
que pour ſe veſtir. Le ſieur de Mons fit donner
à leur chef quelques commoditez, dont il fut
fort ſatisfait, & vint pluſieurs fois à noſtre
bort pour nous veoir. Ces ſauuages ſe raſent le
poil de deſſus le craſne aſſez haut, & portent le reſte fort longs, qu'ils peignent & tor-
tillent par derriere en pluſieurs façons fort
proprement, auec des plumes qu'ils attachent
ſur leur teſte. Ils ſe peindent le viſage de noir
& rouge comme les autres ſauuages qu'auons
veus. Ce ſont gens diſpoſts bien formez de leur
corps: leurs armes ſont piques, maſſues, arcs
& fleches, au bout deſquelles aucuns mettent
la queue d'vn poiſſon appelé Signoc, d'autres y
accommodent des os, & d'autres en ont toutes
de bois. Ils labourent & cultiuent la terre, ce
que n'auions encores veu. Au lieu de charuës
ils ont vn inſtrument de bois fort dur, faict
en façon d'vne beſche. Ceſte riuiere s'appelle
des habitans du pays Choüacoet.

Le lendemain le ſieur de Mons fut à terre
pour veoir leur labourage ſur le bort de la ri-

uicre, & moy auec luy, & vifmes leur bleds
qui font bleds d'Inde, qu'ils font en iardinages,
femant trois ou quatre grains en vn lieu, aprés
ils affemblent tout autour auec des efcailles du
fufdit fignoc quãtité de terre: Puis à trois pieds
delà en fement encore autant ; & ainfi confe-
cutiuement. Parmy ce bled à chafque touffeau
ils plãtent 3. ou 4. febues du Brefil, qui vienét de
diuerfes couleurs. Eftans grandes elles s'entre-
laffent au tour dud. bled, qui leue de la hauteur
de cinq à fix pieds : & tiennent le champ fort
net de mauuaifes herbes. Nous y vifmes force citrouilles, courges & petum, qu'ils cultiuét
auffi. Le bled d'Inde que nous y vifmes pour
lors eftoit de deux pieds de haut ; il y en auoit
auffi de trois. Pour les febues elles cõméçoiét à
entrer en fleur, cõme faifoyét les courges & citrouilles. Ils fement leur bled en May, & le re-
cueillent en Septembre. Nous y vifmes grande
quantité de noix, qui font petites, & ont plufieurs quartiers. Il n'y en auoit point encores
aux arbres, mais nous en trouuafmes affez deffoubs, qui eftoient de l'annee precedente.
Nous vifmes auffi force vignes, aufquelles y
auoit de fort beau grain, dont nous fifmes de
trefbon veriuft, ce que n'auions point encores veu qu'en l'ifle de Bacchus, diftante d'icelle riuiere prés de deux lieues. Leur demeu-

re arreftee, le labourage, & les beaux arbres,
nous firent iuger que l'air y eft plus temperé &
meilleur que celuy où nous yuernafmes, ny
que les autres lieux de la cofte: Mais que ie
croye qu'il n'y face vn peu de froit, bien que ce
foit par la hauteur de 43. degrez 3. quarts de lati-
titude, non. Les forefts dans les terres font fort
claires, mais pourtát réplies de chefnes, heftres
frefnes & ormeaux: Dans les lieux aquatiques
il y a quantité de faules. Les fauuages fe tiennent toufiours en ce lieu, & ont vne grande
Cabanne entouree de palliffades, faictes d'affez
gros arbres renges les vns contre les autres, où
ils fe retirent lors que leurs ennemis leur viennent faire la guerre. Ils couurét leurs cabannes
d'efcorce de chefnes. Ce lieu eft fort plaifant &
auffi aggreable que lieu que l'on puiffe voir.
La riuiere eft fort abondante en poiffon, enuironnee de prairies. A l'entree y a vn iflet capable d'y faire vne bonne forterefle, où l'on feroit
en feureté.

I iij

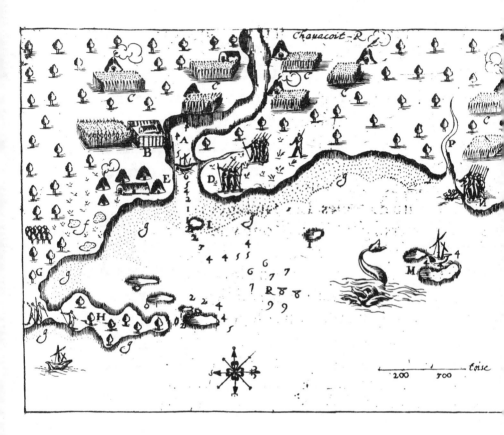

Les chifres montrent les braſſes d'eau.

A La riuiere.

B Le lieu ou ils ont leur for-
tereſſe.

C Les cabannes qui ſont parmy les champs ou auprés
ils cultiuent la terre & ſement du bled d'Inde.

D Grāde compaigne ſablon-
neuſe, neantmoins remplie
d'herbages.

E Autre lieu où ils font leurs
logemēs tous en gros ſans
eſtre ſeparez aprés la ſe-
mence de leur bleds eſtre
faite.

F Marais où il y a de bons pa-
ſturages.

G Source d'eau viue.

H Grande pointe de terre
toute deffrichee hor'mis
quelques arbres fruitiers &
vignes ſauuages.

I Petit iſlet a l'entree de la
riuiere.

L Autre iſlet.

M Deux iſles où veſſeaux
peuuent mouiller l'ancre à
l'abry d'icelles auec bon
fons.

N Pointe de terre deffrichee
où nous vint trouuer Mar-
chim.

O Quatre iſles.

P Petit ruiſſeau qui aſſeche
de baſſe mer.

Q Baſſes le long de la coſte.

R La rade où les vaiſſeaux
peuuent mouiller l'ancre
attendant le flot.

Le dimanche 12. du mois nous partifmes de la riuiere appelee Choüacoet, & rengeât la co-cofte aprés auoir fait quelque 6. ou 7. lieues le vent fe leua contraire, qui nous fit mouiller l'ancre & mettre pied à terre, où nous vifmes deux prairies, chacune defquelles contenoit enuiron vne lieue de long, & demie de large. Nous y aperceufmes deux fauuages que penfions à l'abbort eftre de gros oifeaux qui fôt en ce pays là, appelés outardes, qui nous ayans aduifés prindrent la fuite dans les bois, & ne parurent plus. Depuis Choüacoet iufques en ce lieu où vifmes de petits oifeaux, qui ont le chant comme merles, noirs horfmis le bout des aifles, qui font orangés, il y a quantité de vignes & noyers. Cefte cofte eft fablôneufe en la plufpart des endroits depuis Quinibequy. Ce iour nous retournafmes deux ou trois lieux deuers Choüacoet iufques à vn cap qu'auons nommé le port aux ifles, bon pour des vaif-feaux de cent tonneaux, qui eft parmy trois ifles. Mettant le cap au nordeft quart du nort proche de ce lieu, l'on entre en vn au-tre port où il n'y a aucun paffage (bien que ce foient ifles) que celluy par où on entre, où à l'entree y a quelques brifans de rochers qui font dangereux. En ces ifles y a tant de groifel-les rouges que l'on ne voit autre chofe en la plufpart,& vn nombre infini de tourtes, dont nous en prifines bonne quantité. Ce port aux ifles eft par la hauteur de 43. degrez 25. minutes de latitude.

Le 15. dudit mois fifmes 12. lieues. Coftoyans la cofte nous apperçeufmes vne fumee fur le riuage de la mer, dōt nous approchafmes le plus qu'il nous fut poffible, & ne vifmes aucun fauuage, ce qui nous fit croire qu'ils s'en eftoient fuys. Le foleil s'en alloit bas, & ne peufmes trouuer lieu pour nous loger icelle nuict, à caufe que la cofte eftoit platte, & fablonneufe. Mettant le cap au fu pour nous efloigner, afin de mouiller l'ancre, ayant fait enuiron deux lieues nous apperçeufmes vn cap à la grande terre au fu quart du fueft de nous, où il pouuoit auoir quelque fix lieues: à l'eft deux lieues apperçeufmes trois ou quatre ifles affez hautes,& à loueft vn grand cu de fac. La cofte de ce cul de fac toute rengee iufques au cap peut entrer dans les terres du lieu où nous eftions enuiron quatre lieues: il en a deux de large nort & fu, & trois en fon entree: Et ne recognoiffant aucun lieu propre pour nous loger, nous refolufmes d'aller au cap cy deffus à petites voiles vne partie de la nuict,&en aprochafmes à 16. braffes d'eaue où nous mouillafmes l'ancre attendant le poinct du iour.

Le

Le lendemain nous fufmes au fufd. cap, où
il y a trois ifles proches de la grãd terre,pleines
de bois de diferentes fortes,cõme àChouacoet
& partoute la cofte : & vne autre platte, où la
mer brife, qui iette vn peu plus à la mer que les
autres,où il n'y en a point. Nous nommafmes
ce lieu le cap aux ifles , proche duquel apperçeufmes vn canau, où il y auoit 5. ou 6. fauuages, qui vindrent à nous, lefquels eftans prés
de noftre barque s'en allerent danfer fur le riuage. Le fieur de Mons m'enuoya à terre pour
les veoir , & leur donner à chacun vn cou-
fteau & du bifcuit, ce qui fut caufe qu'ils
redanferent mieux qu'auparauant. Cela fait
ie leur fis entendre le mieux qu'il me fut
poffible, qu'ils me monftraffent comme alloit la cofte. Apres leur auoir depeint auec
vn charbon la baye & le cap aux ifles, où nous
eftions,ils me figurerent auec le mefme creon,
vne autre baye qu'ils reprefentoient fort grande, où ils mirent fix cailloux d'efgalle diftan-
ce,me donnant par là à entendre que chacune des marques eftoit autant de chefs &
peuplades : puis figurerent dedans lad. baye
vne riuiere que nous auions paffee, qui s'e-
ftent fort loing, & eft batturiere.Nous trouuafmes en cet endroit des vignes en quantité, dont le veriuft eftoit vn peu plus gros que

des poix;& force noyers,où les noix n'eſtoient
pas plus groſſes que des balles d'arquebuſe.
Ces ſauuages nous dirent, que tout ceux qui
habitoient en ce pays cultiuoient & enſemen-
ſoient la terre,comme les autres qu'auions veu
auparauant. Ce lieu eſt par la hauteur de 43.
degrez,& quelque minutes de latitude. Ayant
fait demie lieue nous apperçeuſmes pluſieurs
ſauuages ſur la pointe d'vn rocher, qui cou-
roient le long de la coſte,en danſant, vers leurs
compagnons,pour les aduertir de noſtre ve-
nue.Nous ayant móſtré le quartier de leur demeure,ils firēt ſignal de fumees pour nous mó-
ſtrer l'endroit de leur habitation. Nous fuſmes
mouiller l'ancre proche d'vn petit iſlet , où
l'ó enuoya noſtre canau pour porter quelques
couſteaux & gallettes aux ſauuages ; & apperçeuſmes à la quantité qu'ils eſtoiēt que ces
lieux ſont plus habitez que les autres que nous
auiós veus. Aprés auoir arreſté quelques deux
heures pour cóſiderer ces peuples,qui ont leurs
canaux faiᶜts deſcorce de boulleau,comme les
Canadiens, Souriquois & Etechemins, nous
leuaſmes l'ancre, & auec apparence de beau
temps nous nous miſmes à la voille.Pourſuiuāt
noſtre routte à l'oueſt ſuroueſt, nous y viſmes
pluſieurs iſles à l'vn & l'autre bort. Ayant fait
7. a 8. lieues nous mouillaſmes l'ancre proche

d'vne ifle où apperçeufmes force fumees tout le lõg de la cofte, & beaucoup de fauuages qui accouroient pour nous voir. Le fieur de Mons enuoya deux ou trois hommes vers eux dedans vn canau, aufquels il bailla des coufteaux & patenoftres pour leur prefenter, dont ils furent fort aifes, & danferent plufieurs fois en payement. Nous ne peufmes fçauoir le nom de leur chef, à caufe que nous n'entendiós pas leur langue. Tout le long du riuage y a quantité de terre deffrichee, & femee de bled d'Inde. Le pays eft fort plaifant & aggreable : neátmoins il ne laiffe d'y auoir force beaux bois. Ceux qui l'habitent ont leurs canaux faicts tout d'vne piece, fort fubiets à tourner, fi on n'eft bien adroit à les gouuerner : & n'en auions point encore veu de cefte façon. voicy comme ils les font. Apres auoir eu beaucoup de peine, & efté long temps à abbatre vn arbre le plus gros & le plus haut qu'ils ont peu trouuer, auec des haches de pierre (car ils n'en ont point d'autres, fi ce n'eft que quelques vns d'eux en recouurent par le moyen des fauuages de la cofte d'Accadie, aufquels on en porte pour traicter de peleterie) ils oftent l'efcorce & l'arrondiffent, horfmis d'vn cofte, où ils mettét du feu peu a peu tout le long de la piece : & prennét quelques fois des cailloux rouges & enflã-

mez, qu'ils poſent auſſi deſſus: & quand le feu
eſt trop aſpre,ils l'eſteignent auec vn peu d'eau,
non pas du tout, mais de peur que le bord du
canau ne bruſle. Eſtant aſſez creux à leur fan-
taſie, ils le raclent de toutes parts auec des
pierres,dont ils ſe ſeruent au lieu de couſteaux.
Les cailloux dequoy ils font leurs trenchans
ſont ſemblables à nos pierres à fuſil.

Le lendemain 17. dud. mois leuaſmes l'ancre
pour aller à vn cap,que nous auions veu le iour
precedét,qui nous demeuroit cóme au ſu ſuroueſt. Ce iour ne peuſmes faire que 5. lieues,
&paſſames par quelques iſles remplies de bois.
Ie recognus en la baye tout ce que m'auoient
depeint les ſauuages au cap des iſles. Pourſuiuant noſtre route il en vint à nous grád nóbre
dans des canaux,qui ſortoient des iſles, & de la
terre ferme.Nous fuſmes ancrer à vne lieue du
cap.qu'auons nommé S. Lovs, où nous apperçeuſmes pluſieurs fumees : y voulant aller noſtre barque eſchoua ſur vne roche, où nous
fuſmes en grand danger: car ſi nous n'y euſſions promptement remedié, elle eut boul-
uerſé dans la mer,qui perdoit tout à l'entour,
où il y auoit 5. à 6. braſſes d'eau : mais Dieu
nous preſerua, & fuſmes mouiller l'ancre
proche du ſuſd. cap, où il vint quinze ou ſeize
canaux de ſauuages, & en tel y en auoit 15. ou

16. qui commencerét à monftrer grands fignes de refiouiffance, & faifoient plufieurs fortes de harágues, que nous n'entendions nullemét. Le fieur de Mons enuoya trois ou quatre hommes à terre dás noftre canau, tant pour auoir de l'eau, que pour voir leur chef nommé Honabetha, qui eut quelques coufteaux, & autres ioliuetés, que le fieur de Mons luy donna, lequel nous vint voir iufques en noftre bort, auec nombre de fes compagnons, qui eftoient tant le long de la riue, que dans leurs canaux. L'on receut le chef fort humainement, & luy fit-on bonne chere : & y ayant efté quelque efpace de temps, il s'en retourna. Ceux que nous auions enuoyés deuers eux, nous apporterent de petites citrouilles de la groffeur du poing, que nous mangeafmes en fallade comme coucombres, qui font trefbonnes; & du pourpié, qui vient en quátité parmy le bled d'Inde, dont ils ne font non plus d'eftat que de mauuaifes herbes. Nous vifmes en ce lieu gráde quátité de petites maifónettes, qui font parmy les champs où ils fement leur bled d'Inde.

Plus y a en icelle baye vne riuiere qui eft fort fpatieufe, laquelle auós nommee la riuiere du Gas, qui, à mon iugemét, va rédre vers les Yroquois, natió qui a guerre ouuerte auec les mótaignars qui font en la gráde riuiere S. Lorans.

K iij

CONTINVATION DES DESCOVVERTVRES DE LA
coste des Almouchiquois, & de ce qu'y auons remarqué de particulier.
Chap. VIII.

LE lendemain doublasmes le cap S. Louys, ainsi nommé par le sieur de Mons, terre mediocrement basse, soubs la hauteur de 42. degrez 3. quarts de latitude ; & fismes ce iour deux lieues de coste sablonneuse; & passant le long d'icelle, nous y vismes quâtité de cabannes & iardinages. Le vent nous estans contraire, nous entrasmes dedans vn petit cu de sac, pour attendre le temps propre à faire nostre routte. Il vint à nous 2. ou 3. canaux, qui venoient de la pesche de moruë, & autres poissons, qui sont là en quâtité, qu'ils peschét auec des aims faits d'vn morceau de bois, auquel ils fichent vn os qu'ils forment en façon de harpon, & lient fort proprement, de peur qu'il ne sorte: le tout estant en forme d'vn petit crochet: la corde qui y est attachee est d'escorce d'arbre. Ils m'en donnerent vn, que ie prins par curiosité, où l'os estoit attaché de chanure, à mó opinió, cóme celuy de France, & me dirét qu'ils en cueilloient l'herbe dans leur terre sans la cultiuer, en nous monstrant la hauteur cóme de 4. a 5. pieds. Led. canau s'en retourna à terre auertir ceux de son habitation, qui nous

firét des fumees,& apperçeufmes 18. ou 20.fau-
ges,qui vindrent fur le bort de la cofte,&fe mirent à danfer. Noftre canau fut à terre pour
leur dóner quelques bagatelles,dont ils fúrent
fort contens. Il en vint aucuns deuers nous qui
nous prierent d'aller en leur riuiere. Nous leuafmes l'ancre pour ce faire, mais nous n'y
peufmes entrer à caufe du peu d'eau que nous
y trouuafmes eftans de baffe mer,& fufmes
contrainÉts de mouiller l'ancre à l'entree d'i-
celle. Ie defcendis à terre , où i'en vis quantité
d'autres qui nous reçeurent fort gratieufe-
ment: & fus recognoiftre la riuiere,où n'y vey
autre chofe qu'vn bras d'eau qui s'eftant quelque peu dans les terres,qui font en partie defer-
tees ; dedans lequel il n'y a qu'vn ruiffeau qui
ne peut porter bafteaux, finon de pleine mer.
Ce lieu peut auoirvne lieue de circuit.En l'vne
des entrees duquel y a vne maniere d'icelle
couuerte de bois,& principalemét de pins,qui
tiét d'vn cofté à des dunes de fable,qui fót affez
longues : l'autre cofté eft vne terre effez haute.
Il y a deux iflets dans lad. baye, qu'on ne voit
póint fi l'on n'eft dedans, où autour la mer affeche prefque toute de baffe mer. Ce lieu eft
fort remarquable de la mer ; d'autant que la
cofte eft fort baffe horfmis le cap de l'entree de
la baye,qu'auons nommé,le port du cap fainÉt

Louys, diſtant dud. cap deux lieues, & dix du
cap aux iſles. Il eſt enuiron par la hauteur du
cap S. Louys.

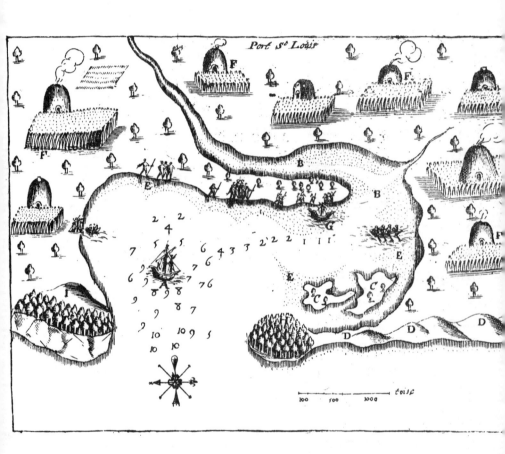

Les chifres montrent les braſſes d'eau.

A Monſtre le lieu où poſent les vaiſſeaux.
B L'achenal.
C Deux iſles.
D Dunes de ſable.
B Baſſes.

F Cabannes où les ſauuages labourent la terre.
G Le lieu où nous fuſmes eſchouer noſtre barque.
H vne maniere d'iſle tem-

plie de bois tenant aux dunes de ſable.
I Promontoire aſſez haut qui paroiſt de 4. a 5. lieux à la mer.

Le 19. du mois nous partifmes de ce lieu.
Rengeât la cofte comme au fu,nous fifmes 4. a
5. lieues,& paffames proche d'vn rocher qui eft
à fleur d'eau. Continuât noftre route nous apperçeufmes des terres que iugions eftre ifles,
mais en eftans plus prés nous recogneufmes
que c'eftoit terre ferme, qui nous demeuroit
au nort nordoueft,qui eftoit le cap d'vne grâde
baye contenât plus de 18. à 19. lieues de circuit,
où nous nous engouffrafmes tellement, qu'il
nous falut mettre à l'autre bort pour doubler
le cap qu'auions veu, lequel nous nommafmes
le cap blanc; pour ce que c'eftoient fables &
dunes, qui paroiffent ainfi. Le bon vent nous
feruit beaucoup en ce lieu:car autrement nous
euffions efté en danger d'eftre iettés à la cofte.
Cefte baye eft fort feine, pourueu qu'on n'ap-
proche la terre que d'vne bonne lieue,n'y ayât
aucunes ifles ny rochers que celuy dont i'ay
parlé, qui eft proche d'vne riuiere, qui entre
affez auant dans les terres, que nommafmes
fainéte fuzanne du cap blanc, d'où iufques au
cap S. Louis y a dix lieues de trauerfe. Le cap
blanc eft vne pointe de fable qui va en tournoyant vers le fu quelque fix lieues.Cefte cofte
eft affez haute efleuée de fables, qui font fort
remarquables venant de la mer, où on trouue
la fonde à prés de 15. ou 18. lieues de la terre à

L

30. 40. 50. braſſes d'eau iuſques à ce qu'on vien-
ne à 10.braſſes en approchant de la terre,qui eſt
tres ſeine. Il y a vne grande eſtenduë de pays
deſcouuert ſur le bort de la coſte deuant que
d'entrer dás les bois,qui ſont fort aggreables&
plaiſás à voir. Nous mouillaſmes l'acre à la coſte, & viſmes quelques ſauuages, vers leſquels
furent quatre de nos gens, qui cheminant ſur
vne dune de ſable, aduiſerent comme vne
baye & des cabannes qui la bordoient tout à
l'entour. Eſtás enuiron vne lieue & demye de
nous, il vint à eux tout danſant (à ce qu'ils
nous ont raporté) vn ſauuage qui eſtoit deſ-
cendu de la haute coſte, lequel s'en retourna
peu aprés donner aduis de noſtre venuë à ceux
de ſon habitation.

Le lendemain 20. du mois fuſmes en ce lieu
que nos gens auoient aperçeu,que trouuaſmes
eſtre vn port fort dangereux,à cauſe des baſſes
& bancs, où nous voiyons briſer de toutes
parts. Il eſtoit preſque de baſſe mer lors que
nous y entraſmes,& n'y auoit que quatre pieds
d'eau par la paſſee du nort ; de haute mer il y a
deux braſſes. Comme nous fuſmes dedás nous
viſmes ce lieu aſſez ſpatieux , pouuát côtenir 3.
à 4. lieues de circuit, tout entouré de maiſonnettes, à l'entour deſquelles chacun a autant de
terre qu'il luy eſt neceſſaire pour ſa nourritu-

re. Il y defcend vne petite riuiere, qui eft affez belle, où de baffe mer y a quelque trois pieds & demy d'eau. Il y a deux où trois ruiffeaux bordez de prairies. Ce lieu eft trefbeau, fi le haure eftoit bon. I'en prins la hauteur, & trouué 42. degrez de latitude & 18. degrez 40. minutes de declinaifon de la guide-aymát. Il vint à nous quantité de fauuages, tant hommes que femmes, qui accouroiét de toutes parts en danfant. Nous auons nommé ce lieu le port de Mallebarre.

Le lendemain 21. du mois le fieur de Mons prit refolutió d'aller voir leur habitatió, & l'accópaignafmes neuf où dix auec nos armes : le refte demeura pour garder la barque. Nous fifmes enuiró vne lieue le lóg de la cofte. Deuant que d'arriuer à leurs cabannes, nous entrafmes dás vn cháp femé de bled d'Inde à la façon que nous auós dit cy deffus. Le bled eftoit en fleur de la hauteur de 5. pieds & demy. Il y en auoit d'autre moins auancé qu'ils fement plus tart. Nous vifmes force febues du Brefil, & force citrouilles de plufieurs grofleurs, bónes à manger, du petû & des racines, qu'ils cultiuent, lefquelles ont le gouft d'artichaut. Les bois sót réplis de chefnes, noyers & de trefbeaux cyprés, qui font rougeaftres, & ont fort bonne odeur. Il y auoit auffi plufieurs champs qui n'eftoient

L ij

point cultiuez ; d'autant qu'ils laissent reposer
les terres. Quand ils y veulent semer, ils mettent le feu dans les herbes, & puis labourent
auec leurs beches de bois. Leurs cabannes sont
rondes, couuertes de grosses nattes, faictes de
roseaux, & par enhaut il y a au milieu enuiron vn pied & demy de descouuert, par où
sort la fumee du feu qu'ils y font. Nous leur de-
mandasmes s'ils auoient leur demeure arrestee
en ce lieu, & s'il y negeoit beaucoup; ce que ne
peusmes bien sçauoir, pour ne pas entendre
leur langage, bien qu'ils s'y efforçassent par signe, en prenant du sable en leur main, puis l'es-
pandant sur la terre, & monstrant estre de la
couleur de nos rabats, & qu'elle venoit sur la
terre de la hauteur d'vn pied : & d'autres nous
monstroient moins, nous donnant aussi à
entendre que le port ne geloit iamais : mais
nous ne peusmes sçauoir si la nege estoit de
lógue duree. Ie tiens neátmoins que le pays est
temperé, & que l'yuer n'y est pas rude. Pendát
le temps que nous y fusmes, il fit vne tour-
méte de vent de nordest, qui dura 4. iours, auec
le téps si couuert que le soleil n'aparoissoit presque point. Il y faisoit fort froid : ce qui nous fit
prendre nos cappots, que nous auions delaissez
du tout : neantmoins ie croy que c'estoit par
accident, comme l'on void souuent arriuer en

d'autres lieux hors de saison.

Le 23. dud. mois de Iuillet, quatre où cinq mariniers estans allés à terre auec quelques chaudieres, pour querir de l'eau douce, qui estoit dedans des dunes de sable, vn peu esloignee de nostre barque, quelques sauuages desirans en auoir aucunes, espierent l'heure que nos gens y alloyent, & en prirent vne de force entre les mains d'vn matelot, qui auoit puisé le premier, lequel n'auoit nulles armes : Vn de ses compagnons voulant courir aprés, s'en reuint tout court, pour ne l'auoir peu atteindre, d'autant qu'il estoit plus viste à la cource que luy. Les autres sauuages voyans que nos matelos accouroient à nostre barque en nous criant que nous tirassions quelques coups de mousquets sur eux, qui estoient en grand nombre, ils se mirét a fuir. Pour lors y en auoit quelques vns dans nostre barque, qui se ietterent à la mer, & n'en peusmes saisir qu'vn. Ceux en terre qui s'en estoiét fuis les apperceuát nager, retournerent droit au matelot à qui ils auoient osté la chaudiere, & luy tirerét plusieurs coups de fleches par derriere & l'abbatirent, ce que voyant ils coururent aussitost sur luy & l'accheuerent à coups de cousteau. Cependant on fit diligence d'aller à terre, & tira on des coups d'arquebuse de nostre barque, dont la

L iij

mienne creua entre mes mains & me pença
perdre. Les ſauuages oyans ceſte eſcopete-
rie ſe remirét à la fuite, qu'ils doublerent quád
ils virent que nous eſtions à terre: d'autat qu'ils
auoiét peur nous voyás courir aprés eux. Il n'y
auoit point d'apparence de les attraper : car ils
ſont viſtes côme des cheuaux L'on apporta le
mort qui fut enterré quelques heures aprés:
Cependát nous teniõs touſiours le priſonnier
attaché par les pieds & par les mains au bort
de noſtre barque, creignant qu'il ne s'enfuiſt.
Le ſieur de Mons ſe reſolut de le laiſſer aller, ſe
perſuadant qu'il n'y auoit point de ſa faute, &
qu'il ne ſçauoit rien de ce qui s'eſtoit paſſé, ny
meſme ceux qui eſtoient pour lors dedás & au
tour de noſtre barque. Quelques heures aprés
il vint des ſauuagesvers nous, faiſát des excuſes
par ſignes & demonſtrations, que ce n'eſtoit
pas eux qui auoient fait ceſte meſchãceté, mais
d'autres plus eſloignez dans les terres. On ne
leur voulut point faire de mal, bien qu'il fut
en noſtre puiſſance de nous venger.

Tous ces ſauuages depuis le cap des iſles ne
portent point de robbes, ny de fourrures, que
fort rarement, encore les robbes ſont faites
d'herbes & de chanure, qui à peine leur couurét le corps, & leur vont iuſques aux iarrelts.
Ils ont ſeulement la nature cachee d'vne petite

peau,& les femmes auffi,quileur defcédent vn
peu plus bas qu'aux hommes par derriere;tout
le refte du corps eft nud. Lors que les femmes
nous venoient voir, elles prenoient des robbes
ouuertes par le deuãt. Les hómes fe coupent le
poil deffus la tefte cóme ceux de la riuiere de
Chouacoet.Ie vey entre autres chofes vne fille
coiffee affez proprement, d'vne peau teinte de
couleur rouge, brodee par deffus de petites patenoftres de porceline: vne partie de fes cheueux eftoiét pendãs par derriere, & le refte en-
trelaffé de diuerfes façons. Ces peuples fe peindent le vifage de rouge, noir, & iaune. Ils
n'ont prefque point de barbe,&fe l'arrachent à
mefure qu'elle croift Ils font bien proportionnez de leurs corps. Ie ne fçay qu'elle loy ils tié-
nent, & croy qu'en cela ils reffemblent à leurs
voifins, qui n'en ont point du tout. Ils ne fça-
uentqu'adorer n'y prier. Ils ont bien quelques
fuperftitions comme les autres, que ie defcri-
ray en leur lieu. Pour armes, ils n'ont que des
picques,maffues,arcs & fleches. Il femble à les
voir qu'ils foient de bon naturel, & meilleurs
que ceux du nort: mais tous-à bien parler ne
vallent pas grande chofe. Si peu de frequenta-
tion que l'on ait auec eux, les fait incontinent
cognoiftre. Ils font grands larrons; & s'ils ne
peuuent attraper auec les mains, ils y tafchent

auec les pieds, comme nous l'auons efprouué
fouuentefois. J'eftime que s'ils auoient dequoy
efchanger auec nous, qu'ils ne s'adôneroiét au
larrecin. Ils nous trocquerét leurs arcs, fleches
& carquois, pour des efpingles & des boutôs,
& s'ils euffent eu autre chofe de meïlleur ils en
euffent fait autât. Il fe faut donner garde de ces
peuples, & viure en mesfiance auec eux, toute-
fois fans leur faire apperçeuoir. Ils nous donnerent quantite de petum, qu'ils font fecher, &
puis le reduifent en poudre. Quand ils mangét
le bled d'Inde ils le font bouillir dedans des
pots de terre qu'ils font d'autre maniere que
nous. Ils le pilent auffi dans des mortiers de
bois & le reduifent en farine, puis en font des
gafteaux & galettes, comme les Indiens dü
Perou.

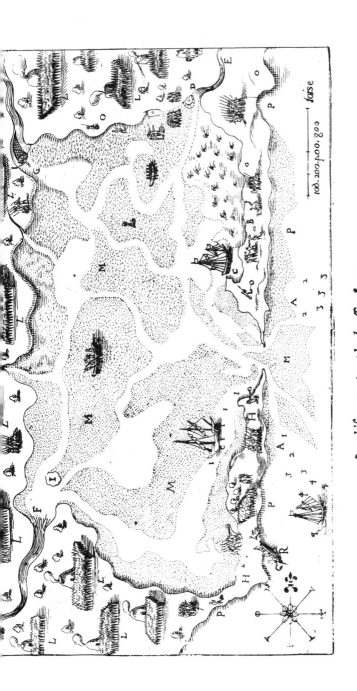

Les chifres montrent les brasses d'eau.

A Les deux entrées du port.
B Dunes de sable où les sauuages tuerent vn Matelot de la
barque du sieur de Mons.
C les lieux où fut l. barque du
sieur de Mons andit port.
D Fontaine sur le bort du port.

E Vne riuiere descendant audit
port.
F Ruisseau.
G petite riuiere où on prend
cantité de poisson.
H Dunes de sable où il y a vn
petit bois & force vignes.

I Isle à la pointe des dunes
L Les maisons & habitatiōs des
sauuages qui cultiuēt la terre
M Basses & bancs de sable tant
à l'entrée que dedās ledit port.
O Dunes de sable.

P La coste de la mer.
Q La barque du sieur de Pois-
uincourt quand i y fut deux
aus. prés le sieur de Mons.
R Dessente des gens du sieur de
Poitincourt.

pour la page 88.

En ce lieu, & en toute la cofte, depuis Quinibequi, il y a quantité de figuenocs, qui eft vn poiffon portant vne efcaille fur le dos, comme la tortue: mais diferente pourtant; laquelle à au milieu vne rangee de petits piquâts de couleur de fueille morte, ainfi que le refte du poiffon: Au bout de laquelle efcaille il y en a vne autre plus petite, qui eft bordee d'efguillons fort piquans. La queue eft longue felon qu'ils font grands ou petits du bout de laquelle ces peuples ferrent leurs fleches, ayant auffi vne rangee defguillons côme la grâde efcaille fur laquelle font les yeux. Il à huict petits pieds comme ceux d'vn cancre, & derriere deux plus longs & plats, defquels il fe fert à nager. Il en a auffi deux autres fort petits deuant, auec quoy il mange: quand il chemine ils font tous cachez, excepté les deux de derriere qui paroiffent vn peu. Soubs la petite efcaille il y a des membranes qui s'enflent, & ont vn battement comme la gorge des grenouilles, & fôt les vnes fur les autres en façon des tacettes d'vn pourpoint. Le plus grâd que i'aye veu, a vn pied de large, & pied & demy de long.

Nous vifmes auffi vn oifeau marin qui a le bec noir, le haut vn peu aquilin, & lôg de quatre poulces, fait en forme de lâcette, fçauoir la partie inferieure reprefentant le manche & la

superieure la lame qui est tenue, trenchante
des deux costez & plus courte d'vn tiers que
l'autre, qui donne de l'estonnement à beaucoup de personnes, qui ne peuuent com-
prendre comme il est possible que cet oiseau
puisse manger auec vn tel bec. Il est de la gros-
seur d'vn pigeon, les aisles fort longues à pro-
portió du corps, la queue courte & les iambes
aussi, qui sót rouges, les pieds petits & plats. Le
plumage par dessus est gris brun, & par dessous
fort blanc. Il va tousiours en troupe sur le riuage de la mer, comme font les pigeons pardeça.

Les sauuages en toutes ces costes où nous
auons esté, disent qu'il vient d'autres oiseaux
quand leur bled est à maturité, qui sont fort
gros; & nous côtrefaisoient leur chant semblable à celuy du cocq d'Inde. Ils nous en montrerent des plumes en plusieurs lieux, dequoy
ils empannent leurs fleches & en mettent
sur leurs testes pour parade; & aussi vne
maniere de poil qu'ils ont soubs la gorge, comme ceux qu'auons en France : & disent qu'ils
leur tumbe vne creste rouge sur le bec. Ils
nous les figurerent aussi gros qu'vne outarde,
qui est vne espece d'oye; ayant le col plus long
& deux fois plus gros que celles de pardeça.
Toutes ces demonstrations nous firent iuger
que c'estoient cocqs d'Inde. Nous eussions bien

M ij

desiré voir de ces oiseaux, aussi bien que de la
plume, pour plus grāde certitude. Auparauant
que i'eusse veu les plumes & le petit boquet de
poil qu'ils ont soubs la gorge; & que i'eusse oy
cōtrefaire leur chāt, ie croiyois que ce fussēt de
certains oiseaux, qui se trouuēt en quelques endroits du Perou en forme de cocqs d'Inde, le
lōg du riuage de la mer, māgeās les charōgnes
& autres choses mortes, comme font les cor-
beaux: mais ils ne sont pas si gros, & n'ōt pas la
barbe si longue, ny le chāt semblable aux vrais
coqs d'Inde, & ne sont pas bons à māger cōme
sont ceux que les sauuages disent qui viennent
en troupe en esté; & au commencement de
l'yuer s'en vont aux pays plus chauts, où est
leur demeure naturelle.

RETOVR DES DESCOVVERTVRES DE LA COSTE
des Almonchiquois.

CHAP. IX.

AYant demeuré plus de cinq sepmaines à
esleuer trois degrez de latitude, nous ne
peusmes estre plus de six sepmaines en nostre
voyage; car nous n'auions porté des viures que
pour ce tēps là. Et aussi ne pouuās passer à cause des brumes & tempestes que iusques à Mal-
leberre, où fusmes quelques iours attendans
le temps propre pour sortir , & nous voyans

preſſez par la neceſſité des viures, le ſieur de Mons delibera de s'en retourner à l'iſle de ſain-cte Croix, afin de trouuer autre lieu plus pro-pre pour noſtre habitation : ce que ne peuſmes faire en toutes les coſtes que nous deſcouuriſ-mes en ce voyage.

Et partiſmes de ce port, pour voir ailleurs, le 25. du mois de Iuillet, où au ſortir couruſmes riſque de nous pardre ſur la barre qui y eſt à l'é tree, par la faute de nos pilottes appelez Cra-molet & Châpdoré Maiſtres de la barque, qui auoient mal balize l'entree de l'achenal du co-ſté du ſu, par où nous deuions paſſer. Ayans euité ce peril nous miſmes le cap au nordeſt ſix lieues iuſques au cap blanc : & de là iuſques au cap des iſles continuant 15. lieues au meſme vent : puis miſme le cap à l'eſt nordeſt 16. lieues iuſques à Chouacoet, où nous viſmes le Capi-taine ſauuage Marchim, que nous auions eſpe-ré voir au lac de Quinibequy, lequel auoit la reputation d'eſtre l'vn des vaillans hommes de ſon pays : auſſi auoit il la façon belle, où tous ſes geſtes parciſſoient graues, quelque ſau-uage qu'il fut. Le ſieur de Mons luy fit pre-ſent de beaucoup de choſes, dont il fut fort ſa-tisfait, & en recompenſe donna vn ieune gar-çon Etechemin, qu'il auoit prins en guerre, que nous emmenaſmes auec nous, & partiſ-

mes de ce lieu enſemblemét bons amis; & miſmes le cap au nordeſt quart de l'eſt 15. lieues,
iuſques à Quinibequy, où nous arriuaſmes le
29 .du mois,&où penſions trouuer vn ſauuage
appelé Saſinou, dont i'ay parlé cy deſſus, que
nous attendiſmes quelque temps , péſant qu'il
deuſt venir, afin de retirer de luy vn ieune
homme & vne ieune fille Etechemins , qu'il
tenoit priſoniers. En l'attédant il vint à nous
vn capitaine appelé Anaſſou pour nous voir,le-
quel traicta quelque peu de pelleterie; & fiſmes
allience auec luy. Il nous dit qu'il y auoit vn
vaiſſeau à dix lieues du port, qui faiſoit peſche
de poiſſon,& que ceux de dedans auoient tué
cinq ſauuages d'icelle riuiere, ſoubs ombre
d'amitié : & ſelon la façon qu'il nous deſpei-
gnoit les gens du vaiſſeau, nous les iugeaſmes
eſtre Anglois, & nómaſmes l'iſle où ils eſtoient
la nef:pour ce que de loing elle en auoit le ſem-
blance. Voyát que led.Saſinou ne venoit point
nous miſmes le cap à l'eſt ſueſt 20. lieues iuſques à l'iſle haute où mouillaſmes l'ancre attendant le iour.

　　Le lendemain premier d'Aouſt nous le miſmes à l'eſt quelque 20. lieues iuſques au cap
Corneille où nous paſſames la nuit. Le 2. du
mois le mettant au nordeſt 7. lieues vinſmes à
l'étree de la riuiere S. Croix du coſté de l'oueſt.

Ayant mouillé l'ácre entre les deux premieres
ifles, le fieur de Mós s'embarqua dans vn canau
à fix lieues de l'habitation S. Croix, où le lendemain nous arriuafmes auec noftre barque.
Nous y trouuafmes le fieur des Antós de fainct
Maflo, qui eftoit venu en l'vn des vaiffeaux du
fieur de Mós, pour apporter des viures, & autres cómoditez pour ceux qui deuoient yuerner en ce pays.

L'HABITATION QVI ESTOIT EN L'ISLE DE S.
Croix tranfportee au port Royal, & pourquoy.

CHAP. X.

LE fieur de Mons fe delibera de changer de
lieu & faire vne autre habitation pour
efuiter aux froidures & mauuais yuer qu'auiós
eu en l'ifle fainte Croix. N'ayant trouué aucun port qui nous fut propre pour lors, & le
peu de temps que nous auions à nous loger &
baftir des maifós à ceft effect, nous fit équipper
deux barques, que l'ó chargea de la charpéterie
des maifons de fainte Croix, pour la porter au
port Royal, à 25. lieues de là, où l'on iugeoit y
eftre la demeure beaucoup plus douce &
temperee. Le Pont & moy partifmes pour
y aller; où eftans arriuez cerchafmes vn lieu
propre pour la fituation de noftre logement

& à labry du noroueſt, que nous redoutions
pour en auoir eſté fort tourmentez.

Apres auoir bien cerche d'vn coſté & d'autre, nous n'en trouuaſmes point de plus propre
& mieux ſcitué qu'en vn lieu qui eſt vn
peu eſleué, au tour duquel y a quelques mareſcages & bonnes ſources d'eau. Ce lieu eſt
deuant l'iſle qui eſt à l'entrec de la riuiere de
la Guille : Et au nord de nous comme à vne
lieue, il y a vn coſtau de montagnes, qui du-
re prés de dix lieues nordeſt & ſuroueſt. Tout
le pays eſt rempli de foreſts tref-eſpoiſſes ainſi
que i'ay dit cy deſſus, horſmis vne pointe qui eſt
à vne lieue & demie dans la riuiere, où il y a
quelques cheſnes qui y ſont fort clairs, & quātité de lābruches, que l'on pourroit deſerter aiſement, & mettre en labourage, neantmoins
maigres & ſablóneuſes. Nous fuſmes preſque
en reſolution d'y baſtir: mais nous conſideraſmes qu'euſſions eſté trop engouffrez dans le
port & riuiere: ce qui nous fit changer d'aduis.

Ayant donc recogneu l'aſſieté de noſtre habitation eſtre bonne, on commença à deffricher le lieu, qui eſtoit plein d'arbres; & dreſſer
les maiſons au pluſtoſt qu'il fut poſſible: vn
chacun ſi employa. Apres que tout fut mis en
ordre, & la pluſpart des logemens faits, le ſieur
de Mons ſe delibera de retourner en France
                                        pour

pour faire vers ſa Maieſté qu'il peuſt auoir ce
qui ſeroit de beſoin pour ſõ entrepriſe.Et pour
commander audit lieu en ſon abſence, il auoit
volonté d'y laiſſer le ſieur d'Oruille : mais la
maladie de terre,dont il eſtoit atteint, ne luy
peut permettre de pouuoir ſatisfaire au deſir
dudit ſieur de Mons:qui fut occaſion d'en parler au Pont-graué,& luy dóner ceſte charge;ce
qu'il eut pour aggreable : & fit paracheuer de
baſtir ce peu qui reſtoit en l'habitation.Et moy
en pareil temps ie pris reſolution d'y demeurer
auſſi,ſur l'eſperance que i'auois de faire de nou
uelles deſcouuertures vers la Floride: ce que le
ſieur de Mons trouua fort bon.

CE QVI CE PASSA DEPVIS LE PARTEMENT DV
ſieur de Mons,iuſqu'à ce que voyãt qu'on n'auoit point nouuelles de ce qu'il
auoit promis, on partiſt du port Royal pour retourner en France.

CHAP. XI.

AVſſi toſt que ledit ſieur de Mons fut party, de 40. ou 45. qui reſterent, vne partie comméça à faire des iardins.I'en fis auſſi vn
pour éuiter oiſiueté, entouré de foſſez plains
d'eau, eſquels y auoit de fort belles truites que
i'y auois miſes, & où deſcendoient trois ruiſſeaux de fort belle eaue couráte,dót la pluſpart
de noſtre habitation ſe fourniſſoit. I'y fis vne
petite eſcluſe contre le bord de la mer, pour eſ-

N

couler l'eau quand ie voulois. Ce lieu eſtoit
tout enuironné des prairies, où i'accommoday
vn cabinet auec de beaux arbres, pour y aller
prendre de la fraiſcheur. I'y fis auſſi vn petit
reſeruoir pour y mettre du poiſſon d'eau ſallee,
que nous prenions quand nous en auions beſoin. I'y ſemay quelques graines, qui proffi-
terent bien: & y prenois vn ſingulier plaiſir:
mais auparauant il y auoit bien fallu trauailler.
Nous y alions ſouuent paſſer le temps : & ſem-
bloit que les petits oiſeaux d'alentour en euſſent du contentement : car ils s'y amaſſoient
en quãtité, & y faiſoientvn ramage & gaſouil-
lis ſi aggreable, que ie ne penſe pas iamais en
auoir ouy de ſemblable.

La plan de l'habitation eſtoit de 10. toiſes de
long, & 8. de large, qui font trentefix de circuit. Du coſté de l'orient eſt vn magãzin de la
largeur d'icelle, & vne fort belle caue de 5. a 6.
pieds de haut. Du coſté du Nord eſt le logis
du ſieur de Mons eſleue d'aſſez belle charpen-
terie. Au tour de la baſſe court font les logemens des ouuriers. A vn coing du coſté de l'occident y a vne platte forme, où on mit quatre
pieces de canon, & à l'autre coing vers l'orient
eſt vne paliſſade en façon de platte forme:
comme on peut veoir par la figure ſuiuante.

A Logemens des artiſans.
B Plate forme où eſtoit le canon.
C Le magaſin.
D Logemét du ſieur de Pont-graué & Champlain.
E La forge.

F Paliſſade de pieux.
G Le four.
H La cuiſine.
O Petite maiſonnette où l'on retiroit les vtanſiles de nos barques;que de puis le ſieur de Poitrincourt fit

rebaſtir, & y logea le ſieur Boulay quand le ſieur du Pont s'en reuint en France.
P La porte de l'abitation.
Q Le cemetiere.
R La riuiere.

Quelques iours aprés que les baſtiments furent acheuez,ie fus à la riuiere S. Iean, pour chercher le ſauuage appellé Secondon,lequel auoit mené les gens de Preuerd à la mine de cuiure, que i'auois deſia eſté chercher auec le ſieur de Mons, quand nous fuſmes au port au mines, & y perdiſmes noſtre temps. L'ayant trouué, ie le priay d'y venir auec nous : ce qu'il m'accorda fort librement:& nous la vint mon-ſtrer. Nous y trouuaſmes quelques petits mor-ceaux de cuiure de l'eſpoiſſeur d'vn ſold ; & d'autres plus, enchaſſez dans des rochers gri-ſaſtres & rouges. Le mineur qui eſtoit auec nous, appelle Maiſtre Iaques, natif d'Eſclauo-nie, homme bien entendu à la recherche des mineraux, fut tout au tour des coſtaux voir s'il trouueroit, de la gangue ; mais il n'en vid point : Bien trouua il à quelques pas d'où nous auions prins les morceaux de cuiure ſuſ-dit, vne maniere de mine qui en approchoit aucunemét. Il dit que par l'apparéce du terrou-er, elle pourroit eſtre bonne ſi on y trauail-loit , & qu'il n'eſtoit croyable que deſſus la terre il y eut du cuiure pur, ſans qu'au fonds il n'y en eut en quátité. La verité eſt, que ſi la mer ne couuroit deux fois le iour les mines,& qu'el-les ne fuſſent en rochers ſi durs, on en eſpere-roit quelque choſe.

Apres l'auoir recogneue, nous nous en re-
tournaſmes à noſtre habitation, où nous trouuaſmes de nos gens malades du mal de la terre, mais non ſi griefuemét qu'en l'iſle S. Croix,
bien que de 45. que nous eſtions il en mourut
12. dont le mineur fut du nombre, & cinq
malades, qui guerirent le printemps venant.
Noſtre Chirurgien appelle des Champs, de
Honfleur, homme expert en ſon art, fit ouuerture de quelques corps, pour veoir s'il reco-
gnoiſtroit mieux la cauſe des maladies, que
n'auoient fait ceux de l'annee precedente. Il
trouua les parties du corps offencees comme
ceux qui furent ouuerts en l'iſle S. Croix, & ne
peut on trouuer remede pour les guerir non
plus que les autres.

Le 20. Decembre il commença à neger : &
paſſa quelques glaces par deuant noſtre habitation. L'yuer ne fut ſi aſpre qu'il auoit eſté
l'annee d'auparauant, n'y les neges ſi grandes,
n'y de ſi longue duree. Il fit entre autres choſes
vn ſi grand coup de vent le 20. de Feurier 1605.
qu'il abbatit vne grande quantité d'arbres auec
leurs racines, & beaucoup qu'il briſa. C'eſtoit
choſe eſtrange à veoir. Les pluyes furent aſſez
ordinaires, qui fut occaſion du peu d'yuer, au
regard du paſſé, bien que du port Royal à S.
Croix, n'y ait que 25. lieues.

N iij

Le premier iour de Mars, Pont-graué fit accommoder vne barque du port de 17. a 18. tonneaux, qui fut preſte au 15. pour aller deſcouurir le long de la coſte de la Floride.

Pour cet effect nous partiſmes le 16. enſuiuãt, & fuſmes cõtraints de relaſcher à vne iſle au ſu de Menaſne, & ce iour fiſmes 18. lieues, & mouillaſmes l'ancre dans vne ance de ſable, à l'ouuert de la mer, où le vét de ſu dõnoit, qui ſe renforça la nuit d'vne telle impetuoſité que ne peuſmes tenir à l'ancre, & fallut parforce aller à la coſte, à la mercy de Dieu & des ondes, qui eſtoient ſi furieuſes & mauuaiſes, que comme nous appareillions le bourcet ſur l'ancre, pour aprés coupper le cable ſur l'eſcubier, il ne nous en donna le loiſir car auſſitoſt il ſe rompit ſans coup frapper. A la reſſaque le vét & la mer nous ietterent ſur vn petit rocher, & n'attendions que l'heure de voir briſer noſtre barque, pour nous ſauuer ſur quelques eſclats d'icelle, ſi euſiõs peu. En ce deſeſpoir il vint vn coup de mer ſi grãd & fauorable, aprés en auoir receu pluſieurs autres, qu'il nous fit franchir le rocher, & nous ietta en vne petite playe de ſable, qui nous guarentit pour ceſte fois de naufrage.

La barque eſtant eſchouee, l'on commença promptement à deſcharger ce qu'il y auoit dedans, pour voir où elle eſtoit offencee, qui ne

fut pas tant que nous croyons. Elle fut racou-
ftree próptemét par la diligence de Chápdoré
Maiftre d'icelle. Eftant bien en eftat on la re-
chargea en attédant le beau téps, & que la fu-
reur de la mer s'apaifaft, qui ne fut qu'au bout
de quatre iours, fçauoir le 21. Mars, auquel for-
tifmes de ce malheureux lieu, & fufmes au
port aux Coquilles, à 7. ou 8. lieues de là, qui
eft à l'entree de la riuiere fainɗe Croix, où y
auoit grande quantité de neges. Nous y arre-
ftafmes iufques au 29. dudit mois, pour les brumes & véts côtraires, qui sót ordinaires en ces
faifons, que le Pont-graué print refolution de
relafcher au portRoyal, pour voir en quel eftat
eftoient nos compagnons, que nous y auions
laiffez malades. Y eftans arriués le Pont fut atteint d'vn mal de cœur, qui nous fit retarder
iufques au 8. d'Auril.

Et le 9. du mefme mois il fembarqua, bien
qu'il fe trouuaft encores maldifpofé, pour le
defir qu'il auoit de voir la cofte de la Floride, &
croyant que le changemét d'air luy rendroit la
fanté. Ce iour fufmes mouiller l'ancre & paffer
la nuit à l'entree du port, diftant de noftre habi
tation deux lieues.

Le lendemain deuant le iour Champdoré
vint demander au Pont-graué s'il defiroit faire
leuer l'ancre, lequel luy refpondit que s'il iu-

geoit le temps propre, qu'il partift. Sur ce propos Champdoré fit à l'inftant leuer l'ancre &
mettre le bourcet au vent,qui eftoit nort nordeft, felon fon rapport. Le temps eftoit fort ob-
fcur, pluuieux & plain de brumes, auec plus
d'aparence de mauuais que de beau téps.Com-
me l'on vouloit fortir de l'emboucheure du
port, nous fufmes tout à vn coup tranfportez
par les marees hors du paffage, & fufmes pluftoft fur les rochers du cofté de l'eft noroueft,
que nous ne les eufmes apperceus. Le Pont &
moy qui eftions couchez,entendifmes les matelots s'efcriás & difans, Nous fommes perdus:
ce qui me fit bié toft ietter fur pieds, pour voir
ce que c'eftoit.Du Pont eftoit encores malade,
qui l'empefcha de fe leuer fi promptemét qu'il
defiroit. Ie ne fus pas fitoft fur le tillac, que la
barque fut iettee à la cofté & le vent fe trouua
nort, qui nous pouffoit fur vne pointe. Nous
deffrelafmes la grande voille, que l'on mit au
vent,& la hauffa l'on le plus qu'il fut poffible
pour nous pouffer toufiours fur les rochers, de
peur que le reffac de la maree, qui perdoit
de bonne fortune, ne nous attiraft dedans,
d'où il euft efté impoffible de nous fauuer.
Du premier coup que noftre barque dóna fur
les rochers le gouuernail fut rompu;vne partie
de la quille, & trois ou quatre planches enfon-
cees,

cees, auec quelques membres brifez , qui nous
donna eftonnemét: car noftre barque femplit
incontinent;& ce que nous peufmes faire, fut
d'attendre que la mer fe retiraft de deffoubs,
pour mettre pied à terre: car autrement nous
courions rifque le la vie, à caufe de la houlle qui eftoit fort grande & furieufe au tour de
nous. La mer eftant donc retiree nous defcen-
difmes à terre par le téps qu'il faifoit,où promptement on defchargea la barque de ce qu'il y
auoit,& fauuafmes vne bonne partie des commoditez qui y eftoient, à l'aide du Capitaine
fauuage Secondon,& de fes compagnons,qui
vindrét à nous auec leurs canots, pour reporter en noftre habitation ce que nous auions
fauué de noftre barque,laquelle toute fracaffee
s'en alla au retour dela mer en plufieurs pieces:
& nous bien heureux d'auoir la vie fauue retournafmes en noftre habitation auec nos pauures fauuages , qui y demeurerent prefque
vne bonne partie de l'yuer, où nous louafmes
Dieu de nous auoir preferuez de ce naufrage,
dont n'efperions fortir à fi bon marché.

La perte de noftre barque nous fit vn grand
defplaifir , pour nous voir, à faute de vaiffeau,
hors d'efperáce de parfaire le voyage que nous
auiós entreprins, & de n'en pouuoir fabriquer
vn autre ; car le temps nous preffoit,bien qu'il

O

y euſt encore vne barque ſur les chantiers:mais
elle eut eſté trop long temps à mettre en eſtat,
& ne nous en euſſions peu ſeruir qu'au retour
des vaiſſeaux de France , qu'attendions de
iour en autre.

Ce fut vne grande diſgrace,& faute de preuoyance au Maiſtre , qui eſtoit opiniaſtre &
peu entédu au fait de la marine , qui ne croioit
que ſa teſte . Il eſtoit bon Charpentier , adroit
à fabriquer des vaiſſeaux , & ſoigneux de les
accommoder de choſes neceſſaires : mais il
n'eſtoit nullement propre à les conduire.

Le Pont eſtant a l'habitation, fit informer à
l'encontre de Champdoré , qui eſtoit accuſé d'auoir malicieuſement mis noſtre barque à la coſte;& ſur ſes informatiós fut empri-
ſonné & emmenotté,d'autát qu'on le vouloit
mener en France pour le mettre entre les
mains du ſieur de Mons,& en requerir iuſtice.

Le 15. de Iuin le Pont voyant que les vaiſ-
ſeauxdeFrance ne reuenoiét point,fit deſéme-
notter Champdoré pour paracheuer la barque
qui eſtoit ſurles chantiers, lequel s'aquitta fort
bien de ſon deuoir.

Et le 16. Iuillet,qui eſtoit le temps que nous
nous deuions retirer,au cas que les vaiſſeaux ne
fuſſent reuenus , ainſi qu'il eſtoit porté par la
commiſſion qu'auoit donnée le ſieur deMonts

au Pont, nous partifmes de noftre habitation pour aller au cap Breton ou à Gafpe, chercher le moyé de retourner en France,puis que nous n'en n'auions aucunes nouuelles.

Il y euft deux de nos hommes qui demeure-rêt de leur propre volóté pour prendre garde à ce qui reftoit des commoditez en l'habitation, à chacun defquels le Pont promit cinquante efcus en argent,& cinquâte autres qu'il deuoit faire valoir leur practique, en les venant re-querir l'annee fuiuante.

Il y eut vn Capitaine des fauuages appellé Mabretou qui promit de les maintenir, & qu'ils n'auroient non plus de deplaifir que s'ils eftoiét fes propres enfans. Nous l'auions reco-gneu pour bon fauuage en tout le temps que nous y fufmes, bien qu'il euft le renom d'eftre le plus mefchant & traiftre qui fut entre ceux de fa nation.

PARTEMENT DV PORT ROYAL POVR RETOVR-ner en France. Rencontre de Ralleau au cap de Sable, qui fit rebrouffer chemin.

CHAP. XII.

LE 17. du mois, fuiuant la refolution que nous auions prife,nous partifmes de l'em-boucheure du port Royal auec deux bar-ques,l'vne du port de 18. tonneaux, & l'autre

de 7. à 8. pour parfaire la routte du cap Breton
ou de Cápſeau & vinſmes mouiller l'ancre au
deſtroit de l'iſleLongue,où la nuit noſtre cable
rompit & couruſmes riſque de nous perdre
par les grandes marees qui iettent ſur pluſieurs
pointes de rochers, qui ſont dans & à la ſortie
de ce lieu : Mais par la diligence d'vn chacun
on y remedia & fit on en ſorte qu'on en ſortit
pour ceſte fois.

Le 21. du mois il vint vn grand coup de vent
qui rompit les ferremens de noſtre gouuernail
entre l'iſle Longue & le cap fourchu, & nous
mit en telle peine, que nous ne ſçauiós de quel
bois faire fleſches: car d'aborder la terre, la fu-
rie de la mer ne le permettoit pas, par ce qu'el-
briſoit haute comme des montaignes le long
le de la coſte: de façó que nous reſoluſmes pluſtoſt mourir à la mer, que d'aborder la terre,
ſur l'eſperance que le vent & la tourmente
s'appaiſeroit, pour puis apres ayant le vent en
pouppe aller eſchouer en quelque playe de ſable. Comme chacun penſoit à part ſoy à ce qui
ſeroit de faire pour noſtre ſeureté, vn matelot dit, qu'vne quátité de cordages attachez au
derriere de la barque,& trainant en l'eau,nous
pourroit aucunement ſeruir pour gouuerner
noſtre vaiſleau, mais ce fut ſi peu que rien, &
viſmes bien que ſiDieu ne nous aidoit d'autres

moyens, celuy là ne nous euſt guarétis du naufrage. Comme nous eſtions penſifs à ce qu'on
pourroit faire pour noſtre ſeureté, Châpdoré,
qu'on auoit de rechef emmenotté, dit à quelques vns de nous, que ſi le Pont vouloit
qu'il trouueroit moyen de faire gouuerner noſtre barque: ce que nous rapportaſmes au Pont,
qui ne refuſa pas ceſte offre, & les autres encore moins. Il fut donc deſemmenotté pour la ſeconde fois, & quant & quant priſt vn cable
qu'il coupa, & en accommoda fort dextre-
ment le gouuernail & le fit auſſi bien gouuerner que iamais il auoit fait: & parce moyen re-
pare les fautes qu'il auoit commiſes à la premiere barque qui fut perdue: & fut liberé
de ce dót il auoit eſté accuſé, par les prieres que
nous en fiſmes au Pont-graué qui eut vn peu
de peine à s'y reſoudre.

Ce iour meſme fuſmes mouiller l'ancre prez
la baye courante, à deux lieues du cap fourchu,
& là fut racommodee la barque.

Le 23. du mois de Iuillet fuſmes proche du
cap de Sable.

Le 24. dudit mois ſur les deux heures du ſoir
nous apperçeuſmes vne chalouppe, proche de
l'iſle aux cormorans, qui venoit du cap de Sable, qu'aucuns iugeoient eſtre des ſauuages
qui ſe retiroient du cap Breton, ou de l'iſle de

O iij

Cápſeau : D'autres diſoiét que ſe pouuoit eſtre des chalouppes qu'on enuoyoit de Campſeau pour ſçauoir de nos nouuelles. Enfin approchant plus prez on vid que s'eſtoiét François, ce qui nous reſiouit fort: Et cóme elle nous euſt preſque ioints, nous recogneuſmes R alleau Secretaire du ſieur de Mós, ce qui nous redoubla le contentement. Il nous fit entendre• que le ſieur de Mons enuoyoit vn vaiſſeau de ſix vingts tonneaux, & que le ſieur de Poitrincourt y cómmandoit, & eſtoit venu pourLieutenant general, & demeurer au pays auec•cinquante hommes: & qu'il auoit mis pied à terre à Campſeau, d'ou ledit vaiſſeau auoit pris la plaine mer, pour voir s'il ne nous deſcouuriroit point, cependant que luy s'en venoit le long de la coſte dans vne chalouppe pour nous rencontrer au cas qu'y fuſſions en chemin, croyás que ſerions partis du port Royal, comme il eſtoit bien vray: Et en cela firent fort ſagement. Toutes ces nouuelles nous firét rebrouſſer chemin ; & arriuaſmes au port Royal le 25. du mois, où nous trouuaſmes led. vaiſſeau, & le ſieur de Poitrincourt, ce qui nous apporta beaucoup de reſiouiſſance, pour voir renaiſtre ce qui eſtoit hors d'eſperáce. Il nous dit que ce qui auoit cauſe ſon retardement eſtoit vn accident qui eſtoit ſuruenu au vaiſſeau, au ſortir

de la chaine de la Rochelle, d'où il eſtoit party,
& auoit eſté contrarié du mauuais temps ſur
ſon voyage.

Le lendemain le ſieur de Poitrincourt commença à diſcourir de ce qu'il deuoit faire, &
auec l'aduis d'vn chacun ſe reſolut de demeurer au port Royal pour ceſte annee, d'autant
que l'on n'auoit deſcouuert aucune choſe depuis le ſieur de Mons, & que quatre mois qu'il
y auoit iuſques à l'yuer n'eſtoit aſſez pour chercher & faire vne autre habitation: encore
auec vn grand vaiſſeau, qui n'eſt pas comme
vne barque, qui tire peu d'eau, furette par tout,
& trouue des lieux à ſouhait pour faire des demeures: mais que durant ce temps on iroit ſeulement recognoiſtre quelque endroit plus
commode pour nous loger.

Sur ceſte reſolution le ſieur de Poitrincourt
enuoya auſſitoſt quelques gés de trauail au labourage de la terre, en vn lieu qu'il iugea propre, qui eſt dedans la riuiere, à vne lieue & demie de l'habitation du port Royal, où nous
penſames faire noſtre demeure, & y fit ſemer
du bled, ſeigle, chanure, & pluſieurs autres
graines, pour voir ce qu'il en reüſſiroit.

Le 22. d'Aouſt, on aduiſa vne petite barque
qui tiroit vers noſtre habitation. C'eſtoit des
Autons de S. Maſlo, qui venoit de Campſeau,

où eſtoit ſon vaiſſeau, à la peſche du poiſſon,
pour nous donner aduis qu'il y auoit quelques
vaiſſeaux au tour du capBretō qui traittoiét de
pelleterie,& que ſi on vouloit enuoyer noſtre
nauire, il les prendroit en s'en retournant en
France: ce qui fut reſolu aprés qu'il ſeroit
deſchargé des commodités qui eſtoient dedans.

Ce qu'eſtant fait,du Pont-graué s'enbarqua
dedans auec le reſte de ſes compagnons qui
auoient demeuré l'yuer auec luy au port
Royal, horſmis quelques vns,qui fut Champdoré & Foulgeré de Vitré. l'y demeuray auſſi
auec le ſieur de Poitrincourt, pour moyennant
l'ayde de Dieu, parfaire la carte des coſtes &
pays que i'auois comměcé. Toutes choſes miſes en ordre en l'habitatió, le ſieur de Poitrincourt fit charger des viurespour noſtre voyage de la coſté de la Floride.

Et le 29. d'Aouſt partiſmes du port Royal
quant & Pont-graué,& des Antons qui alloient au cap Breton & à Campſeau pour ſe
ſaiſir des vaiſſeaux qui feſoient traitte de pelleterie, comme i'ay dit cy deſſus. Eſtans à la mer
nous fuſmes contraints de relaſcher au port
pour le mauuais vent qu'auions.Le grand vaiſſeau tint touſiours ſa route & bientoſt le perdiſmes de veuë.

                                        LE

LE SIEVR DE POITRINCOVRT PART DV PORT
Royal pour faire des defcouurtures. Tout ce que l'on y vid: & ce qui y ar-
riua iufques à Male-barre.

CHAP. XIII.

LE 5. Septembre, nous partifmes de rechef du port Royal.

Le 7. nous fufmes à l'entree de la riuiere S. Croix, où trouuafmes quantité de fauuages, entre autres Secondon & Meffamouet. Nous nous y penfames perdre contre vn iflet de rochers, par l'opiniaftreté de Champdoré, à quoy il eftoit fort fubiect.

Le lendemain fufmes dedãs vne chalouppe à l'ifle de S. Croix, où le fieur de Mons auoit yuerné, voir fi nous trouueriõs quelques efpics du bled, & autres graines qu'il y auoit fait femer. Nous trouuafmes du bled qui eftoit tombé en terre, & eftoit venu auffi beau qu'on eut fceu defirer, & quantité d'herbes potageres qui eftoient venues belles & grãdes: cela nous refiouit infinimént, pour voir que la terre y eftoit bonne & fertile.

Apres auoir vifité l'ifle, nous retournafmes à noftre barque, qui eftoit du port de 18. tonneaux, & en chemin prifmes quantité de maquereaux, qui y font en abondance en ce temps là; & fe refolut on de continuer le voya-

ge le long de la coſte, ce qui ne fut pas trop bie
conſideré: d'autant que nous perdiſmes beaucoup de temps à repaſſer ſur les deſcouuertures que le ſieur de Mons auoit faites iuſques au
port de Malebarre , & eut eſté plus à propos,
ſelon mon opinion, de trauerſer du lieu où
nous eſtions iuſques aud. Malebarre, dont on
ſçauoit le chemin, & puis employer le temps
iuſques au 40. degré, ou plus ſu, & au retour
reuoir toute la coſte à ſon plaiſir.

Aprés ceſte reſolution nous priſmes auec
nous Secondon & Meſſamouët, qui vindrent
iuſques à Chouacoet dedans vne chalouppe, où
ils vouloient aller faire amitié auec ceux du
pays en leur faiſant quelques preſens.

Le 12. de Septembre nous partiſmes de la riuiere ſaincte Croix.

Le 21. arriuaſmes à Chouacoet, où nous viſmes Onemechin chef de la riuiere, & Marchin, leſquels auoient fait la cueillette de leur
bleds. Nous viſmes des raiſins à l'iſle de Bacchus qui eſtoiét meurs & aſſez bós : & d'autres
qui ne l'eſtoient pas, qui auoient le grain auſſi
beau que ceux de France , & m'aſſeure que
s'ils eſtoient cültiuez, on en feroit de bon vin.

En ce lieu le ſieur de Poitrincourt retira vn
priſonnier qu'auoit Onemechin, auquel Meſ-
ſamouet fit des preſens de chaudieres, haches

coufteaux,& autres chofes.Onemechin luy en fit au reciproque, de bled d'Inde, cytrouilles, febues du Brefil: ce qui ne contenta pas beaucoup ledit Meffamouet, qui partit d'auec eux fort malcontent, pour ne l'auoir pas bien recogneu,de ce qu'il leur auoit donné, en deffein de leur faire la guerre en peu de temps: car ces nations ne donnent qu'en donnant, fi ce n'eft à perfonnes qui les ayent bien obligez, comme de les auoir affiftez en leurs guerres.

Continuant noftre routte, nous allafmes au cap aux ifles, où fufmes vn peu contrariez du mauuais temps & des brumes; & ne trouuafmes pas beaucoup d'apparence de paffer la nuit: d'autant que le lieu n'y eftoit pas propre. Comme nous eftions en cefte peine, il me refouuint, que rengeat la cofte auec le fieur de Mós, i'auois,à vne lieue de là, remarqué en ma carte vn lieu, qui auoit apparence d'eftre bon pour vaiffeaux, où n'entrafmes point à caufe que nous auions le vent propre à faire noftre routte, lors que nous y paffames.Ce lieu eftoit derriere nous, qui fut occafion que ie dis au fieur de Poitrincourt qu'il faloit relafcher à vne pointe que nous y voiyós, où eftoit le lieu dont il eftoit queftion, lequel me fembloit eftre propre pour y paffer la nuit.Nous fufmes

mouiller l'ancre à l'entreé, & le lendemain
entrafmes dedans.

Le fieur de Poitrincourt y mit pied à terre
auec huit ou dix de nos compagnons. Nous
vifmes de fort beaux raifins qui eftoiét à maturité, pois du Brefil, courges, cytrouilles, & des
racines qui font bónes, tirát fur le gouft de car-
des, que les fauuages cultiuét Il nous en firent
quelques prefens en contr'efchange d'autres
petites bagatelles qu'ó leur dóna. Ils auoiét def-
ia fait leur moiffon. Nous vifmes 200 fauuages
en ce lieu, qui eft affez aggreable, & y a quantité de noyers, cypres, fafafras, chefnes, frefnes
& heftres, qui sót trefbeaux. Le chef de ce lieu
s'appelle Quiouhamenec, qui nous vint voir
auec vn autre fien voifin nómé Cohoüepech,
à qui nous fifmes bonne chere. Onemechin
chef de Chouacoet nous y vint auffi voir, à qui
on dónavn habit qu'il ne garda pas lon temps,
& en fit prefent à vn autre, à caufe qu'eftant
gefné dedans il ne s'en pouuoit accommoder.
Nous vifmes auffi en ce lieu vn fauuage qui fo
bleffa tellemét au pied, & perdit tant de fang,
qu'il en tóba en fyncope, autour duquel envint
nombre d'autres chantans vn efpace de temps
deuant que de luy toucher : aprés firent quelques geftes des pieds & des mains, & luy fe-
couerét la tefte, puis le foufflant il reuint à luy.

Noſtre chirurgien le penſa,& ne laiſſa aprés de
s'en aller gayement.

Le lendemain comme on calteuſtroit noſtre
chalouppe, le ſieur de Poitrincourt apperceut
dans le bois quantité de ſauuages, qui venoyét
en intention de nous faire quelque deſplaiſir,
ſe réde à vn petit ruiſſeau qui eſt ſur le deſtroit
d'vne chauſſee, qui va à la grande terre, où de
nos gés blanchiſſoient du linge. Comme ie me
pourmenois le long d'icelle chauſſee ces ſauuages m'apperçeurét,& pour faire bóne mine,
à cauſe qu'ils virent bié que ie les auois deſcou-
uers en pareil temps, ils commancerent à ſeſ-
crier & ſe mettre à danſer: puis s'en vindrent à
moy auec leurs arcs, fleſches, carquois &
autres armes. Et d'autant qu'il y auoit vne
prairie entre eux & moy, ie leur fis ſigne
qu'ils redáſaſſent ; ce qu'ils firent en rond, mettant toutes leurs armes au milieu d'eux. Ils ne
faiſoient preſque que commécer,qu'ils aduiſerent le ſieur de Poitrincourt dedans le bois
auec huit arquebuſiers,ce qui les eſtonna:tou-
tesfois ne laiſſerent d'acheuer leur danſe, laquelle eſtant finie, ils ſe retirerent d'vn coſté
& d'autre,auec apprehention qu'on ne leur fit
quelque mauuais party: Nous ne leur diſmes
pourtant rien, & ne leur fiſmes que toutes demonſtrations de reſiouiſſance ; puis nous re-

P iij

uinſmes à noſtre chalouppe pour la mettre a
l'eaue,& nous en aller. Ils nous prierent de retarder vn iour, diſans qu'il viendroit plus de
deux mil hommes pour nous vóir: mais ne
pouuans perdre temps,nous ne vouluſmes di-
ferer d'auãtage. Ie croy que ce qu'ils en feſoiét
eſtoit pour nous ſurprendre. Il y a quelques
terres desfrichees, & en desfrichoient tous les
iours. en voicy la façon. Ils couppét les arbres
à la hauteur de trois pieds de terre, puis font
bruſler les branchages ſur le tronc, & ſement
leur bled entre ces bois couppez:& par ſuccef-
ſion de temps oſtent les racines. Il y a auſſi de
belles prairies pour y nourrir nombre de
beſtail. Ce port eſt treſbeau & bon, où il y a
de l'eau aſſez pour les vaiſſeaux, & où on ſe
peut mettre à l'abry derriere des iſles. Il eſt par
la hauteur de 43. degrez de latitude; & l'auons
nommé le Beau-port.

Le Beau port.

Les chifres montrent les brasses d'eau.

A Le lieu où estoit nostre barque.
B Prairies.
C Petite isle.
D Cap de rocher.
E Le lieu où l'on faisoit calfeutrer nostre chalouppe.
F Petit islet de roches assez haut à la coste.

G Cabanes des sauuages, & où ils labourent la terre.
H Petite riuiere où il y a des prairies.
I Ruisseau.
L Langue de terre plaine de bois où il y a quantité de saffrans, noyers & vignes.

M La mer d'vn cul de sac en tournant le cap aux isles.
N Petite riuiere.
O Petit ruisseau venant des prairies.
P Autre petit ruisseau où l'on blanchissoit le linge.
Q Troupe de sauuages venant

pour nous surprendre.
R playe de sable.
S La coste de la mer.
T Le sieur de Poitrincourt en enbuscade auec quelque 7 ou 8 arquebusiers.
V Le sieur de Champlain aperceuant les sauuages.

pour la page 119

Le dernier de Septembre nous partiſmes du beau port , & paſſames par le cap S. Louys, & fiſmes porter toute la nuit pour gaigner le cap blanc. Au matin vne heure deuát le iour nous nous trouuaſmes à vau le vent du cap blanc en la baye blanche à huiĉt pieds d'eau, eſloignez de la terre vne lieue, où nous mouillaſmes l'ancre, pour n'en approcher de plus prés,en attédant le iour; & voir comme nous eſtions de la maree. Cependant enuoyaſmes ſonder auec noſtre chaloupe, & ne trouua on plus de huit pieds d'eau : de façon qu'il fallut deliberer attendant le iour ce que nous pourrions faire. L'eau diminua iuſques à cinq pieds, & noſtre barque talonnoit quelquefois ſur le ſable: toutesfois ſans s'offencer n'y faire aucun dommage:Car la mer eſtoit belle,& neuſmes point moins de trois pieds d'eau ſoubs nous,lors que la mer communça à croiſtre, qui nous donna beaucoup d'eſperance.

Le iour eſtantvenu nous apperceuſmes vne coſte de ſable fort baſſe, où nous eſtions le trauers plus à vau le vĕt,& d'où on enuoya la chaloupe pour ſóder vers vn terrouer , qui eſt aſſez haut,où on iugeoit y auoir beaucoup d'eau; & de fait on y en trouua ſept braſſes. Nous y fuſmes mouiller l'ancre,& auſſitoſt appareillaſmes la chaloupe auec neuf ou dix hómes,

pour

pour aller à terre voir vn lieu où iugiõs y auoir
vn beau & bon port pour nous pouuoir fauuer
fi le vent fe fut efleué plus grand qu'il n'eftoit.
Eftant recogneu nous y entrafmes à 2. 3. & 4.
braffes d'eau. Quand nous fufmes dedans, nous
en trouuafmes 5. & 6. Il y auoit force huiftres
qui eftoient trefbonnes, ce que n'auions encores apperceu, & le nommafmes le port aux
Huiftres : & eft par la hauteur de 42. degrez
de latitude. Il y vint à nous trois canots de fauuages. Ce iour le vent nous vint fauorable, qui
fut caufe que nous leuafmes l'ancre pour aller
au Cap blanc, diftant de ce lieu de 5. lieues, au
Nord vn quart du Nordeft, & le doublafmes.

Le lendemain 2. d'Octobre arriuafmes deuant Malebarre, où feiournafmes quelque
temps pour le mauuais vent qu'il faifoit, durant lequel, le fieur de Poitrincourt auec la
chalouppe accompagné de 12. a 15. hommes, fut
vifiter le port, où il vint audeuant de luy quelque 150. fauuages, en chantant & danfant, felon leur couftume. Apres auoir veu ce lieu
nous nous en retournafmes en noftre vaiffeau,
où le vent venant bon, fifmes voille le long
de la cofte courant au Su.

CONTINVATION DES SVSDITES DESCOVVER
tures: & ce qui y fut remarqué de singulier.

CHAP. XIV.

COmme nous fusmes à quelque six lieues
de Malebarre, nous mouillasmes l'ancre
proche de la coste, d'autant que n'auions bon
vent. Le long d'icelle nous aduisames des fumees que faisoient les sauuages: ce qui nous fit
deliberer de les aller voir: pour cet effect on
esquipa la chalouppe: Mais quãd nous fusmes
proches de la coste qui est areneuse, nous ne
peusmes l'aborder: car la houlle estoit trop
grande: ce que voyant les sauuages, ils mirent
vn canot à la mer, & vindrent à nous 8. ou 9.
en chantans, & faisans signes de la ioye qu'ils
auoient de nous voir, & nous monstrerent
que plus bas il y auoit vn port, où nous pourrions mettre nostre barque en seureté.

Ne pouuant mettre pied à terre, le chalouppe s'en reuint à la barque, & les sauuages retournerent à terre, qu'on auoit traicté humainement.

Le lendemain le vent estant fauorable nous
cõtinuasmes nostre routte au Nord 5. lieues,
& neusmes pas plustost fait ce chemin, que
nous trouuasmes 3. & 4. brasses d'eau estans

eſloignez vne lieue & demie de la coſte: Et allans vn peu de l'auant , le fonds nous hauſſa
tout à coup à braſſe & demye & deux braſſes,
ce qui nous donna de l'apprehentiõ , voyant la
mer briſer de toutes parts, ſans voir aucun paſſage par lequel nous puſſions retourner ſur noſtre chemin : car le vent y eſtoit, entierement
contraire.

De façon qu'eſtans engagez parmy des briſans & bancs de ſable , il fallut paſſer au
haſart, ſelon que l'on pouuoit iuger y auoir
plus d'eau pour noſtre barque, qui n'eſtoit que
quatre pieds au plus : & vinſmes parmy ces
briſans iuſques à 4. pieds & demy : Enfin
nous fiſmes tant, auec la grace de Dieu , que
nous paſſames par deſſus vne pointe de ſable,
qui iette prés de trois lieues à la mer, au Su
Sueſt, lieu fort dangereux. Doublant ce cap
que nous nõmaſmes le cap batturier, qui eſt à
12. au 13. lieues de Malebarre, nous mouillaſmes
l'ancre à deux braſſes & demye d'eau, d'autant
que nous nous voiyons entournez de toutes
parts de briſans & battures, reſerué en quelques endroits où la mer ne fleuriſſoit pas beaucoup. On enuoya la chaloupe pour trouuer
vn achenal, à fin d'aller à vn lieu que iugions
eſtre celuy que les ſauuages nous auoient donné à entendre : & creuſmes auſſi qu'il y auoit

Q ij

vne riuiere, où pourrions eſtre en ſeureté.

Noſtre chalouppe y eſtant, nos gens mirent pied à terre, & conſidererét le lieu, puis reuinrent auec vn ſauuage qu'ils amenerent, & nous dirent que de plaine mer nous y pourrions entrer, ce qui fut reſolu; & auſſitoſt leuaſmes l'ancre, & fuſmes par la conduite du ſauuage, qui nous pilotta, mouiller l'ancre à vne rade qui eſt deuant le port à ſix braſſes d'eau & bon fonds: car nous ne peuſmes entrer dedans à cauſe que la nuit nous ſurprint.

Le lendemain on enuoya mettre des baliſes ſur le bout d'vn banc de ſable qui eſt à l'embouchure du port: puis la plaine mer venant y entraſmes à deux braſſes d'eau. Comme nous y fuſmes, nous louaſmes Dieu d'eſtre en lieu de ſeureté. Noſtre gouuernail s'eſtoit rompu, que l'on auoit accommodé auec des cordages, & craignions que parmy ces baſſes & fortes marees il ne rópiſt de rechef, qui eut eſté cauſe de noſtre perte. Dedás ce port il n'y a qu'vne braſſe d'eau, & de plaine mer deux braſſes, à l'Eſt y a vne baye qui refuit au Nort quelque trois lieues, dans laquelle y a vne iſle & deux autres petits culs de ſac, qui decorent le pays, ou il y a beaucoup de terres defrichees, & force petits coſtaux, où ils font leur labourage de bled & autres grains, dont ils viuent. Il y

a auſſi de treſbelles vignes, quantité de noyers,
cheſnes, cyprés, & peu de pins. Tous les peuples de ce lieu ſont fort amateurs du labourage, & ſont prouiſió de bled d'Inde pour l'yuer,
lequel ils conſeruent en la façon qui enſuit.

Ils ſont des foſſes ſur le penchant des coſtaux dans le ſable quelque cinq à ſix pieds
plus ou moins, & prennent leurs bleds & autres grains qu'ils mettent dans de grands
ſacs d'herbe, qu'ils iettent dedans leſdites
foſſes, & les couurent de ſable trois ou quatre pieds par deſſus le ſuperfice de la terre,
pour en prendre à leur beſoin, & ce con-
ſerue auſſi bien qu'il ſcauroit faire en nos
greniers.

Nous viſmes en ce lieu quelque cinq à ſix
cens ſauuages, qui eſtoient tous nuds, horſmis leur nature, qu'ils couurent d'vne petite
peau de faon, ou de loup marin. Les femmes le
ſont auſſi, qui couurét la leur comme les hommes de peaux ou de fueillages. Ils ont les cheueux bien peignez & entrelaſſez en pluſieurs
façons, tant hómes que femmes, à la maniere
de ceux de Chouacoet ; & ſont bien proportionnez de leurs corps, ayás le teinct oliuaſtre.
Ils ſe parent de plumes, de patenoſtres de porceline, & autres ioliuetés qu'ils accommodent
fort proprement en façon de broderie. Ils ont

pour armes des arcs, fleſches & maſſues. Ils ne
ſont pas ſi grands chaſſeurs comme bons pe-
ſcheurs & laboureurs.

Pour ce qui eſt de leur police, gouuernement & creance, nous n'en auons peu iuger,
& croy qu'ils n'en ont point d'autre que nos
ſauuages Souriquois, & Canadiens, leſquels
n'adorent n'y la lune n'y le ſoleil, ny aucune
choſe,& ne prient non plus que les beſtes: Bien
ont ils parmy eux quelques gens qu'ils diſent
auoir intelligence auec le Diable, à qui ils ont
grande croyance, leſquels leur diſent tout ce
qui leur doit aduenir, où ils mentent le plus
ſouuent: Quelques fois ils peuuét bien rencontrer, & leur dire des choſes ſemblables à celles qui leur arriuent; ceſt pourquoy ils ont
croyance en eux, comme s'ils eſtoient Prophe-
tes, & ce ne ſont que canailles qui les eniaulét
comme les Ægyptiens & Bohemiens font les
bonnes gens de Vilage. Ils ont des chefs à qui
ils obeiſſent en ce qui eſt de la guerre, mais non
autrement, leſquels trauaillent, & ne tiennent
non plus de rang que leurs compagnons. Chacun n'a de terre que ce qui luy en faut pour ſa
nourriture.

Leurs logemens ſont ſeparez les vns des autres ſelon les terres que chacun d'eux peut oc-
cuper, & ſont grands, faits en rond, couuerts

de natte faite de fenne ou fueille de bled
d'Inde , garnis feulement d'vn liƈt ou deux,
efleués vn pied de terre, faiƈts auec quantité de petits bois qui font preffez les vns contre les autres, deffus lefquels ils dreffent vn
eftaire à la façon d'Efpaigne(qui eft vn manie
re de natte efpoiffe de deux ou trois doits)fur
quoy ils fe couchent. Ils ont grand nombre
de pulces en efté, mefme parmy les champs:
Vn iour en nous allant pourmener nous en prifmes telle quátité, que nous fufmes contraints
de changer d'habits.

Tous les ports , bayes & coftes depuis
Chouacoet font remplis de toutes fortes de
poiffon, femblable à celuy que nous auons deuers nos habitations; & en telle abondáce,que
ie puis affeurer qu'il n'eftoit iour ne nuiƈt que
nous ne viffions & entendiffions paffer aux
coftez de noftre barque,plus de mille marfou-
ins , qui chaffoient le menu poiffon. Il y a
auffi quantité de plufieurs efpeces de coquillages , & principalement d'huiftres. La chaffe
des oyfeaux y eft fort abondante.

Ce ferit vn lieu fort propre pour y baftir &
ietter les fondemens d'vne republique fi le
port eftoit vn peu plus profond & l'entree
plus feure qu'elle n'eft.

Deuant que fortir du port l'on accommoda noſtre gouuernail, & fit on faire du pain de farines qu'auions apportees pour viure, quand noſtre biſcuit nous manqueroit. Cependant on enuoya la chalouppe auec cinq où ſix hommes & vn ſauuage, pour voir ſi on pourroit trouuer vn paſſage plus propre pour ſortir, que celuy par ou nous eſtions venus.

Ayant fait cinq ou ſix lieues & abbordât la terre, le ſauuage s'en fuit, qui auoit eu crainte que l'ō ne l'émenaſt à d'autres ſauuages plus au midy, qui ſont leurs ennemis, à ce qu'il donna à entendre à ceux qui eſtoient dans la chalouppe, leſquels eſtans de retour, nous firent rapport que iuſques où ils auoient eſté il y auoit au moins trois braſſes d'eau, & que plus outre il n'y auoit ny baſſes ny battures.

On fit donc diligence d'accommoder noſtre barque & faire du pain pour quinze iours. Cependant le ſieur de Poitrincourt accompagné de dix ou douze arquebuſiers viſita tout le pays circonuoiſin, d'où nous eſtions lequel eſt fort beau, comme i'ay dit cy deſſus, où nous vimes quantité de maiſonnettes ça & la.

Quelque 8. ou 9. iours aprés le ſieur de Poitrincourt s'allant pourmener, comme il auoit fait auparauant, nous apperceuſmes que les ſauuages abbatoient leurs cabannes & embar-

eñuoyoient dans les bois leurs femmes, enfans & prouifions, & autres chofes qui leur
eftoient neceffaires pour leur vie, qui nous
donna foubçon de quelque mauuaife inten-
tió, & qu'ilsvouloyét entreprédre fur nos gens
qui trauailloient à terre, & où ils demeuroient
toutes les nuits, pour conferuer ce qui ne fe
pouuoit embarquer le foir qu'auec beaucoup
de peine; ce qui eftoit bié vray: car ils refolurét
entre eux, qu'aprés que toutes leurs commodi-
ditez feroient en feureté, ils les viendroient
furprendre à terre à leur aduantage le mieux
qu'il leur feroit poffible, & enleuer tout ce
qu'ils auoient. Que fi d'auenture ils les trouuoiét fur leurs gardes, ils viendroient en figne
d'amitié comme ils fouloiét faire, en quittant
leurs arcs & flefches.

Or fur ce que le fieur de Poitrincourt auoit
veu, & l'ordre qu'on luy dit qu'ils tenoient
quand ils auoiét enuie de iouer quelque mauuais tour, nous paffames par des cabannes, où
il y auoit quantité de femmes, à qui on auoit
donné des bracelets, & bagues pour les tenir
en paix, & fans crainte; & à la plus part des
hommes apparens & antiens des haches,
coufteaux, & autres chofes, dont ils auoiét be-
foing: ce qui les contentoit fort, payant le tout
en danfes & gambades, auec des harangues

R

que nous n'entendiós point. Nous paſſames par
tout ſans qu'ils euſſent aſſeurance de nous rien
dire : ce qui nous reſiouiſt fort, les voyans ſi
ſimples en apparence, comme ils montroient.

Nous reuinmes tout doucement à noſtre
barque, accompagnez de quelques ſauuages.
Sur le chemin nous en rencótraſmes pluſieurs
petites trouppes qui s'amaſſoient peu à peu
auec leurs armes, & eſtoient fort eſtonnez de
nous voir ſi auant dans le pays; & ne penſoient pas que vinſſions de faire vne ronde de
prés de 4. à 5. lieües de circuit au tour de leur
terre, & paſſans prés de nous ils trembloiét de
crainte que on ne leur fiſt deſplaiſir, comme il
eſtoit en noſtre pouuoir; mais nous ne le fiſmes
pas, bien que cognuſſions leur mauuaiſe volonté. Eſtans arriuez où nos ouuriers trauailloient, le ſieur de Poitrincourt demanda ſi
toutes choſes eſtoient en eſtat pour s'oppoſer
aux deſſeins de ces canailles.

Il commanda de faire embarquer tout ce
qui eſtoit à terre : ce qui fut fait, horſmis celuy
qui faiſoit le pain qui demeura pour acheuer
vne fournee, qui reſtoit, & deux autres hommes auec luy. On leur dit que les ſauuages
auoient quelque mauuaiſe intention & qu'ils
fiſſent diligence, afin de s'embarquer le ſoir
enſuiuant, ſçachans qu'ils ne mettoient en ex

ecution leur volonté que la nuit, ou au point du iour, qui eft l'heure de leur furprinfe en la plufpart de leurs deffeins.

Le foir eftant venu, le fieur de Poitrincourt commanda qu'on enuoyaft la chaloúppe à terre pour querir les hommes qui reftoient: ce qui fut fait auffitoft, que la maree le peut permettre, & dit on à ceux qui eftoient à terre, qu'ils euffent à s'embarquer pour le fubiect dont l'on les auoit aduertis, ce qu'ils refuferét, quelques remonftráces qu'on leur peuft faire, & des rifques où ils fe mettoient, & de la defobeiffance qu'ils portoient à leur chef. Ils n'en feirét aucú eftat, horfmis vn feruiteur du fieur de Poitrincourt, qui s'embarqua, mais deux autres fe defembarquerent de la chalouppe qui furent trouuer les trois autres, qui eftoient à terre, lefquels eftoient demeurez pour manger des galettes qu'ils prindrent fur le pain, que l'on auoit fait. Ne voulans donc faire ce qu'on leur difoit, la chalouppe s'en reuint à bort fans le dire au fieur de Poitrincourt qui repofoit & penfoit qu'ils fuffent tous dedans le vaiffeau.

Le lendemain au matin 15. d'Octobre les fauuages ne faillirét de venir voir en quel eftat eftoient nos gens, qu'ils trouuerent endormis, horfmis vn qui eftoit auprés du feu. Les voyás

en cet eſtat ils vindrent doucement par deſſus
vn petit coſtau au nombre de 400. & leur firent vne telle ſalue de fleſches, qu'ils ne leur
donnerent pas le loiſir de ſe releuer, ſans
eſtre frappez à mort : & ſe ſauuant le mieux
qu'ils pouuoient vers noſtre barque, crians,
à l'ayde on nous tuë, vne partie tomba morte
en l'eau:les autres eſtoient tout lardez de coups
de fleſches, dont l'vn mourut quelque temps
aprés. Ces ſauuages mencient vn bruit de-
ſeſperé, auec des hurlemens tels que c'eſtoit
chcſe eſpouuantable à ouir.

Sur ce bruit, & celuy de nos gens, la ſenti-
nelle qui eſtoit en noſtre vaiſſeau, s'eſcria, aux
armes l'on tue nos gens : Ce qui fit que chacun ſe ſaiſir promptemét des ſiennes, & quant
& quant nous nous embarquaſmes en la chalouppe quelque 15. ou 16. pour aller à terre:
Mais ne pouuans l'abborder à cauſe d'vn banc
de ſable qu'il y auoit entre la terre & nous,
nous nous iettaſmes en l'eau & paſſames à gay
de ce banc à la grãd terre la portee d'vn mouſquet. Auſſitoſt que nous y fuſmes, ces ſauuages
nous voyans à vn trait d'arc, prirent la fuitte
dans les terres : De les pourſuiure c'eſtoit en
vain, car ils ſont merueilleuſement viſtes. Tout
ce que nous peuſmes faire, fut de retirer les
corps morts & les enterrer aupres d'vne croix

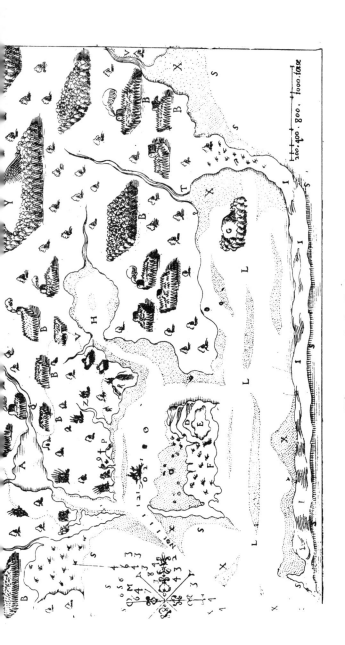

Les chiffres montrent les brasses d'eau.

pour la page 132

200. 400. 800. 1000. toise

A Estang d'eau sallée.
B Les cabannes des sauuages & leurs terres où ils labourent.
C Prairies où il y a 2. petis ruisseaux.
C Prairies à l'isle qui couurent à toutes les marées.
D Petis costaux de montaignes en l'isle réplis de bois, vignes, & pruniers.
E Estang d'eau douce, où il y a quantité de gibier.
F Manieres de prairies en l'isle.
G Isle remplie de bois dedans vn grand cul de sac.
H Maniere d'estang d'eau sallée & où il y a force coquillages, entre autres quantité d'huistres.

I Dunes de sable sur vne longuette de terre.
L Cul de sac.
M Rade où mouillasmes l'ancre deuant le port.
N Entrée du port.
O Le port & lieu où estoit nostre barque.
P La croix que l'on planta.
Q petis ruisseau.
R Montaigne qui descouure de fort loin.
S La coste de la mer.
T Petite riuiere.
V Chemin que nous fismes en leur païs autour de leurs logemens, il est poinct de petis

points.
X Bans & baze.
Y Petite montagne qui paroit dans les terres.
Z Petis ruisseaux.
9 L'endroit où nos gens furent tués par les sauuages près la Croix.

qu'on auoit plantee le iour d'auparauant,puis
d'aller d'vn cofté &d'autre voir fi nous n'é verrions point quelques vns, mais nous perdifmes
noftre temps: Quoy voyans, nous nous en retournafmes. Trois heures aprés ils reuindrent
à nous fur le bord de la mer.Nous leur tirafmes
plufieurs coups de petits efpoirs de fonte verte: & cóme ils entendoient le bruit ils fe tapif-
foient en terre pour éuiter le coup.En derifion
de nous ils abbatirent la croix, & defenterre-
rent les corps : ce qui nous donna vn grand
defplaifir, & fit que nous fufmes a eux pour la
feconde fois : mais ils s'en fuirent comme
ils auoient fait auparauant. Nous redreffa-
fmes la croix & renterrafmes les morts qu'ils
auoient iettés ça & la parmy des bruieres, où
ils mirent le feu pour les brufler, & nous en re-
uinfmes fans auoir rien fait côtre eux non plus
que l'autre fois, voyans bien qu'il n'y auoit
gueres d'apparéce de s'en véger pour ce coup,
& qu'il failloit remettre la partie quand il plai-
roit à Dieu.

Le 16. du mois nous partifmes du port Fortuné qu'auions nommé de ce nom pour le
malheur qui nous y arriua. Ce lieu eft par la
haulteur de 41. degré & vn tiers de latitude,&
à quelque 12. ou 13. lieues de Malebarre.

L'INCOMMODITE DV TEMPS NE NOVS PERMET-
tant, pour lors, de faire d'auantage de deſcouuertures, nous fit reſoudre de
retourner en l'habitation. Et ce qui nous arriua iuſques en icelle.

CHAP. XV.

COmme nous euſmes fait quelques ſix ou ſept lieues nous euſmes cognoiſſance d'vne iſle que nous nommaſmes la ſoupçonneuſe, pour auoir eu pluſieurs fois croyance de loing que ſe fut autre choſe qu'vne iſle, puis le vent nous vint contraire, qui nous fit relaſcher au lieu d'où nous eſtions partis, auquel nous fuſmes deux ou trois iours ſans que durant ce temps il vint aucũ ſauuage ſe preſenter à nous.

Le 20. partiſmes de rechef, & rengeant la coſte au Suroueſt prés de 12. lieues, où paſſames proche d'vne riuiere qui eſt petite & de difficile abord, a cauſe des baſſes & rochers qui ſont à l'entree, que i'ay nommée de mon nom. Ce que nous viſmes de ces coſtes, ſont terres baſſes & ſablonneuſes. Le vent nous vint de rechef contraire, & fort impetueux, qui nous fit mettre vers l'eáu, ne pouuans gaigner ny d'vn coſté ny d'autre, lequel enfin s'apaiſa vn peu, & nous fut fauorable : mais ce ne fut que pour relaſcher encore au portFortuné, dont la coſte, bien qu'elle ſoit baſſe, ne laiſſe d'eſtre belle & bonne, toutesfois de difficile abbord, n'ayant aucunes retraictes, les lieux fort batturiers, & peu d'eau à prés de deux lieues de terre. Le plus que nous en trouuaſmes, ce fut en quelques foſſes 7. à 8. braſſes encore, cela ne duroit que la longueur du cable, auſſi toſt l'on reuenoit à 2. ou 3. braſſes, & ne s'y fie qui voudra qu'il ne l'aye bien recogneuë la ſonde à la main.

Eſtant relaſchez au port, quelques heures aprés le fils de Pontgraué appelé Robert, perdit vne main en tirant vn mouſquet qui ſe creua en pluſieurs pieces ſans offencer aucun de ceux qui eſtoient auprés de luy.

Or voyant touſiours le vent contraire & ne nous pouuans mettre en la mer. Nous reſolumes cependant d'auoir quelques ſauuages de ce lieu pour les emmener en noſtre habitation & leur faire moudre du bled à vn moulin abras, pour punition de l'aſſacinat qu'ils auoiét commis en la perſonne de cinq ou ſix de nos gens: mais que cela ce peuſt faire les armes en la main, il eſtoit fort malayſé, d'autât que quäd on alloit à eux en deliberation de ſe battre, ils prenoient la fuite, & s'en alloient dans les bois, où on ne les pouuoit attraper. Il fallut donc auoir recours aux fineſſes: & voicy comme nous aduiſames, Qu'il failloit lors qu'ils viendroiét pour rechercher amitié auec nous

les amadouer en leur montrant des patinoſtres & autres bagatelles, & les aſſeurer pluſieurs fois: puis prendre la chalouppe bien ar-
mee, & des plus robuſtes & forts hommes
qu'euſſiós, auec chacun vne chaine de patinoſtres & vne braſſe de meche au bras,& les mener à terre, où eſtans, & en faiſant ſemblant de
petuner auec eux (chacun ayant vn bout de ſa
meche allumé, pour ne leur donner ſoupçon,
eſtát l'ordinaire de porter du feu au bout d'vne
corde pour allumer le petum) les amadoue-
roient par douces paroles pour les attirer dans
la chalouppe; & que s'ils n'y vouloient entrer,
que s'en aprochát chacun choiſiroit ſon homme, & en luy mettant les patinoſtres au col,
luy mettroit auſſi en meſme temps la corde
pour les y tirer par force : Que s'ils tempe-
ſtoient trop, & qu'on n'en peuſt venir à bout,
tenant bien la corde on les poignarderoit: Et
que ſi d'auanture il en eſchapoit quelques vns,
il y auroit des hommes à terre pour charger
à coups d'eſpee ſur ceux : Cependant en noſtre barque on tiendroit preſtes les petites pieces pour tirer ſur leurs compagnons, au cas
qu'il en vint les ſecourir; à la faueur deſquelles
la chaloupe ſe pourroit retirer en aſſeurance.
Ce qui fut fort bien executé ainſi qu'on l'auoit
propoſé.

Quel.

A Le lieu ou eſtoiét les François faiſans le pain.

B Les ſauuages ſurprenans les François en tirant ſur eux à coups de fleſches.

C François bruſlez par les ſauuages.

D François s'enfuians à la barque tout lardés de fleſches.

E Trouppes de ſauuages faiſans bruſler les François

F Montaigne ſur le port.

G Cabannes des ſauuages.

H François à terre chargeans les ſauuages.

I Sauuages desfaicts par les François.

L Chalouppe où eſtoient les François.

M Sauuages autour de la chalouppe qui furent ſurpris par nos gens.

qu'ils auoient tués.

N Barque du ſieur de Poitrincourt.

O Le port.

P Petit ruiſeau.

Q François tombez morts dans l'eau penſans ſe ſauuer à la barque.

R Ruiſeau venant de certins mareſcages.

S Bois par où les ſauuages venoient à couuert.

Quelques iours aprés que ces choſes furent paſſees, il vint des ſauuages trois à trois, quatre à quatre ſur le bort de la mer, faiſans ſigne que nous allaſſions à eux: mais nous voiyons bien leur gros qui eſtoit en embuſcade au deſſoubs d'vn coſtau derriere des buiſſons, & croy qu'ils ne deſiroient que de nous attraper en la chalouppe pour deſcocher vn nombre de fleſches ſur nous, & puis s'en fuir: toutesfois le ſieur de Poitrincourt ne laiſſa pas d'y aller auec dix de nous autres, bié equipez & en reſolutió de les cóbatre ſi l'occaſió ſe preſentoit. Nous fuſmes deſſendre par vn endroit que iugiós eſtre hors de leur ébuſcade, où ils ne nous pouuoiét ſurprédre. Nous y miſmes trois ou quatre pied à terre auec le ſieur de Poitrincourt: le reſte ne bougea de la chalouppe pour la cóſeruer & tenir preſte à vn beſoin. Nous fuſmes ſur vne butte & autour des bois pour voir ſi nous deſcouuririons plus à plain ladite embuſcade. Comme ils nous virent aller ſi librement à eux ils leue-

S

rent le ſiege & furent en autres lieux, que ne peuſmes deſcouurir, & des quatre ſauuages n'en viſmes plus que deux, qui s'en alloient tout doucement. En ſe retirant ils nous faiſoient ſigne qu'euſſions à mener noſtre chalouppe en autre lieu, iugeant qu'elle n'eſtoit pas à propos pour leur deſſein. Et nous voyans auſſi qu'ils n'auoient pas enuie de venir à nous, nous nous rébarquaſmes & allaſmes où ils nous monſtroient, qui eſtoit la ſeconde embuſcade qu'ils auoient faite, taſchant de nous attirer en ſigne d'amité à eux, ſans armes : ce qui pour lors ne nous eſtoit permis : neantmoins nous fuſmes aſſez proches d'eux ſans voir ceſte embuſcade, qui n'en eſtoit pas eſloignee, à noſtre iugement. Comme noſtre chalouppe approcha de terre, ils ſe mirent en fuitte, & ceux de l'embuſcade auſſi, aprés qui nous tiraſmes quelques coups de mouſquets, voyant que leur intention ne tendoit qu'a nous deceuoir par careſſes, en quoy ils ſe trompoient : car nous recognoiſſions bien qu'elle eſtoit leur volonté, qui ne tendoit qu'a mauuais fin. Nous nous retiraſmes à noſtre barque aprés auoir fait ce qu'il nous fut poſſible.

Ce iour le ſieur de Poitrincourt reſolut de s'en retourner à noſtre habitation pour le ſubiect de 4. ou 5. mallades & bleſſez, à qui les

playes empiroient à faute d'onguens; car noſtre Chirurgien n'en auoit aporté que biē peu,
qui fut gráde faute à luy, & deſplaiſir aux malades &à nous auſſi:d'autant que l'infeétion de
leurs bleſſeures eſtoit ſi gráde en vn petit vaiſſeau comme le noſtre, qu'on ne pouuoit preſque durer : & craignions qu'ils engendraſſent
des maladies:& auſſi que n'auiós plus de viures
que pour faire 8. ou 10. iournees de l'aduant,
quelque retranchemēt que l'on fiſt, & ne ſçachans pas ſi le retour pourroit eſtre auſſi long
que l'aller,qui fut prés de deux mois.

Pour le moins noſtre deliberation eſtant
prinſe,nous ne nous retiraſmes qu'auec le contentement que Dieu n'auoit laiſſé impuny le
mesfait de ces barbares. Nous ne fuſmes que
iuſques au 41. degré & demy; qui ne fut que
demy degré plus que n'auoit fait le ſieur de
Mons à ſa deſcouuerture.Nous partiſmes donc
de ce port.

Et le lendemain vinſmes mouiller l'ancre
proche de Malebarre, où nous fuſmes iuſques
au 28. du mois que nous miſmes à la voile. Ce
iour l'air eſtoit aſſez froid,&fit vn peu de neige.
Nous priſmes la trauerſe pour aller à Noram-
begue, ou à l'iſle Haute. Mettant le cap à l'Eſt
Nordeſt fuſmes deux iours ſur la mer ſans voir
terre, contrariez du mauuais temps. La nuiét

S ij

enfuiuant eufmes cognoiſſance des iſles qui
font entre Quinibequi & Narembegue. Le
vent eſtoit ſi grand que fuſmes contrainĉts de
nous mettre à la mer pour attendre le iour,
où nous nous eſloignaſmes ſi bien de la terre, quelque peu de voiles qu'euſſiós, que ne la
peuſmes reuoir que iuſques au lendemain, que
nous viſmes le trauers de l'iſle Haute.

Ce iour dernier d'Oĉtobre, entre l'iſle des
Montsdeferts, & le cap de Corneille, noſtre
gouuernail ſe rompit en pluſieurs pieces, ſans
ſçauoir le ſubieĉt. Chacũ en diſoit ſon opinion.
La nuit venant auec beau frais, nous eſtions
parmy quantité d'iſles & rochers, où le vent
nous iettoit, & reſolumes de nous ſauuer, s'il
eſtoit poſſible, à la premiere terre que ren-
contrerions.

Nous fuſmes quelque temps au gré du vent
& de la mer, auec ſeulemét le bourcet de deuãt
mais le pis fut que la nuit eſtoit obſcure & ne
ſçauions où nous allions: car noſtre barque ne
gouuernoit nullemét, bien que l'on fit ce qu'õ
pouuoit, tenant les eſcouttes du bourcet à la
main, qui quelquefois la faiſoiét vn peu gouuerner. Touſiours on ſondoit ſi l'on pourroit
trouuer fonds pour mouiller l'ancre & ſe preparer à ce qui pourroit ſubuenir. Nous n'en
trouuaſmes point; enfin allant plus viſte que ne

defirions, l'on aduifa de mettre vn auiron
par derriere auec dés hommes pour faire
gouuerner à vne ifle que nous apperceufmes,
afin de nous mettre à l'abry du vent. On
mit auffi deux autres auirons fur les coftés
au derriere de la barque, pour ayder à ceux qui
gouuernoient, à fin de faire arriuer levaiffeau
d'vn cofté & d'autre. Cefte inuétió nous feruit
fi bié que mettiós le cap ou defirions, & fufmes
derriere la pointe de l'ifle qu'auiós apperceuë,
mouiller l'ancre à 21. braffe d'eau, attendant le
iour, pour nous recognoiftre & aller chercher
vn endroit pour faire vn autre gouuernail. Le
vét s'appaifa. Le iour eftátvenu nous nous trouuafmes proches des ifles Rágees, tout enuirónés
de brifans; & louafmes Dieu de nous auoir con-
ferués fi miraculeufemét parmy tant de perils.

Le premier de Nouembre nous allafmes en
vn lieu que nous iugeafmes propre pour
efchouer noftre vaiffeau & refaire noftre ti-
mon. Ce iour ie fus à terre, & y vey de la glace
efpoiffe de deux poulces, & pouuoit y auoir
huit ou dix iours qu'il y auoit gelé, & vy bien
que la temperature du lieu differoit de beaucoup à celle de Malebarre & port Fortuné: car
les fueilles des arbres n'eftoient pas encores
mortes ny du tout tombees quand nous en
partifmes, & en ce lieu elles eftoient tou-

tes tombee, & y faiſoit beaucoup plus de froid qu'au port Fortuné.

Le lendemain comme on alloit eſchouer la barque, il vint vn canot où y auoit des ſauuages Eteçhemins qui dirent à celuy que nous auions en noſtre barque, qui eſtoit Secondon, que Iouaniſcou auec ſes compagnons auoit tué quelques autres ſauuages & emmené des femmes priſonnieres, & que proche des iſles des Montsdeſerts ils auoiēt fait leur executiō.

Le neufieſme du mois nous partiſmes d'au-prés du cap de Corneille & le meſme iour vinſmes mouiller l'ancre au petit paſſage de la riuiere ſainčte Croix.

Le lendemain au matin miſmes noſtre ſau-uage à terre auec quelques commoditez qu'on luy dōna, qui fut tres-aiſe & ſatisfait d'auoir fait ce voyage auec nous, & emporta quelques te-ſtes des ſauuages qui auoient eſté tuez au port Fortuné. Led. iour allaſmes mouiller l'ancre en vne fort belle ance au Su de l'iſle de Menaſne.

Le 12. du mois fiſmes voile, & en chemin la chaloupe que nous traiſnions derriere noſtre barque y donna vn ſi grand & ſi rude coup qu'elle fit ouuerture & briſſa tout le haut de la barque: & de rechef au reſac rompit les fer-remens de noſtre gouuernail, & croiyons du commencement qu'au premier coup qu'elle

auoit donné,qu'elle eut enfoncé quelques plã-
ches d'embas,qui nous eut fait submerger: car
le vent estoit si esleué,que ce que pouuiós faire
estoit de porter nostre misanne : Mais aprés
auoir veu le dommage qui estoit petit,& qu'il
n'y auoit aucun peril, on fit en sorte qu'auec
des cordages on accommoda le gouuernail le
mieux qu'on peut, pour paracheuer de nous
conduire,qui ne fut que iusques au 14. de Nouembre,où à l'entree du port Royal pensames
nous perdre sur vne pointe : mais Dieu nous
deliura tant de ce peril que de beaucoup d'autres qu'auions courus.

RETOVR DES SVSDITES DESCOVVERTVRES ET
ce qui ce passa durant l'hyuernement.

CHAP. XVI.

A Nostre arriuee l'Escarbot qui estoit demeuré en l'habitation nous fit quelques
gaillardises auec les gens qui y estoient restez
pour nous resiouir.

Estans à terre,& ayans repris halaine chacun
commença à faire de petits iardins, & moy
d'entretenir le mien, attendant le printemps,
pour y semer plusieurs sortes de graines, qu'on
auoit apportees de France, qui vindrent fort
bien en tous les iardins.

Le sieur de Poitrincourt, d'autre part fit faire vn moulin à eau à prés d'vne lieue & demie
de nostre habitation, proche de la pointe où on
auoit semé du bled. Le moulin estoit basty auprés d'vn saut d'eau, qui vient d'vne petite riuiere qui n'est point nauigable pour la quantité de rochers qui y sont, laquelle se va rendre
dans vn petit lac. En ce lieu il y a vne telle
abbondance de harens en sa saison, qu'on pourroit en charger des chalouppes, si on vouloit
en prendre la peine, & y apporter l'inuention
qui y seroit requise. Aussi les sauuages de ces
pays y viennent quelquesfois faire la pesche.
On fit aussi quantité de charbon pour la forge.
Et l'yuer pour ne demeurer oisifs i'entreprins
de faire vn chemin sur le bort du bois pour aller à vne petite riuiere qui est comme vn ruisseau, que nómasmes la truittiere, à cause qu'il
y en auoit beaucoup. Ie demanday deux ou
trois hommes au sieur de Poitrincourt, qu'il
me dóna pour m'ayder à y faire vne allee. Ie fis
si bié qu'en peu de temps ie la rendy nette. Elle
va iusques à la truittiere, & contient prés de
deux mille pas, laquelle seruoit pour nous
pourmener à l'ombre des arbres, que i'auois
laissé d'vn costé & d'autre. Cela fit prendre re-
solutió au sieur de Poitrincourt d'en faire vne
autre au trauers des bois, pour trauerser droit
à l'em-

à l’embouchewre du port Royal, où il y a prés
de trois lieues & demie par terre de noftre habitation, & la fit commencer de la truittiere
enuiron demie lieue, mais il ne l’afcheua pas
pour eftre trop penible, & s’occupa à d’autres
chofes plus neceffaires pour lors. Quelque
temps aprés noftre arriuee, nous apperceufmes
vne chalouppe, où il y auoit des fauuages, qui
nous dirent que du lieu d’où ils venoient, qui
eftoit Norembegue, on auoit tué vn fauuage
qui eftoit de nos amis, en vengeáce de ce que
Iouanifcou auffi fauuage, & les fiens auoiét tué
de ceux de Norembegue, & dé Quinibequi,
cóme i’ay dit cy deffus; & que des Etechemins
l’auoient dit au fauuage Secondon qui eftoit
pour lors auec nous.

Celuy qui commandoit en la chalouppe
eftoit le fauuage appellé Ouagimou, qui auoit
familiarité auec Beffabes chef de la riuiere
de Norébegue, à qui il demáda le corps de Panounia qui auoit efté tué: ce qu’il luy octroya,
le priant de dire à fes amis qu’il eftoit bien
fafché de fa mort, luy affeurant que c’eftoit
fans fon fçeu qu’il auoit efté tué, & que n’y
ayant de fa faute, il le prioit de leur dire qu’il
defiroit qu’ils demeuraffent amis comme auparauant : ce que Ouagimou, luy promit faire quand il feroit de retour. Il nous dit qu’il luy

T

ennuya fort qu'il n'eſtoit hors de leur compagnie, quelque amitié qu'on luy mőſtraſt, comme eſtans ſubiects au changement, craignant
qu'ils ne luy en fiſſent autant comme au deffunct : auſſi n'y arreſta il pas beaucoup aprés
ſa deſpeche.Il emmena le corps en ſa chalouppe depuis Norembegue iuſques à noſtre habitation, d'où il y a 50. lieues.

Auſſi toſt que le corps fut à terre ſes parens
& amis commencerent à crier au prés de
luy , s'eſtans peints tout le viſage de noir,
qui eſt la façon de leur dueil. Aprés auoir bien
pleuré, ils prindrent quantité de petum, &
deux ou trois chiens, & autres choſes qui
eſtoient au deffunct,qu'ils firent bruſler à quelque mille pas de noſtre habitation ſur le bort
de la mer.Leurs cris continuerent iuſques à ce
qu'ils fuſſent de retour en leur cabanne.

Le lendemain ils prindrent le corps du deffunct, & l'enuelopperent dedans vne catalou-
gue rouge,que Mabretou chef de ſes lieux
m'inportuna fort de luy dőner,d'autant qu'elle eſtoit belle & grăde , laquelle il donna aux
parés dud. deffunct,qui m'en remercierét bien
fort.Aprés dőc auoir emmaillotté le corps, ils
le parerét de pluſieurs ſortes de *matachiats*,qui
ſont patinoſtres & bracelets de diuerſes couleurs, luy peinrent le viſage, & ſur la teſte luy

mirent pluſieus plumes & autres choſes qu'ils auoient de plus beau, puis mirent le corps à genoux au milieu de deux baſtons,& vn autre qui le ſouſtenoit ſoubs les bras:& au tour du corps y auoit ſa mere,ſa femme & autres de ſes parens & amis, tant femmes que filles, qui hurloient comme chiens.

Cependant que les femmes & filles crioient le ſauuage appelé Mabretou,faiſoit vne harangue à ſes compagnōs ſur la mort du deffunct, en incitant vn chacun d'auoir vengeance de la meſchanceté & trahiſon commiſe par les ſubiects de Beſſabes, & leur faire la guerre le plus promptement que faire ſe pourroit. Tous luy accorderent de la faire au printemps.

La harange faitte & les cris ceſſez, ils emporterét le corps du deffunct en vne autre cabanne. Aprés auoir petuné, le renueloperent dás vne peau d'Eſlan, & le lierent fort bien, & le conſeruerent iuſques à ce qu'il y euſt plus grande compagnie de ſauuages, de chacun deſquels le frere du defunct eſperoit auoir des preſens, comme c'eſt leur couſtume d'en donner à ceux qui ont perdu leurs peres, meres, femmes, freres, ou ſœurs.

La nuit du 26. Decembre il fiſt vn vent de Sureſt, qui abbatit pluſieurs arbres.

Le dernier Decembre il commença à neger,

& cela dura iufqu'au lendemain matin.

Le 16. Ianuier enfuiuant 1607. le fieur de
Poitrincourt voulant aller au haut de la riuiere
de l'Equille la trouua feelee de glaces à quelque deux lieues de noftre habitation, qui le fit
retourner pour ne pouuoir paffer.

Le 8. Feurier il commença à defcendre quelques glaces du haut de la riuiere dans le port
qui ne gele que le long de la cofte.

Le 10. de May enfuyuant, il negea toute la
nuict, & fur la fin du mois faifoit de fortes gelees blanches, qui durerent iufques au 10. & 12.
de Iuin, que tous les arbres eftoiét couuerts de
fuilles, horfmis les chefnes qui ne iettent les
leur que vers le 15.

‧ L'yuer ne fut fi grand que les annees precedentes, ny les neges auffi ne furent fi long téps
fur la terre. Il pleuft affez fouuent, qui fut occafion que les fauuages eurent vne grande famine, pour y auoir peu de neges. Le fieur de
Poitrincourt nourrift vne partie de ceux qui
eftoient auec nous, fçauoir Mabretou, fa femme & fes enfans, & quelques autres.

Nous paffames ceft yuer fort ioyeufement,
& fifmes bonne chere, par le moyen de l'ordre
de bontéps que i'y eftablis, qu'vn chacú trouua vtile pour la fante, & plus profitable que
toutes fortes de medicines, dont on euft peu

vſer. Ceſte ordre eſtoit vne chaine que nous mettions auec quelques petites ceremonies au col d'vn de nos gens, luy donnant la charge pour ce iour d'aller chaſſer: le lendemain on la bailloit à vn autre, & ainſi conſecutiuement: tous leſquels s'efforçoient à l'enuy à qui feroit le mieux & aporteroit la plus belle chaſſe: Nous ne nous en trouuaſmes pas mal, ny les ſauuages qui eſtoient auec nous.

Il y eut de la maladie de la terre parmy nos gens, mais non ſi aſpre qu'elle auoit eſté aux annees precedétes: Neantmoins il ne laiſſa d'en mourir ſept; & vn autre d'vn coup de fleſche qu'il auoit receu des ſauuages au port Fortuné.

Noſtre chirurgien appelé maiſtre Eſtienne, fit ouuerture de quelques corps, & trouua preſque toutes les parties de dedans offencees, comme on auoit fait aux autres les annees precedentes. Il y en eut 8. ou 10. de malades qui guerirent au printemps.

Au commencement de Mars & d'Auril, chacun ſe mit à preparer les iardins pour y ſemer des graines en May, qui eſt le vray téps, leſquelles vindrét auſſi bien qu'elles euſſent peu faire en Fráce, mais quelque peu plus tardiues: & trouue que la France eſt au plus vn mois & demy plus aduancee: & comme i'ay dit, le temps eſt de ſemer en May, bien qu'on peut ſemer quelquefois en Auril, mais ces semences n'aduancét pas plus que celles qui sont semees en May, & lors qu'il n'y a plus de froidures qui puisse offencer les herbes, sinon celles qui sont fort tendres, comme il y en a beaucoup qui ne peuuent resister aux gelees blanches, si ce n'est auec vn grand soin & trauail.

Le 24. de May apperceusmes vne petite barque du port de 6. a 7. tonneaux qu'on enuoya recognoistre, & trouua on que c'estoit vn ieune homme de sainct Maslo appelé Cheualier qui apporta lettres du sieur deMons au sieur de Poitrincourt, par lesquelles il luy mandoit de ramener ses compagnons en France, & nous dit la naissance de Monseigneur le Duc d'Orleás, qui nous apporta de la resiouissance, & en fismes les feu de ioye, & châtasmes le *Te deum*.

Depuis le commencement de Iuin iusqu'au 20. du mois, s'assemblerent en ce lieu quelque 30. ou 40. sauuages, pour s'en aller faire la guerre aux Almouchiquois, & venger la mort de Panouuia, qui fut enterré par les sauuages selon leur coustume, lesquels donnerét en aprés quantité de pelleterie à vn sien frere. Les presens faicts, ils partirent tous de ce lieu le 29. de Iuin pour aller à la guerre à Chouacoet, qui est le pays des Almouchiquois.

Quelques iours aprés l'arriuee dudict Cheua-

lier, le fieur de Poitrincourt l'enuoya à la riuiere S. Iean & fainéte Croix pour traiéter quelque pelleterie: mais il ne le laiffa pas aller fans
gés pour ramener la barque, d'autât que quelques vns auoient raporté qu'il defiroit s'en retourner en Fráce auec le vaiffeau où il eftoit venu, & nous laiffer en noftre habitatió. L'Efcarbot eftoit de ceux qui l'accompagnerét, lequel
n'auoit encores forty du port Royal: c'eft le
plus loin qu'il ayt efté, qui font feulement 14. à
15. lieues plus auant que ledit port Royal.

Attendant le retour dudit Cheualier, le fieur
de Poitrincourt fut au fonds de la baye Françoife dans vne chalouppe auec 7.à 8. hommes.
Sortant du port & mettant le cap au Nordeft
quart de l'Eft le long de la cofte quelque 25.
lieues, fufmes à vn cap, où le fieur de Poitrincourt voulut monter fur vn rocher de plus de
30. thoifes de haut, où il courut fortune de fa
vie: d'autant qu'eftant fur le rocher, qui eft
fort eftroit, où il auoit monté auec affez de difficulté, le fommet trembloit foubs luy: le fu-
bieét eftoit que par fucceffion de temps il s'y
eftoit amaffé de la mouffe de 4. à 5. pieds defpois
laquelle n'eftant folide, trembloit quand
on eftoit deffus, & bien fouuent quand on
mettoit le pied fur vne pierre il en tomboit 3. ou
4. autres: de forte que s'il y monta auec peine,

il defcendit auec plus grande difficulté,encore
que quelques matelots, qui font gens affez
adroits à grimper, luy eufsét porté vne hauffiere (qui eft vne corde de moyenne groffeur)
par le moyen de laquelle il defcendit. Ce lieu
fut nommé le cap de Poitrincourt, qui eft par
la hauteur de 45. degrez deux tiers de latitude.

Nous fufmes au fonds d'icelle baye, & ne
vifmes autre chofe que certaines pierres blanches à faire de la chaux:Mais en petite quátité,
& force mauues, qui font oifeaux,qui eftoient
dás des ifles:Nous en prifmes à noftre volóté,&
fifmes le tour de la baye pour aller au port aux
mines, où i'auois efté auparauant, & y menay
le fieur de Poitrincourt, qui y print quelques
petits morceaux de cuiure, qu'il eut auec bien
grand peine. Toute cefte baye peut contenir
quelque 20. lieues de circuit, où il y a au fonds
vne petite riuiere, qui eft fort platte & peu
d'eau. Il y a quantité d'autres petits ruiffeaux
& quelques endroits, où il y a de bons ports,
mais c'eft de plaine mer, où l'eau móte de cinq
braffes.En l'vn de ces ports 3.a 4.lieues au Nort
du cap de Poitrincourt trouuafmes vne Croix
qui eftoit fort vieille , toute couuerte de
mouffe & prefque toute pourrie, qui móftroit
vn figne euident qu'autrefois il y auoit efté des
Chreftiens. Toutes ces terres font forefts tref-
efpoiffes,

eſpoiſſes, où le pays n'eſt pas trop aggreable, ſinon en quelques endroits.

Eſtant au port aux mines nous retourna-ſmes à noſtre habitation. Dedãs icelle baye y a de grands tranſports de maree qui portent au Suroueſt.

Le 12. de Iuillet arriua Ralleau ſecretaire du ſieur de Mons, luy quatrieſme dedans vne chaloupe, qui venoit d'vn lieu appelé Niga-nis, diſtant du port Royal de quelque 160. ou 170. lieues, qui confirma au ſieur de Poitrin-court ce que Cheualier luy auoit raporté.

Le 3. Iuillet on fit equiper trois barques pour enuoyer les hómes & cómoditez qui eſtoient à noſtre habitation pour aller à Campſeau, di-ſtant de 115. lieues de noſtre habitation, & à 45. degrez & vn tiers de latitude, où eſtoit le vaiſſeau qui faiſoit peſché de poiſſon, qui nous deuoit repaſſer en France.

Le ſieur de Poitrincourt renuoya tous ſes compagnons, & demeura luy neufieme en l'habitatió pour emporter en France quelques bleds qui n'eſtoient pas bien à maturité.

Le 10. d'Aouſt arriua de la guerre Mabretou, lequel nous dit auoir eſté à Chouacoet, & auoir tué 20. ſauuages & 10 ou 12. de beſſez; & que Onemechin chef de ce lieu, Marchin, & vn autre auoient eſté tués par Saſinou

V

chef de la riuiere de Quinibequi, lequel depuis fut tué par les compagnons d'Onemechin & Marchin. Toute ceſte guerre ne fut que pour le ſubieĉt de Panounia ſauuage de nos amis, lequel, cóme i'ay diĉt cy deſſus auoit eſté tué à Narembegue par les gens dudit Onemechin & Marchin.

Les chefs qui ſont pour le iourd'huy en la place d'Onemechin, Marchin, & Saſinou, ſont leurs fils, ſçauoir pour Saſinou, Pememen: Abriou pour Marchin ſon pere: & pour Onemechin Queconſicq. Les deux derniers furent bleſſez par les gens de Mabretou, qui les attraperẽt ſoubs apparéce d'amitié, comme eſt leur couſtume, de quoy on ſe doit donner garde, tant des vns que des autres.

HABITATION ABANDONNEE. RETOVR EN
France du ſieur de Poitrincour & de tous ces gens.

Chap. XVII.

L'Onſieme du mois d'Aouſt partiſmes de noſtre habitation dans vne chalouppe, & rengeaſmes la coſte iuſques au cap Fourchu, où i'auois eſté auparauant.

Continuant noſtre routte le long de la coſte iuſques au cap de la Héue (où fut le premier abort auec le ſieur de Mons, le 8. de May. 1604.)

nous recogneufmes la cofte depuis ce lieu
iufques à Câpfeau, d'où il y a prés de 60.lieues:
ce que n'auois encor fait, & la vis lors fort particulieremét,& en fis la carte comme du refte.

Partant du cap de la Héue iufques à Sefambre, qui eft vne ifle ainfi appelée par quelques
Mallouins, diftante de la Héue de 15. lieues.En
ce chemin y a quantité d'ifles qu'auions nommees les Martyres pour y auoir eu des françois
autresfois tués par les fauuages. Ces ifles sót en
plufieurs culs defac & bayes:Envne defquelles
y a vne riuiere appelee fainĉte Marguerite di-
ftáte de Sefambre de 7.lieues,qui eft par la hauteur de 44. degrez & 25. minuttes, de latitude.
Les ifles & coftes font remplies de quantité
de pins,fapins,boulleaux, & autres mefchants
bois. La pefche du poiffon y eft abbondante,
comme auffi la chaffe des oifeaux.

De Sefambre paffames vne baye fort faine
contenant fept à huit lieues,où i l n'y a aucunes
ifles fur le chemin horfmis au fonds, qui eft à
l'entree d'vne petite riuiere de peu d'eau, &
fufmes à vn port diftát de Sefambre de 8. lieues
mettant le cap au Nordeft quart d'Eft, qui eft
affez bon pour des vaiffeaux du port de cent à
fix vingts tonneaux. En fon entree y a vne ifle
de laquelle on peut de baffe mener aller à la
grande terre. Nous auons nommé ce lieu, le

port fainɗe Helaine, qui eſt par la hauteur de 44. degrez 40. minuttes peu plus ou moins de latitude.

De ce lieu fuſmes à vne baye appelee la baye de toutes iſles, qui peut contenir quelques 14. à 15. lieues: lieux qui ſont dangereux à cauſe des bâcs, baſſes & battures qu'il y a. Le pays eſt treſmauuais à voir, rempli de meſmes bois que i'ay diɗ cy deſſus. En ce lieu fuſmes contrariez de mauuais temps.

De là paſſames proche d'vne riuiere qui en eſt diſtante de ſix lieues qui s'appelle la riuiere de l'iſle verte, pour y en auoir vne en ſon entree. Ce peu de chemin que nous fiſmes eſt remply de quantité de rochers qui iettent prés d'vne lieue à la mer, où elle briſe fort, & eſt par la hauteur de 45. degrez vn quart de latitude.

De là fuſmes à vn lieu où il y a vn cul de ſac, & deux ou trois iſles, & vn aſſez beau port, diſtant de l'iſle verte trois lieux. Nous paſſames auſſi par pluſieurs iſles qui ſont rágees les vnes proches des autres, & les nommaſmes les iſles rangees, diſtantes de l'iſle verte de 6. à 7. lieues. En aprés paſſames par vne autre baye, où il a pluſieurs iſles, & fuſmes iuſque à vn lieu où trouuaſmes vn vaiſſeau qui faiſoit peſche de poiſſon entre des iſles qui ſont vn peu eſloignees de la terre, diſtantes des iſles rangees quatre lieues ; & nommafmes ce lieu le port de Saualette, qui eftoit le maiftre du vaiffeau qui faifoit pefche qui eftoit Bafque, lequel nous fit bonne chere, & fut tref-aife de nous voir: d'autant qu'il y auoit des fauuages qui luy vouloient faire quelque defplaifir:ce que nous empefchafmes.

Partant de ce lieu arriuafmes à Campfeau le 27. du mois, diftant du port de Saualette fix lieues,où paffames par quantité d'ifles iufques audit Campfeau, où trouuafmes les trois barques arriuees à port de falut. Chápdoré & l'Efcarbot vindrent audeuant de nous pour nous receuoir: auffi trouuafmes le vaiffeau preft à faire voile qui auoit fait fa pefche, & n'attendoit plus que le temps pour s'en retourner:cependant nous nous donnafmes du plaifir parmy ces ifles, où il y auoit telle quantité de framboifes qu'il ne fe peut dire plus.

Toutes les coftes que nous rengeafmes depuis le cap de Sable iufques en ce lieu font terres mediocrement hautes, & coftes de rochers, en la plufpart des endroits bordees de nombres d'ifles & brifans qui iettent à la mer par endroits prés de deux lieues, qui font fort mauuais pour l'abort des vaiffeaux: Neantmoins il ne laiffe d'y auoir de bós ports & raddes le long des coftes & ifles, s'ils eftoient defçouuerts.Pour ce qui eſt de la terre elle eſt plus mauuaiſe & mal aggreable, qu'en autres lieux qu'euſſiós veus; ſi ce ne ſont en quelques riuieres ou ruiſſeaux, où le pays eſt aſſez plaiſant:& ne faut doubter qu'en ces lieux l'yuer n'y ſoit froid, y durant prés de ſix à ſept mois.

Ce port de Campſeau eſt vn lieu entre des iſles qui eſt de fort mauuais abord, ſi ce n'eſt de beautéps, pour les rochers & briſans qui ſont au tour. Il s'y fait peſche de poiſſon vert & ſec.

De ce lieu iuſques à l'iſle du cap Breton qui eſt par la hauteur de 45. degrez trois quars de latitude & 14. degrez, 50. minuttes de declinaiſon de l'aimant y a huit lieues; & iuſques au cap Breton 25. où entre les deux y a vne grande baye qui entre quelque 9. ou 10. lieues dans les terres, & fait paſſage entre l'iſle du cap Breton & la grand terre qui va rédre en la grand baye ſainct Laurens, par où on va à Gaſpé & iſle parcee, où ſe fait peſche de poiſſon. Ce paſſage de l'iſle du cap Bretó eſt fort eſtroit: Les grands vaiſſeaux n'y paſſent point, bien qu'il y aye de l'eau aſſez, à cauſe des grands courás & tranſports de marees qui y ſont: & auons nommée ce lieu le paſſage courant, qui eſt par la hauteur de 45. degrez trois quarts de latitude.

Ceſte iſle du cap Breton eſt en forme triangulaire, qui à quelque 80. lieues de circuit.&

eſt la pluſpart terre montagneuſe:Neantmoins
en quelques endroits fort aggreable. Au milieu
d'icelle y a vne maniere de lac, où la mer entre
par le coſté du Nord quart du Nordoueſt,& du
Su quart du Sueſt : & y a quantité d'iſles remplies de grand nombre de gibier , & coquillages de pluſieurs ſortes:entre autres des huiſtres
qui ne ſont de grande ſaueur. En ce lieu y a
deux ports, où l'on fait peſche de poiſſon: ſçauoir le port aux Anglois,diſtant du cap Breton
quelque 2. à 3. lieues: & l'autre, Niganis, 18.ou
20. lieues au Nord quart du Nordoueſt. Les
Portuguais autrefois voulurent habiter ceſte
iſle,& y paſſerent vn yuer : mais la rigueur du
temps & les froidures leur firent abandonner
leur habitation.

Le 3. Septembre partiſmes de Campſeau.

Le 4. eſtions le trauers de liſle de Sable.

Le 6. Arriuaſmes ſur le grand banc, où ſe
fait la peſche du poiſſon vert, par la hauteur de
45. degrez & demy de latitude.

Le 26. entraſmes ſur le Sonde proche des
coſtes de Bretagne & Angleterre, à 65. braſſes
d'eau,& par la hauteur de 49. degrez & demy
de latitude.

Et le 28. relachaſmes à Roſcou en baſſe Bretagne,ou fuſmes contrariés du mauuais temps
iuſqu'au dernier de Septembre,que le vent ve-

nant fauorable nous nous mifmes à la mer
pour paracheuer noftre routte iufques à fainᶜᵗ
Maflo, qui fut la fin de ces voyages, où Dieu
nous conduit fans naufrage n'y peril.

Fin des voyages depuis l'an 1604. iufques en 1608.

LES

LES VOYAGES
FAITS AV GRAND FLEVVE
SAINCT LAVRENS PAR LE
fieur de Champlain Capitaine ordinaire
pour le Roy en la marine, depuis
l'annee 1608.iufques en 1612.

LIVRE SECOND.

*RESOLVTION DV SIEVR DE MONS POVR FAI-
re les defcouuertures par dedans les terres;fa commiſſion,& enfrainte d'i-
celle par des Baſques qui defarmerent le vaiſſeau de Pont-graué; & l'aſ-
sort qu'ils firent aprés entre eux.*

CHAP. I.

Stant de retour en France aprés auoir feiourné trois ans au pays de la nouuelle Fráce, ie fus trouuer le fieur de Mons, auquel ie recitay les chofes les plus fingu-lieres que i'y euffe veues depuis fon partemét, & luy donnay la carte & plan des coftes & ports les plus remarquables qui y foient.

Quelque temps aprés ledit fieur de Mons fe delibera de continuer fes deffins, & parache-uer de defcouurir dans les terres par le grand fleuue S. Laurens, où i'auois efté par le com-mandement du feu Roy HENRY LE

X

GRAND en l'an 1603. quelque 180. lieues, commençant par la hauteur de 48. degrez deux tiers de latitude, qui eſt Gaſpé entree dudit fleuue iuſques au grand ſaut , qui eſt ſur la hauteur de 45. degrez , & quelques minuttes de latitude, où finiſt noſtre deſcouuerture, & où les batteaux ne pouuoiét paſſer à noſtre iugement pour lors: d'autát que nous ne l'auions pas bien recogneu comme depuis nous auons fait.

Or aprés que par pluſieurs fois le ſieur de Mons m'euſt diſcouru de ſon intention touchant les deſcouuertures, print reſolution de continuer vne ſi genereuſe, & vertueuſe entreprinſe, quelques peines & trauaux qu'il y euſt eu par le paſſé. Il m'honora de ſa lieutenance pour le voyage: & pour ceſt effeĉt fit equipper deux vaiſſeaux , où en l'vn commandoit du Pont-graué, qui eſtoit deputé pour les negotiations, auec les ſauuages du pays, & ramener auec luy les vaiſſeaux : & moy pour yuerner audiĉt pays.

Le ſieur de Mons pour en ſupporter la deſpence obtint lettres de ſa Maieſté pour vn an, où il eſtoit interdiĉt à toutes perſonnes de ne trafficquer de pelleterie auec les ſauuages , ſur les peines portes par la commiſſion qui enſuit.

HEnry par la grace de Dieu Roy de France et de Navarre, *A nos amez & feaux Confeillers, les officiers de noftre Admirauté de Normandie, Bretaigne & Guienne, Baillifs, Senefchaux, Preuofts, Iuges ou leurs Lieutenans, & à chacun d'eux endroitt foy, en l'eftenduë de leurs refforts, Iurifdittions & deftroits, Salut: Sur l'aduis qui nous a efté donné par ceux qui font venus de la nouuelle France, de la bonté, & fertilité des terres dudit pays, & que les peuples d'iceluy font difpofez à receuoir la cognoiffance de Dieu, Nous auons refolu de faire continuer l'habitation qui auoit efté cy deuant commencée audit pays, à fin que nos fubjetts y puiffent aller librement trafficquer. Et fur l'offre que le fieur de Monts Gentil-homme ordinaire de noftre chambre, & noftre Lieutenant General audit pays, nous auroit propofee de faire ladite habitation, en luy donnant quelque moyen & commodité d'en fupporter la defpence: Nous auons eu aggreable de luy promettre & affeurer qu'il ne feroit permis à aucuns de nos fubietts qu'à luy de trafficquer de pelleteries & autres marchandifes, durant le temps d'vn an feulement, és terres, pays, ports, riuieres & aduenuës de l'eftenduë de fa charge: Ce que voulons auoir lieu. Nous pour ces caufes & autres confiderations, à ce nous mouuans, vous mandons & ordonnons que vous ayez chacun de vous en l'eftendé de vos pouuoirs, iurifdittions & deftroitts, à faire de noftre part, comme nous faifons trs-expreffement inhibitions & deffences à tous marchands, maiftres & Capitaines de nauires, matelots, & autres nos fubietts, de quelque qualité & condition qu'ils foient, d'equipper aucuns vaiffeaux, & en iceux aller ou enuoyer faire traffic, ou trocque de Pelleteries, & autres chofes, auec les Sauuages de la nouuelle France, frequenter, negotier, & communiquer durant ledit temps d'vn an en l'eftenduë du pouuoir dudit fieur de Monts, à peine de defobeyffance, de confifcation entiere de leurs vaiffeaux, viures, armes, & marchandifes, au proffit dudit fieur de Monts & pour affeurancé de la punition de leur defobeiffance: Vous permettrez, comme nous auons permis & permettons auditt fieur de Monts ou fes lieutenans, de faifir, apprehender, & arrefter tous les con-contreuenans à noftre prefente deffence & ordonnance, & leurs vaiffeaux, marchandifes, armes, viures, & vituailles, pour les amener & remettre és mains de la Iuftice, & eftre procedé, tant contre les perfonnes que contre les biens des defobeyffans, ainfi qu'il appartiendra. Ce que nous voulons, & vous mandons faire incontinent lire & publier par tous les lieux & endroitts publics de vofdits pouuoirs & iurifdittions, où vous iugerez befoin eftre, par le premier noftre Huiffier ou Sergent fur ce requis, en vertu de ces prefentes, ou*

X ij

Carte geographique de la
Nouelle franse en son uray meridiain

ᴍ mare magnum

Salisberisiland

Ɛ C. Worsham

terres ⊙ montaignes froide
⊙ desertes

ᴍᴍ C. charles

th. bay wher hud
condud winter

nouuelle bissaye

lestrois riuieres

mont

herbataigan

la Sługs

Algoumequins

Quebu
quini beaux

hiroquois

Lisle de Cham
plain

Choaloct

Charainte

C. des Illes
C. Lovs

Yroquois

C. malle bane

port fortune

Dupsomeuse

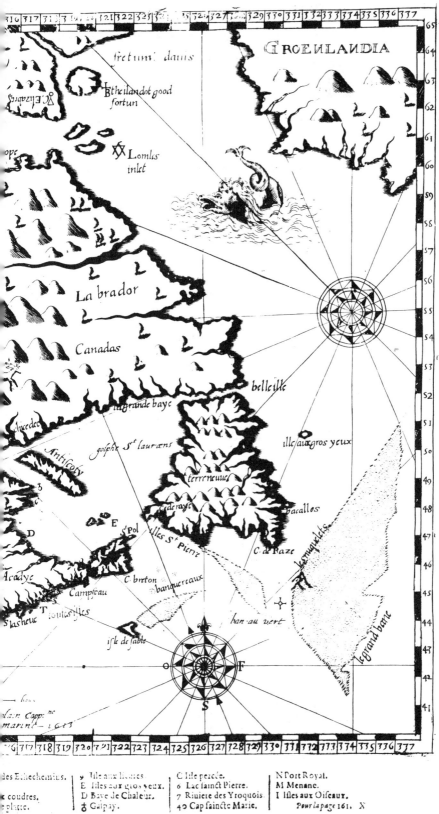

GROENLANDIA

fretum: dauis

Ethelandot good
fortun

☩ C. Elizabeth

ope

☒☒ Lomlis
inlet

La brador

Canadas

belle ille

la grande baye

ille aux gros yeux

golphe St laurens

chiedec

Antisoty

terreneuue

bacallos

D

E

St Pol   illes St Pierre

C. de raze

Acadye

C. briton

banquereaux

Campseau

toutas illes

ban au vert

Slasheue

isle de sable

O   F

les miquelets

le grand banc

clan Capp: ne
marine 1608

S

coppie d'icelles , deuëment collationnees pour vne fois seulement, par l'vn de
nos amez & feaux Conseillers, Notaires & Secretaires , ausquelles voulons
foy estre adioustee comme au present original, afin qu'aucuns de nosdits subiects
n'en pretendent cause d'ignorance, ains que chacun obeysse & se conforme sur ce
à nostre volonté. Mandons en outre à tous Capitaines de nauires , maistres
d'iceux, contre-maistres, matelots, & autres estans dans vaisseaux ou nauires
aux ports & haures dudit pays, de permettre, comme nous auons permis au-
dit sieur de Monts , & autres ayant pouuoir & charge de luy. de visiter dans
leursdits vaisseaux qui auront traicté de ladite Pelleterie, aprés que les pre-
sentes deffences leur auront esté signifiees. Nous voulons qu'à la requeste du-
dit sieur de Monts, ses lieutenans , & autres ayans charge, vous procediez
contre les desobeyssans, & contreuenans ainsi qu'il appartiendra : De ce faire
vous donnons pouuoir, authorité, commission, & mandement special, nonob-
stant l'Arrest de nostre Conseil du 17. iour de Iuillet dernier, clameur de haro,
chartre normande, prise à-partie, oppositions, ou appellations quelsconques:
Pour lesquelles, & sans preiudice d'icelles , ne voulons estre differé, & dont si
aucune interuiennent, nous en auons retenu & reservé à nous & à nostre Con-
seil la cognoissance, priuatiuement à tous autres Iuges, & icelle interdite &
deffenduë à toutes nos Cours & Iuges: Car tel est nostre plaisir. Donné à Paris
le septiesme iour de Ianuier , l'an de grace , mil six cents huict. Et de nostre
regne le dix-neufiesme. Signé, H E N R Y. Et plus bas, Par le Roy, Delo-
menie. Et seellé sur simple quenë du grand seel de cire iaulne.

Collationné à l'original par moy Conseiller,
Notaire & Secretaire du Roy.

Ie fus à Honnefleur pour m'enbarquer, où
ie trouuay le vaisseau de Pontgraué prest, qui
partit du port, le 5. d'Auril; & moy le 13. & arriuay sur le grand banc le 15. de May, par la hauteur de 45. degrez & vn quart de latitude, & le
26. eusmes cognoissance du cap saincte Marie,
qui est par la hauteur de 46. degrez, trois quarts
de latitude, tenant à l'isle de terreneufue. Le 27.
du mois eusmes la veue du cap sainct Laurens

tenant à la terre du cap Breton & iſle de ſainct
Paul, diſtante du cap de ſaincte Marie 83. lieues.
Le 30. du mois euſmes cognoiſſance de l'iſle
percee, & de Gaſpé, qui eſt ſoubs la hauteur de
48. degrez deux tiers de latitude, diſtant du
cap de ſainct Laurens, 70. à 75. lieues.

Le 3. de Iuin arriuaſmes deuant Tadouſſac,
diſtant de Gaſpé 80. ou 90. lieues, & mouillaſmes l'ancre à la radde du port, de Tadouſſac,
qui eſt à vne lieue du port, lequel eſt cóme vne
ance à l entree de la riuiere du Saguenay, où
il y a vne maree fort eſtráge pour ſa viſteſſe, où
quelquesfois il vient des vents impetueux qui
ameinent de grandes froidures. L'on tient que
ceſte riuiere à quelque 45. ou 50. lieues du port
de Tadouſſac iuſques au premier ſaut, qui vient
du Nort Noroueſt. Ce port eſt petit, & n'y
pourroit que quelque 20. vaiſſeaux : Il y a de
l'eau aſſez, & eſt à l'abry de la riuiere de Saguenay & d'vne petite iſle de rochers qui eſt preſque coupee de la mer. Le reſte ſót mótaignes
hautes eſleues, où il y a peu de terre, ſinon rochers & ſables réplis de bois, cóme ſappins &
bouleaux. Il y a vn petit eſtanc proche du port
réfermé de mótagnes couuertes de bois A l'é-
tree y a deux pointes l'vne du coſté du Suroue-
eſt, contenant prés d'vne lieue en la mer, qui
s'appelle la pointe ſainct Matthieu, ou autre-

ment aux Allouettes, & l'autre du costé du Nordouest contenât demy quart de lieue, qui s'appele la pointe de tous les Diables, pour le grand danger qu'il y a. Les vents du Su Suest frappét dans le port, qui ne sont point à crain- dre : mais bien celuy du Saguenay. Les deux pointes cy dessus nommees assechent de basse mer: nostre vaisseau ne peust entrer dâs le port pour n'auoir le vent & maree propre. Ie fis aussitost mettre nostre basteau hors du vaisseau pour aller au port voir si Pont-graué estoit ar- riué. Côme i'estois en chemin, ie récontray vne chaloupe & le pilotte de Pont-graué & vn Basque, qui me venoit aduertir de ce qui leur estoit suruenu pour auoir voulu faire quelques deffences aux vaisseaux Basques de ne traiêter suiuant la cômission que le sieur de Mons auoit obtenuë de sa maiesté, Qu'aucuns vaisseaux ne pourroient traiêter sans la permission du sieur de Monts, comme il estoit porté par icelle:

Et que nonobstant les significations que peust faire Pont-graué de la part de sa Maiesté, ils ne laissoiét de traiêter la force en la main; & qu'ils s'estoiét mis en armes & se maintenoiét si bié dans leur vaisseau, que faisant iouer touts leurs canons sur celuy de Pont-graué & ti- rât force coups de mousquets, il fut fort blessé, & trois des siens, dont il y en eust vn qui en

mourut, fans que le Pont fit aucune refiftan-
ce : Car dés la premiere falue de moufquets
qu'ils tirerent ils fut abbatu par terre. Les Bafques vindrent à bort du vaiffeau & enleuerent
tout le canon & les armes qui eftoient dedans,difans qu'ils traicteroient nonobftant les
deffences du Roy, & que quand ils feroient
prés de partir pour aller en France ils luy ren-
droient fon canon & fon amonition, & que
ce qu'ils en faifoient eftoit pour eftre en feureté. Entendant toutes ces nouuelles, cela me faf-
cha fort, pour le commencement d'vne affaire,
dont nous nous fuffions bien paffez.

Or aprés auoir ouy du pilotte toutes ces
chofes ie luy demanday qu'eftoit venu faire le Bafque au bort de noftre vaiffeau, il me dit
qu'il venoit à moy de la part de leur maiftre
appelé Darache, & de fes côpagnôs, pour tirer
affeurance de moy, Que ie ne leur ferois aucun
defplaifir, lors que noftre vaiffeau feroit dans
le port.

Ie fis refponce que ie ne le pouuois faire, que
premier ie n'euffe veu le Pont. Le Bafque dit
que fi i'auois affaire de tout ce qui defpendoit
de leur puiffance qu'ils m'en affifteroient. Ce
qui leur faifoit tenir ce langage, n'eftoit que la
cognoiffance qu'ils auoient d'auoir failly, côme
ils confeffoient, & la crainte qu'on ne leur laif-

faſt faire la peſche de balene.

Aprés auoir aſſez parlé ie fus à terre voir le
Pont pour prendre deliberation de ce qu'aurions affaire,& le trouuay fort mal. Il me conta
particulierement tout ce qui c'eſtoit paſſé.
Nous conſideraſmes que ne pouuions entrer
audit port que par force,&que l'habitation ne
fut pardue pour ceſte annee, de ſorte que nous
aduiſaſmes pour le mieux , (afin d'vne iuſte
cauſe n'en faire vne mauuaiſe &ainſi ſe ruiner)
qu'il failloit leur donner aſſeurance de ma part
tant que ie ſerois là, & que le Pont n'entrepré-
droit aucune choſe contre eux, mais qu'en
France la iuſtice ſe feroit & vuideroit le different qu'ils auoient entr eux.

Darache maiſtre du vaiſſeau me pria d'aller
à ſon bort, où il me fit bonne reception. Aprés
pluſieurs diſcours ie fis l'accord entre le Pont
& luy, & luy fis promettre qu'il n'entrepren-
droit aucune choſe ſur Pont-graué ny au preiudice du Roy & du ſieur de Mons. Que s'ils
faiſoiét le contraire ie tiédrois ma parole pour
nulle:Ce qui fut accordé & ſigné d'vn chacun.

En ce lieu y auoit nombre de ſauuages qui
y eſtoient venus pour la traiɗte de pelleterie,
pluſieurs deſquels vindrent à noſtre vaiſſeau
auec leurs canots, qui ſont de 8. ou 9. pas de
long, & enuiron vn pas,où pas & demy de large par

ge par le milieu, & vont en diminuant par les deux bouts. Ils sont fort subiects à tourner si on ne les sçay bien gouuerner, & sont faicts d'escorce de boulleau, renforcez par le dedans de petits cercles de cedre blanc, bien proprement aragez : & sont si legers qu'vn homme en porte ayfement vn. Chacun peut porter la pesanteur d'vne pipe. Quand ils veulent trauerser la terre pour aller en quelque riuiere où ils ont affaire, ils les portent auec eux. Depuis Chouacoet le long de la coste iusques au port de Tadoussac ils sont tous semblables.

DE LA RIVIERE DV SAGVENAY, ET DES SAVuages qui nous y vindrent abborder. De l'isle d'Orleans ; & de tout ce que nous y auons remarqué de singulier.

CHAP. II.

APrés cest accord fait, ie fins mettre des charpentiers à accommoder vne petite barque du port de 12. à 14. tonneaux pour porter tout ce qui nous seroit necessaire pour nostre habitation, & ne peut estre plustost preste qu'au dernier de Iuin.

Cependant i'eu moyen de visiter quelques endroits de la riuiere du Saguenay, qui est vne belle riuiere, & d'vne profondeur incroyable, comme 150. & 200. brasses. A quelque cinquan-

Y

te lieues de l'entree du port, comme dit eſt, y a
vn grand ſaut d'eau, qui deſcend d'vn ſort haut
lieu & de grande impetuoſité. Il y a quelques
iſles dedãs icelle riuiere qui ſont fort deſertes,
n'eſtãs que rochers, couuertes de petits ſapins
& bruieres. Elle contient de large demie lieue
en des endroits, & vn quart en ſon entree, où il
y a vn courant ſi grand qu'il eſt trois quarts de
maree couru dedãs la riuiere, qu'elle porte encore hors. Toute la terre que i'y ay veuë ne ſont
que montaignes & promontoires de rochers,
la pluſpart couuerts de ſapins & boulleaux,
terre fort mal plaiſante, tant d'vn coſté que
d'autre: enfin ce ſont de vrays deſerts inhabi-
tés d'animaux & oyſeaux: car allant chaſſer par
les lieux qui me ſembloient les plus plaiſans, ie
n'y trouuois que de petits oiſelets, comme
arondelles, & quelques oyſeaux de riuiere, qui
y viennent en eſté; autrement il n'y en a point,
pour l'exceſſiue froidure qu'il y fait. Ceſte riuiere vient du Noroueſt.

Les ſauuages m'ont fait rapport qu'ayant
paſſé le premier ſaut ils en paſſent huit autres,
puis vont vne iurnee ſans en trouuer, & de rechef en paſſent dix autres, & vont dans vn lac,
où ils font trois iournees, & en chacune ils
peuuent faire à leur aiſe dix lieues en montãt:
Au bout du lac y a des peuples qui viuent er-

rans; & trois riuieres qui fe defchargent dans
ce lac, l'vne venant du Nord, fort proche de la
mer, qu'ils tiennent eftre beaucoup plus
froide que leur pays; & les autres deux d'autres coftes par dedans les terres, où il y a des
peuples fauuages errans qui ne viuét auffi que
de la chaffe, & eft le lieu où nos fauuages vont
porter les marchandifes que nous leur donnons pour traicter les fourrures qu'ils ont,
cóme caftors, martres, loups feruiers, & l'ou-
tres, qui y font en quantité, & puis nous les ap-
portent à nos vaiffeaux. Ces peuples fepten-
trionaux difent aux noftres qu'ils voient la
mer falee; & fi cela eft, comme ie le tiens pour
certain, ce ne doit eftre qu'vn gouffre qui entre dans les terres par les partie du Nort. Les
fauuages difent qu'il peut y auoir de la mer du
Nort au port de Tadouffac 40. à 50. iournees
à caufe de la difficulté des chemins, riuieres &
pays qui eft fort montueux, où la plus grande
partie de l'anne y a des neges. Voyla au certain ce que i'ay apris de ce fleuue. I'ay defiré
fouuent faire cefte defcouuerture, mais ie n'ay
peu fans les fauuages, qu' ń ont voulu que i'al-
laffes auec eux n'y aucuns de nos gens: Toutesfois ils me l'ont promis. Cefte defcouuerture
ne feroit point mauuaife, pour ofter beaucoup
de perfonnes qui fót en doubte de cefte mer du

Nort, par où l'on tient que les Anglois ont esté en ces dernieres annees pour trouuer le chemin de la Chine.

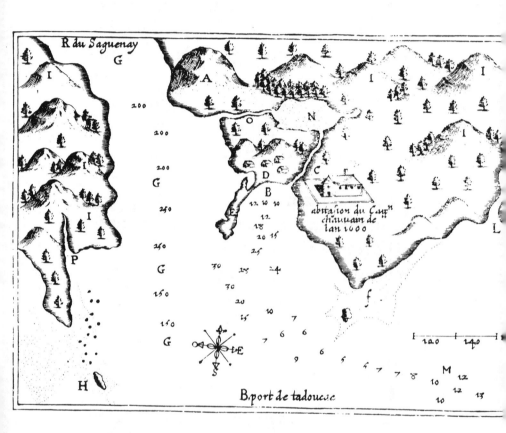

Les chifres montrent les brasses d'eau.

A Vne montaigne ronde sur le bort de la riuiere du Saguenay.
H Le port de Tadoussac.
C Petit ruisseau d'eau douce.
D Le lieu ou cabannent les sauuages quand ils viennent pour la traicte.
E Maniere d'isle qui clost vne partie du port de la ri-

uiere du Saguenay.
F La pointe de tous les Diables
G La riuiere du Saguenay.
H La pointe aux alouettes.
I Montaignes fort mauuaises, remplies de sapins & boulleaux.
L Le moulin Bode.
M La rade ou les vaisseaux

mouillent l'ancre attendant le vent & la maree.
N Petit estag proche du port.
O Petit ruisseau sortant de l'estag, qui descharge dans le Saguenay.
P Place sur la pointe sans arbres, où il y a quantité d'herbages.

Ie party de Tadouſſac le dernier du mois
pour aller à Quebecq, & paſſames prés d'vne
iſle qui s'apelle l'iſle aux lieures, diſtante de ſix
lieues dud. port, & eſt à deux lieues de la terre
du Nort, & à prés de 4. lieues de la terre du Su.
De l'iſle aux lieures, nous fuſmes à vne petite
riuiere, qui aſſeche de baſſe mer, où à quelque
700. à 800. pas dedãs y a deux ſauts d'eau: Nous
la nõmaſmes la riuiere aux Saulmons, à cauſe
que nous y en priſmes. Coſtoyant la coſte du
Nort nous fuſmes à vne pointe qui aduance à
la mer, qu'auons nommé le cap Dauphin, diſtant de la riuiere aux Saulmons 3. lieues. De
là fuſmes à vn autre cap que nõmaſmes la cap
à l'Aigle, diſtant du cap Daulphin 8. lieues:
entre les deux y a vne grande ance, ou au fonds
y a vne petite riuiere qui aſſeche de baſſe mer.
Du cap à l'Aigle fuſmes à l'iſle aux couldres
qui en eſt diſtante vne bonne lieue, & peut tenir enuiron lieue & demie de long. Elle eſt
quelque peu vnie venant en diminuant par les
deux bouts: A celuy de l'Oueſt y a des prairies
& pointes de rochers, qui aduancent quelque
peu dans la riuiere: & du coſté duSuroueſt elle
eſt fort batturiere; toutesfois aſſez aggreable,
à cauſe des bois qui l'enuironnent, diſtante de
la terre du Nort d'enuirõ demie lieue, où il y a
vne petite riuiere qui entre aſſez auant dedans

Y iij

les terres, & l'auōs nommee la riuiere du gouffre, d'autant que le trauers d'icelle la marecy
court merueilleufement, & bien qu'il face calme, elle eft toufiours fort efmeuë, y ayāt grande profondeur : mais ce qui eft de la riuiere
eft plat & y a force rochers en fon entree &
autour d'icelle. De l'ifle aux Couldres coftoyás
la cofte fufmes à vn cap, que nous auons
nommé le cap de tourmente, qui en eft à cinq
lieues, & l'auons ainfi nommé, d'autant que
pour peu qu'il face devét la mer y efleue cōme
fi elle eftoit plaine. En ce lieu l'eau commence
à eftre douce. De la fufmes à l'ifle d'Orleans,
où il y a deux lieues, en laquelle du cofté du Su
y a nombre d'ifles, qui font baffes, couuertes
d'arbres, & fort aggreables, remplies de grandes prayries, & force gibier, contenant à ce
que i'ay peu iuger les vnes deux lieux, & les
autres peu plus ou moins. Autour d'icelles y a
force rochers & baffes fort dangereufes à paf-
fes, qui font efloignés de quelques deux lieues
de la grād terre du Su. Toute cefte cofte, tāt du
Nord que du Su, depuis Tadouffac iufques à
l'ifle d'Orleans, eft terre montueufe & fort
mauuaife, où il n'y a que des pins, fappins, &
boulleaux, & des rochers trefmauuais, où on
ne fçauroit aller en la plus part des endroits.

　　Or nous rangeafmes l'ifle d'Orleans du cofte

du Su, diftante de la grand terre vne lieue
& demie: & du cofté du Nort demie lieue, cô-
tenât de long 6.lieues,& de large vne lieue,ou
lieue & demie,par endroits. Du cofté du Nort
elle eft fort plaifante pour la quantité des bois
&prayries qu'il y a:mais il y fait fort dâgereux
paffer pour la quantité de pointes &rochers
qui font entre la grand terre & l'ifle, où il y a
quantité de beaux chefnes, & des noyers en
quelques endroits; & à l'ébucheure des vignes
& autres bois côme nous auons en France. Ce
lieu eft le commencement du beau& bon pays
de la grande riuiere, où il y a de fon entree
120. Au bout de l'ifle y a vn torét d'eau du cofté du Nort, qui vient d'vn lac qui eft quelque
dix lieues dedâs les terres, & defcend de deffus
vne cofte qui a prés de 25. thoifes de haut, au
deffus de laquelie la terre eft vnie & plaifante à
voir, bien que dans le pays on voye de hautes
montaignes, qui paroiffent de 15. à 20. lieues.

C H A P. III

DE l'ifle d'Orleans iufques à Quebecq, y a
vne lieue,& y arriuay le 3. Iuillet:où eftât,
ie cherchay lieu propre pour noftre habitatió,

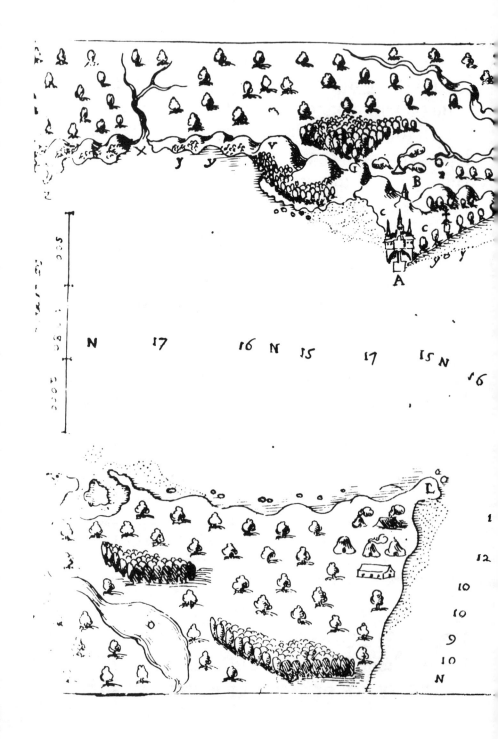

Quebec.

8
7
6
5
4
3
2
1   N

mais ie n'en peu trouuer de plus commode, n'y mieux fitué que la pointe de Quebecq, ainfi appellé des fauuages, laquelle eftoit remplie de noyers. Auffitoft i'employay vne partie de nos ouuriers à les abbatre pour y faire noftre habitation, l'autre à fcier des aix, l'autre fouiller la caue & faire des foffez : & l'autre à aller querir nos commoditez à Tadouffac auec la barque. La premiere chofe que nous fifmes fut le magazin pour mettre nos viures à couuert, qui fut promptemét fait par la diligence d'vn chacun, & le foin que i'en eu.

Les chifres montrent les braffes d'eau.

A Le lieu ou l'habitation eft baftie.

B Terre deffrichee où l'on feme du bled & autres grains

C Les iardinages.

D Petit ruiffeau qui vient de dedans des marefcages.

E Riuiere ou hyuerna Iaques Quartier, qui de fon tëps la nomma fainéte Croix, que l'on a transféré à 15. lieues au deffus de Quebec.

F Ruiffeau des marais.

G Le lieu ou l'on amaffoit les herbages pour le beftail que l'on y auoit mené.

H Le grand faut de Montmorency qui defcent de plus de 25. braffes de haut dans la riuiere.

I Bout de l'ifle d'Or'ans.

L Pointe fort eftroite du cofté de l'orient de Quebecq.

M Riuiere bruyante, qui va aux Etechemains

N La grāde riuiere S Laurens

O Lac de la riuiere bruyante.

P Montaignes qui font dans les terres; baye que i'ay nōmé la nouuelle Bifquaye.

Q Lac du grād faut de Montmorency.

R Ruiffeau de lours.

S Ruiffeau du Gendre.

T Prairie qui font inondees des eaux a toutes les marees

V Mont du Gas fort haut, fur le bort de la riuiere.

X Ruiffeau courant, propre à faire toutes fortes de moulins.

Y Cofte de grauier, où il fe trouue quantité de diamants vn peu mellieurs que ceux d'Alanfon.

Z La pointe aux diamants

9 Lieux où fouuent cabanent les fauuages.

Quel-

Quelques iours aprés que ie fus audit Quebecq, il y eut vn ferrurier qui confpira contre le feruice du Roy; qui eftoit m'ayant fait mourir, & s'eftant rendu maiftre de noftre fort, le mettre entre les mains des Bafques ou Efpagnols, qui eftoient pour lors à Tadouffac, où vaiffeaux ne peuuent paffer plus outre pour n'auoir la cognoiffance du paffage ny des bancs & rochers qu'il y a en chemin.

Pour executer fon mal'heureux deffin, fur l'efperance d'ainfi faire fa fortune, il fuborna quatre de ceux qu'il croyoit eftre des plus mauuais garçons, leur faifant entendre mille faulcetez & efperances d'acquerir du bien.

A'prés que ces quatre hommes furent gaignez, ils promirét chacun de faire en forte que d'attirer le refte à leur deuotió; & que pour lors ie n'auois perfonne auec moy en qui i'euffe fiáce: ce qui leur dónoit encore plus d'efperance de faire reuffir leur deffin : d'autant que quatre ou cinq de mes compagnons, en qui ils fçauoient que ie me fiois, eftoient dedans les barques pour auoir efgard à conferuer les viures & commoditez qui nous eftoient neceffaires pour noftre habitation.

Enfin ils fceurét fi bié faire leurs menees auec ceux qui reftoient, qu'ils deuoient les attirer tous à leur deuotion, & mefme mon laquay,

Z

leur promettant beaucoup de chofes qu'ils n'euſſent ſceu accomplir.

Eſtant donc tous d'accord, ils eſtoient de iour en autre en diuerſes reſolutions comment ils me feroient mourir, pour n'en pouuoir eſtre accuſez, ce qu'ils tenoient difficile: mais le Diable leur bandant à tous les yeux: & leur oſtant la raiſon & toute la difficulté qu'ils pouuoient auoir, ils arreſterent de me prendre à deſpourueu d'armes, & m'eſtouffer, ou donner la nuit vne fauce alarme, & comme ie ſortirois tirer ſur moy, & que par ce moyen ils auroient pluſtoſt fait qu'autrement : tous promirent les vns aux autres de ne ſe deſcouurir, ſur peine que le premier qui en ouuriroit la bouche, ſeroit poignardé : & dás quatre iours ils deuoiét executer leur entrepriſe, deuant que nos barques fuſſent arriuees : car autrement ils n'euſſent peu venir à bout de leur deſſin.

Ce meſme iour arriua l'vne de nos barques, où eſtoit noſtre pilotte appelé le Capitaine Teſtu, homme fort diſcret. Aprés que la barque fut deſchargés & preſte à s'en retourner à Tadouſſac, il vint à luy vn ſerrurier appelé Natel, compagnon de Iean du Val chef de la traiſon, qui luy dit, qu'il auoit promis aux autres de faire tout ainſi qu'eux : mais qu'en effect il n'en deſiroit l'executió, & qu'il n'oſoit s'en declarer, & ce qui l'en auoit empefché, eftoit la crainte qu'il auoit qu'ils ne le poignardaffent.

Aprés qu'Antoine Natel euft fait promettre audit pilotte de ne rien declarer de ce qu'il diroit, d'autant que fi fes compagnons le defcouuroiét, ils le feroient mourir. Le pilotte l'affeura de toutes chofes, & qu'il luy declaraft le fait de l'entreprinfe qu'ils defiroient faire: ce que Natel fit tout au long: lequel pilotte luy dift, Mon amy vous auez bié fait de defcouurir vn deffin fi pernicieux, & montrez que vous eftes homme de bien, & conduit du S. Efprit. mais ces chofes ne peuuent paffer fans que le fieur de Champlain le fcache pour y remedier, & vous promets de faire tant enuers luy, qu'il vous pardonnera & à d'autres : & de ce pas, dit le pilotte, ie le vays trouuer fans faire femblant de rien, & vous, allez faire voftre befoigne, & entendez toufiours ce qu'ils diront, & ne vous fouciez du refte.

Auffitoft le pilotte me vint trouuer en vn iardin que ie faifois accommoder, & me dit qu'il defiroit parler à moy en lieu fecret, où il n'y euft que nous deux. Ie luy dis que ie le voulois bien. Nous allafmes dans le bois, où il me conta toute l'affaire. Ie luy demanday qui luy auoit dit. Il me pria de pardonner à celuy qui

luy auoit declaré: ce que ie luy accorday bien
qu'il deuoit s'adreſſer à moy;ll craignoit,dit il,
qu'euſſiez entré en cholere, & que l'euſſiez of-
fencé. Ie luy dis que ie ſçauois mieux me gouuerner que cela en telles affaires , & qu'il le fit
venir, pour l'oyr parler. Il y fut , & l'amena
tout tremblant de crainte qu'il auoit que luy
fiſſe quelque deſplaiſir. Ie l'aſſeuray, & luy dy
qu'il n'euſt point de peur,& qu'il eſtoit en lieu
de ſeureté,& que ie luy pardonnois tout ce
qu'il auoit fait auec les autres, pourueu qu'il
diſt entierement la verité de toutes choſes, &
le ſubiet qui les y auoit meuz , Rié, dit il, ſinon
que ils s'eſtoient imaginez que rendât la place
entre les mains des Baſques ou Eſpaignols, ils
ſeroient tous riches,& qu'ils ne deſiroient plus
aller en France ; & me conta le ſurplus de leur
entreprinſe.

A prés l'auoir entendu & interrogé,ie luy
dis qu'ils s'en allaſt à ſes affaires : Cependant ie
commanday au pilotte qu'il fiſt approcher ſa
chalouppe:ce qu'il fit ; & aprés donnay deux
bouteilles de vin àvn ieune hôme,& qu'il dit à
ces quatre galants principaux de l'entreprinſe, que c'eſtoit du vin de preſent que ſes amis
de Tadouſſac luy auoient dôné,& qu'il leur en
vouloit faire part: ce qu'ils ne refuſerent,& furent ſur le ſoir en la Barque , où il leur de-

uoit donner la collation:ie ne tarday pas beaucoup aprés à y aller,& les fis prendre& arrester
attendant le lendemain.

Voyla donc mes galants bien estonnez.
Aussitost ie fis leuer vn chacun (car c'estoit sur
les dix heures du soir) & leur pardónay à tous,
pourueu qu'ils me disent la verité de tout ce
qui c'estoit passé, ce qu'ils firent, & aprés les fis
retirer.

Le lendemain ie prins toutes leurs deposi-
tions les vnes aprés les autres deuant le pilotte
& les mariniers du vaisseau, lesquelles ie fis
coucher par escript, & furent fort aises à ce
qu'ils dirent, d'autant qu'ils ne viuoient qu'en
crainte, pour la peur qu'ils auoient les vns des
autres,& principalemét de ces quatre coquins
qui les auoient ceduits;& depuis vesquirent en
en paix, se contentans du traictement qu'ils
auoient receu, comme ils deposerent.

Ce iour fis faire six paires de menottes pour
les autheurs de la ceditió, vne pour nostreChi-
rurgien appelé Bonnerme,vne pour vn autre
appelé la Taille que les quatre ceditieux auoiét
chargez,ce qui se trouua neantmoins faux,qui
fut occasion de leur donner liberté.

Ces choses estans faites,i'emmenay mes galants à Tadoussac,& priay le Pót de me faire ce
bien de les garder,d'autant que ie n'auois en-

cores lieu de feureté pour les mettre,& qu'e-
ftiós empefchez à edifier nos logemés;& auffi
pour prendre refolution de luy & d'autres du
vaiffeau,de ce qu'aurions àfaire là deffus.Nous
aduifames qu'aprés qu'il auroit fait fes affaires
à Tadouffac , il s'en viendroit à Quebecq auec
les prifonniers,où les ferions confronter deuát
leurs tefmoins : & aprés les auoir ouis,ordon-
ner que la iuftice en fut faite felő le delictqu'ils
auroient commis.

Ie m'en retournay le lendemain à Quebecq
pour faire diligence de paracheuer noftre magazin,pour retirer nos viures qui auoient efté
abandonnez de tous ces beliftres, qui n'efpar-
gnoiét rien, fans cófiderer où ils en pourroiét
trouuer d'autres quand ceux là manqueroiét:
car ie n'y pouuois donner remede que le magazin ne fut fait & fermé.

Le Pont-graué arriua quelque temps aprés
moy, auec les prifonniers, ce qui apporta du
mefcontentement aux ouuriers qui reftoient,
craignant que ie leur euffe pardonné, & qu'ils
n'vfaffent de vengeance enuers eux, pour
auoir declaré leur mauuais deffin.

Nous les fifmes confronter les vns aux autres, où ils leur maintindrent tout ce qu'ils
auoient declaré dans leurs depofitions, fans
que les prifonniers leur deniaffent le contrai-

re, s'accufans d'auoir mefchament fait, &
merité punitió, fi on n'vfoit de mifericorde enuers eux, en maudiffant Iean du Val, comme le
premier qui les auoit induits à telle trahifon,
dés qu'ils partirent de France. Ledit du Val
ne fceut que dire, finó qu'il meritoit la mort, &
que tout le contenu és informations eftoit
veritable, & qu'on euft pitié de luy, & des autres qui auoient adheré à fes pernicieufes vol-
lontez.

Aprés que le Pont & moy, auec le Capitaine
du vaiffeau, le Chirurgié, maiftre, contre maiftre, & autres mariniers eufmes ouy leurs depofitions & confrontations, Nous aduifames
que fe feroit affez de faire mourir ledit du Val,
comme le motif de l'entreprinfe, & auffi pour
feruir d'exemple à ceux qui reftoient, de fe có-
porter fagement à l'aduenir en leur deuoir, &
afin que les Efpagnols & Bafques qui eftoient
en quantité au pays n'en fiffent trophee:& les
trois autres condamnez d'eftre pendus, & cependant les rémener en Fráce entre les mains
du fieur de Mons, pour leur eftre fait plus am-
ple iuftice, felon qu'il aduiferoit, auec toutes les
informations, & la fentence, tant dudiĉt
Iean du Val qui fut pendu & eftranglé audit
Quebecq, & fa tefte mife au bout d'vne pique
pour eftre plantee au lieu le plus eminent de

noſtre fort & les autres trois renuoyez en
France.

RETOVR DV PONT-GRAVE EN FRANCE. DE-
ſcriptiõ de noſtre logemẽt & du lieu où ſeiourna Iaques Quartier en l'an 1535,

CHAP. IV.

APrés que toutes ces choſes furent paſſees
le Pont partit de Quebecq le 18. Septembre pour s'en retourner enFrance auec les trois
priſonniers. Depuis qu'ils furent hors tout le
reſte ſe comporta ſagement en ſon deuoir.

Ie fis continuer noſtre logement, qui eſtoit
de trois corps de logis à deux eſtages. Chacun
contenoit trois thoiſes de long & deux & demie de large. Le magazin ſix & trois de large,
auec vne belle caue de ſix pieds de haut. Tout
autour de nos logemens ie fis faire vne galerie
par dehors au ſecõd eſtage, qui eſtoit fort commode, auec des foſſés de 15. pieds de large & ſix
de profond : & au dehors des foſſés, ie fis pluſieurs pointes d'eſperons qui enfermoient vne
partie du logement, là où nous miſmes nos
pieces de canon : & deuant le baſtiment y a vne
place de quatre thoiſes de large, & ſix ou ſept
de lõg, qui dõne ſur le bord de la riuiere. Autour
du logement y a des iardins qui ſont tres-bons,
& vne place du coſté de Septemptrion qui a
quelque cent ou ſix vingts pas de long, 50. ou
60. de

60. de large. Plus proche dudit Quebecq, y
a vne petite riuiere qui vient dedans les terres
d'vn lac diſtant de noſtre habitation de ſix à
ſept lieues. Ie tiens que dans ceſte riuiere qui
eſt au Nort & vn quart du Noroueſt de noſtre
habitation, ce fut le lieu où Iaques Quartier
yuerna, d'autant qu'il y a encores à vne lieue
dans la riuiere des veſtiges cóme d'vne chemi-
nee, dont on à trouué le fondement, & apparence d'y auoir eu des foſſez autour de leur logement, qui eſtoit petit. Nous trouuaſmes
auſſi de grádes piecesde boiseſcarrees, vermou-
lues, & quelques 3. ou 4. balles de canon. Toutes ces choſes monſtrent euidemment que c'à
eſté vne habitation, laquelle a eſté fondee par
des Chreſtiens: & ce qui me fait dire & croire
que c'eſt Iaques Quartier, c'eſt qu'il ne ſe trouue point qu'aucun aye yuerné ny baſty en ces
lieux que ledit IaquesQuartier au temps de ſes
deſcouuertures, & failloit, à mon iugemét, que
ce lieu s'appelaſt ſainte Croix, comme il l'auoit
nommé, que l'on a transferé depuis à vn autre
lieu qui eſt 15. lieues de noſtre habitatió à l'Oueſt, & n'y a pas d'apparence qu'il euſt yuerné
en ce lieu que maintenant on appelle ſainéte
Croix, n'y en d'autres: d'autant qu'en ce chemin il n'y a riuiere ny autres lieux capables
de tenir vaiſſeaux, ſi ce n'eſt la grande riuiere

ou celle dont i'ay parlé cy deſſus, où de baſſe
mer y a demie braſſe d'eau, force rochers &
vn bauc à ſon entree:Car de tenir des vaiſſeaux
dans la grande riuiere, où il y a de grands cou-
rans, marees & glaces qui charient en hyuer,
ils courroient riſque de ſe perdre, auſſi qu'il y a
vne pointe de ſable qui aduance ſur la riuiere,
qui eſt remplie de rochers, parmy leſquels
nous auons trouuué depuis trois ansvn paſſage
qui n'auoit point encore eſté deſcouuert : mais
pour le paſſer il faut bien prendre ſon temps, à
cauſe des pointes& dangers qui y ſont. Ce lieu
eſt à deſcouuert des vét,deNoroueſt&. la riuiere y court cóme ſi c'eſtoitvn ſaut d'eau,&y pert
de deux braſſes & demye. Il ne s'y voit aucune
apparence de baſtimens, n'y qu'vn homme de
iugement vouluſt s'eſtablir en c'eſt endroit, y
en ayant beaucoup d'autres meilleurs quand
on ſeroit forcé de demeurer. I'ay bien voulu
traicter de cecy, d'autant qu'il y en a beaucoup
qui croyent que ce lieu fuſt la reſidence dudit
Iaques Quartier: ce que ie ne croy pas pour les
raiſós cy deſſus: car ledit Quartier en euſt auſſi
bien fait le diſcours pour le laiſſer à la poſterité
comme il l'a fait de tout ce qu'il a veu & deſcouuert : & ſouſtiens que mon dire eſt veritable: ce qui ce peut prouuer par l'hiſtoire
qu'il en a eſcrite.

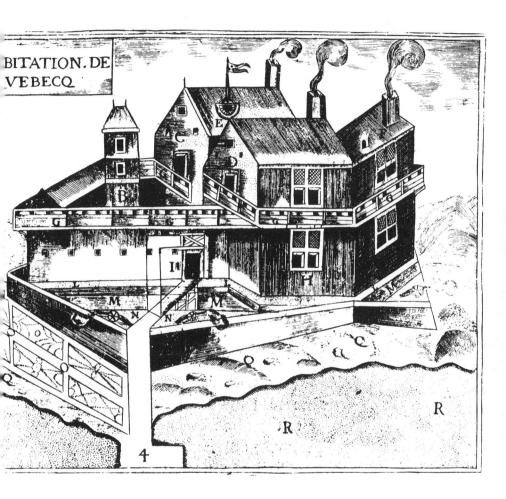

BITATION. DE
VEBECQ

A Le magazin.
B Colombier.
C Corps de logis où sont nos armes,& pour loger les ouuriers.
D Autre corps de logis pour les ouuriers.
E Cadran.
F Autre corps de logis où est la forge, & artisans logés.
G Galleries tout autour des logemens.
H Logis du sieur de Champlain.
I La porte de l'habitation,où il y a Pont-leuis
L Promenoir autour de l'habitation contenant 10. pieds de large iusques sur le bort du fossé.
M Fossés tout autour de l'habitation.
N Plattes formes,en façon de tenailles pour mettre le canon.
O Iardin du sieur de Champlain.
P La cuisine.
Q Place deuant l'habitation sur le bort de la riuiere.
R La grande riuiere de sainct Lorens.

Aa ij

Et pour môſtrer encore que ce lieu que main-
tenât on appelle ſainɛte Croix n'eſt le lieu où
yuerna Iaques Quartier, côme la pluſpart eſti-
ment, voicy ce qu'il en dit en ſes deſcouuertures,extrait deſon hiſtoire,aſſauoir,Qu'il arriua
à l'iſle aux Coudres le 5. Decembre en l'an 1535.
qu'il appella de ce nom pour y en auoir,auquel
lieu y a grand courant de maree , & dit qu'elle
contient 3. lieues de long, mais quand on con-
tera lieue & demie c'eſt beaucoup.

Et le 7.du mois iour de noſtre dame,il partit
d'icelle pour aller à mont le fleuue, où il vit 14.
iſles diſtantes de l'iſle aux Coudres de 7. a 8.
lieues du Su. En ce côpte il s'eſgare vn peu, car
il n'y en a pas plus de trois: & dit que le lieu où
ſont les iſles ſuſd. eſt le commencement de la
terre ou prouince de Canada, & qu'il arriua
à vne iſle de 10.lieues de long & cinq de large,
où il ſe fait grande peſcherie de poiſſon,com-
mede fait elle eſt fort abondante, principalement en Eſturgeon : mais de ce qui eſt de ſa
longueur elle n'a pas plus de ſix lieues & deux
de large,choſe maintenant aſſez cogneue.Il dit
auſſi qu'il mouilla l'ancre entre icelle iſle & la
terre du Nort,qui eſt le plus petit paſſage & dâgereux, & là mit deux ſauuages à terre qu'il
auoit amenez en Frâce,& qu'aprés auoir arreſté en ce lieu quelque téps auec les peuples du

pays il fit admener ſes barques,& paſſa outre à
môt led.fleuue auec le flot pour cercher haure
& lieu de ſeureté pour mettre les nauires, &
qu’ils furét outre le fleuue coſtoyant ladite iſle
contenât 10. lieues, côme il met, où au bout ils
trouuerent vn affour d’eau fort beau & plaiſant, auquel y a vne petite riuiere & haure
de barre, qu’ils trouuerent fort propre pour
mettre leurs vaiſſeaux à couuert, & le nom-
merent ſainᵈe Croix, pour y eſtre arriuez ce
iour là lequel lieu s’appeloit au téps,& voyage
dudit Quartier Stadaca, que maintenant nous
appelons Quebecq , & qu’aprés qu’il euſt
recogneu ce lieu, il retourna querir ſes vaiſſeaux pour y yuerner.

Or eſt il donc à iuger que de l’iſle aux Coudres iuſques à l’iſle d’Orleans , il n’y a que 5.
lieues, au bout de laquelle vers l’Occidant la
riuiere eſt fort ſpacieuſe, & n’y a audit affour,
comme l’appelle Quartier, aucune riuiere que
celle qu’il nomma ſainᵈe Croix , diſtante de
l’iſle d’Orleans d’vne bonne lieue, où de baſſe
mer n’y a que demie braſſe d’eau,& eſt fort dâ-
gereuſe en ſon entree pour vaiſſeaux, y ayant
quantité d’eſprons , qui ſont rochers eſpars par
cy par la, & faut balliſſer pour entrer dedâs, où
de plaine mer, comme i’ay diᵈ, il y a 3. braſſes
d’eau,& aux grandes marees 4.braſſes, & 4. &

demie ordinairement à plain flot, & n'eſt qu'a
1500.pas de noſtre habitatiõ,qui eſt plusà mont
dãs ladite riuiere, & n'y a autre riuiere,comme
i'ay dit, depuis le lieu que maintenant on
appelle ſainǝte Croix, où on puiſſe mettre aucuns vaiſſeaux : Ce ne ſont que de petits ruiſſeaux. Les coſtes ſont plattes & dangereuſes,
dont Quartier ne fait aucune mentiõ que iuſques à ce qu'il partit du lieu de ſainǝte Croix
appelé maintenant Quebecq, où il laiſſa ſes
vaiſſeaux,&y fit edifier ſon habitation comme
on peut voir ainſi qu'il s'enſuit.

Le 19. Septembre il partit de ſainǝte Croix
où eſtoient ſes vaiſſeaux, & fit voile pour aller
auec la maree à mont ledit fleuue qu'ils trou-
uerẽt fort aggreable, tant pour les bois, vignes
&habitatiõs qu'il y auoit de ſon tẽps,qu'autres
choſes : & furẽt poſer l'ãcre à vingt cinq lieues
de l'entree de la terre deCanada,qui eſtau bout
de l'iſle d'Orleans du coſté de l'oriant ainſi
appelee par ledit Quartier. Ce qu'on appelé
auiourd'huyS.Croix s'appeloit lors Achelacy,
deſtroit de la riuiere,fort courãt&dangereux,
tãt pour les rochers qu'autres choſes, & ou on
ne peut paſſer que de flot,diſtãt deQuebecq &
de la riuiere ou yuerna led. Quartier 15. lieues.

Or en toute ceſte riuiere n'y à deſtroit depuis
Quebecq iuſques au grand ſaut, qu'en ce lieu

que maintenant on appelle fainᶜte Croix, où
on a transferé ce nom d'vn lieu à vn autre qui
eſt fort dangereux, comme i'ay deſcript:& ap-
pert fort clairement par ſon diſcours, que ce
n'eſt point le lieu de ſon habitation,comme dit
eſt,& que ce fut proche deQuebecq, & qu' aucun n'auoit encore recerché ceſte particulari-
té, ſinon ce que i'ay fait en mes voyages : Car
dés la premiere fois qu'on me dit qu'il auoit
habité en ce lieu,cela m'eſtonna fort, ne voyāt
apparence de riuiere pour mettre vaiſſeaux,
comme il deſcrit . Ce fut ce qui m'en fit faire
exaᶜte recerche pour en leuer le ſoubçon &
doubte à beaucoup.

Pendant que les Charpentiers, ſcieurs d'aix
& autres ouuriers trauailloient à noſtre logement,ie fis mettre tout le reſte à deffricher au
tour de l'habitatiõ, afin de faire des iardinages
pour y ſemer des grains & grennes pour voir
comme le tout ſuccederoit, d'autant que la
terre parroiſſoit fort bonne.

Cependant quantité des ſauuages eſtoient
cabannés proche de nous, qui faiſoient peſche
d'anguilles qui cõmencent à venir comme au
15. de Septembre, & finit au 15. Octobre. En ce
temps tous les ſauuages ſe nouriſſent de ceſte
manne,& en font ſecher pour l'yuer iuſques au
mois de Feurier, que les neiges ſont grandes

comme de 2. pieds & demy, & 3. pieds pour
le plus, qui eſt le temps que quád leurs anguilles & autres choſes qu'ils font checher, font ac-
cõmodees, ils võt chaſſer aux Caſtors, où ils sõt
iuſques au cõmencemẽt de Ianuier. Cõme ils y
furent, ils nous laiſſerent en garde toutes leurs
anguilles &autres choſes iuſques à leur retour,
qui fut au 15. Decembre, & ne firent pas grand
chaſſe de Caſtors pour les eaux eſtre trop grãdes, & les riuieres deſbordees, ainſi qu'ils nous
dirent. Ie leur rendis toutes leurs vitua illes
qui ne leur durerent que iuſques au 20. de
Ianuier. Quand leurs anguilles leur faillent ils
ont recours à chaſſer aux Eſlás & autres beſtes
ſauuages, qu'ils peuuent trouuer en attendant
le printẽps, où i'eu moyen de les entretenir de
pluſieurs choſes. Ie conſideray fort particulierement leur couſtumes.

Tous ces peuples patiſſent tant, que quelquesfois ils ſont contrain&s de viure de certains coquillages, & manger leur chiens &
peaux dequoy ils ſe couurent contre le froid.
Ie tiens que qui leur mõſtreroit à viure & leur
enſeigneroit, le labourage des terres & autres
choſes, ils apprendroient fort bien : car il s'en
trouue aſſez qui ont bon iugement & reſpon-
dent à propos ſur ce qu'on leur demande. Ils
ont vne meſchanceté en eux, qui eſt d'vſer de
ven-

végeance, & d'eſtre grãds menteurs, gens auſquels il ne ſe faut par trop aſſeurer, ſinon auec
raiſon,& la force en la main.Ils promettent aſſez, mais ils tiennent peu. Ce ſont gens dont la
pluſpart n'ont point de loy,ſelon que i'ay peu
voir,auec tout plain d'autres fauces croyances.
Ie leur demanday de quelle ſorte de ceremonies ils vſoient à prier leur Dieu , ils me dirent qu'ils n'en vſoient point d'autres, ſinon
qu'vn chacun le prioit en ſon cœur, comme il
vouloit. Voila pourquoy il n'y a aucune loy
parmy eux,& ne ſçauent que c'eſt d'adorer &
prier Dieu, viuãs cõme beſtes bruttes & croy,
que bien toſt ils ſeroient reduits bons Chreſtiens ſi on habitoit leur terre , ce qu'ils de-
ſirent la pluſpart. Ils ont parmy eux quelques
ſauuages qu'ils appelét Pillotois,qu'ils croient
parler au Diable viſiblement, leur diſant ce
qu'il faut qu'ils facent,tant pour la guerre que
pour autres choſes , & s'ils leur commandoit qu'ils allaſſent mettre en execution quelque entreprinſe, ils obeiroient auſſitoſt à ſon
commandemét: Comme auſſi ils croyent que
tous les ſonges qu'ils font , ſont veritables : &
de fait,il y en a beaucoup qui diſent auoir veu
& ſongé choſes qui aduiennent ou aduien-
dront.Mais pour en parler auec verité, ce ſont
viſiõs Diabolique qui les trõpe & ſeduit. Voi-

Bb

la tout ce que i'ay peu apprendre de leur croyance beſtialle. Tous ces peuples ſont gens
bien proportionnez de leurs corps, ſans diffor-
mité, & ſont diſpos. Les femmes ſont auſſi bié
formees, potelees & de couleur bazannee, à
cauſe de certaines peintures dont elles ſe
frotét, qui les fait demeurer oliuaſtres. Ils ſont
habillez de peaux: vne partie de leur corps eſt
couuerte & l'autre partie deſcouuerte: mais
l'yuer ils remedient à tout: car ils ſont habillez
de bonnes fourrures, comme de peaux d'Eſlan,
L'ouſtres, Caſtors, Ours, Loups marins, Cerfs
& Biches qu'ils ont en quátité. L'yuer quand
les neges ſont grádes ils font vne maniere de
raquettes qui ſont grandes deux ou trois fois
plus que celles de Fráce, qu'ils attachent à leurs
pieds; & vont ainſi dans les neges, ſans enfoncer: car autrement ils ne pourroient chaſſer n'y
aller en beaucoup de lieux. Ils ont auſſi vne façon de mariage, qui eſt, Que quand vne fille eſt
en l'aage de 14. ou 15. ans, & qu'elle a pluſieurs
ſeruiteurs elle a cópagnie auec tous ceux que
bon luy ſemble : puis au bout de 5. ou 6. ans
elle prend lequel il luy plaiſt pour ſon mary,
& viuent enſemble iuſques à la fin de leur vie:
ſinon qu'apés auoir demeure quelque téps enſemble, & elles n'ont point enfans, l'homme ſe
peut deſmarier & prédre vne autre féme, diſát

que la fiéne ne vaut rien: Par ainfi les filles font plus libres que les femmes.

Depuis qu'elles font mariés, elles font chaftes, & leurs maris font la plufpart ialoux, lefquels donnent des prefens aux peres ou parens des filles qu'ils ont efpoufez. Voila les ceremonies & façós dont ils vfent en leurs mariages. Pour ce qui eft de leurs enterremés: Quãd vn homme, ou vne femme meurt, ils font vne foffe, où ils mettent tout le bien qu'ils ont, comme chaudieres fourrures, haches, arcs, fleches, robbes & autres chofes: puis ils mettent le corps dans la foffe & le couurent de terre, & mettent quantité de groffes pieces de bois deffus, & vne autre debout, qu'ils peindent de rouge par enhaut. Ils croyent l'immortalité des ames, & difent qu'ils vont fe reiouir en d'autres pays, auec leurs parens & amis qui font morts. Si ce font Capitaines ou autres ayans quelque creance, ils vont aprés leur mort, trois fois l'ãnee faire vn feftin, chantans & dançans fur leur foffe.

Tout le temps qu'ils furent auec nous, qui eftoit le lieu de plus de feureté pour eux, ils ne laiffoient d'aprehender tellement leurs ennemis, qu'ils prenoient fouuent des alarmes la nuit en fongeant, & enuoyoient leurs femmes & enfans à noftre fort, où ie leur

faisois ouurir les portes,& les hômes demeurer
autour dudict fort, sans permettre qu'ils ent-
trassent dedans, car ils estoient autant en seureté de leurs personnes comme s'ils y eussent
esté, & faisois sortir cinq ou six de nos compagnons pour leur donner courage, & aller
descouurir parmy les bois s'ils verroient rien
pour les contenter. Ils sont fort craintifs &
aprehendent infinement leurs ennemis, & ne
dorment presque point en repos en quelquo
lieu qu'ils soiét, bié que ie les asseurasse tous les
iours de ce qu'il m'estoit possible, en leur remô-
strant de faire comme nous, sçauoir veiller vne
partie, tádis que les autres dormiront, & chacũ
auoir ses armes prestes comme celuy qui fait le
guet,& ne tenir les sôges pour verité, surquoy
ils se reposent : d'autant que la pluspart ne font
que méteries, auec autres propos sur ce subiect:
mais peu leur seruoiét ces remonstrances,& di-
soiét que nous sçauions mieux nous garder do
toutes choses qu'eux, & qu'auec le temps si
nous habitions leur pays, ils le pourroient apprendre.

SEMENCES ET VIGNES PLANTEES A QVEBECQ.
Commencement de l'hiuer & des glaces. Extresme necessité de certains
sauuages.

CHAP. V.

LE premier Octobre, ie fis femer du bled,
& au 15. du feigle.

Le 3. du mois il fit quelque gelees blanches,
& les feuilles des arbres commencent à tomber au 15.

Le 24. du mois, ie fis planter des vignes du
pays, qui vindrent fort belles: Mais aprés que
ie fus party de l'habitation pour venir en France, on les gafta toutes, fans en auoir eu foing,
qui m'affligea beaucoup à mon retour.

Le 18. de Nouembre tomba quantité de neges, mais elles ne durerent que deux iours fur
la terre, & fit en ce temps vn grand coup de
vent. Il mourut en ce mois vn matelot & noftre ferrurier, de la diffenterie, comme firent
plufieurs fauuages à force de manger des anguilles mal-cuites, felon mon aduis.

Le 5. Feurier il negea fort, & fit vn grand
vent qui dura deux iours.

Le 20. du mois il apparut à nous quelques
fauuages qui eftoient de dela la riuiere, qui
crioyent que nous les allaffions fecourir, mais
il eftoit hors de noftre puiffance, à caufe de la

B b iij

riuiere qui charioit vn grand nombre de glaces, car la faim preſſoit ſi fort ces pauures miſerables, que ne ſçachans que faire, ils ſe reſolurent de mourir, hommes, femmes, & enfans,
où de paſſer la riuiere, pour l'eſperance qu'ils
auoient que ie les aſſiſterois en leur extreſme
neceſſité. Ayant donc prins ceſte reſolutiõ, les
hommes & les femmes prindrent leurs enfans,
& ſe mirent en leurs canaux, penſant gaigner
noſtre coſte par vne ouuerture de glaces que
le vent auoit faitte: mais ils ne furent ſitoſt au
milieu de la riuiere, que leurs canaux furent
prins & briſez entre les glaces en mille pieces.
Ils firent ſi bien qu'ils ſe ietterent auec leurs
enfans que les femmes portoient ſur leur dos,
deſſus vn grand glaçon. Comme ils eſtoient là
deſſus, on les entendoit crier, tant que c'eſtoit
grand pitié, n'eſperans pas moins que de mourir: Mais l'heur en voulut tant à ces pauures
miſerables, qu'vne grande glace vint choquer
par le coſté de celle où ils eſtoient, ſi rudement
qu'elle les ietta à terre. Eux voyant ce coup ſi
fauorable furent à terre auec autant de ioye
que iamais ils en receurent, quelque grande
famine qu'ils euſſét eu. Ils s'en vindrét à noſtre
habitatiõ ſi maigres & deffaits, qu'ils ſemblo-
yent des anathomies, la pluſpart ne pouuãs ſe
ſoubſtenir. Ie m'eſtonnay de les voir, & de la

façon qu'ils auoient paſſé, veu qu'ils eſtoient ſi
foibles & debilles. Ie leur fis donner du pain
& des feues. Ils n'eurent pas la patience qu'elles
fuſſent cuites pour les manger. Ie leur pretay
auſſi quelques eſcorces d'arbres, que d'autres
ſauuages m'auoient dőné pour couurir leurs
cabanes. Cőme ils ſe cabannoient, ils aduiſerét
vne charőgue qu'il y auoit prés de deux mois
que i'auois fait ietter pour attirer des regnards,
dőt nous en preniős de noirs & roux, comme
ceux de France, mais beaucoup plus chargez
de poil. Ceſte charongne eſtoit vne truye &
vn chien qui auoiét enduré toutes les rigueurs
du temps chaut & froit. Quand le temps s'a-
doulciſſoit, elle puoit ſi fort que l'on ne pouuoit durer auprés : neantmoins ils ne laiſſerent de la prendre & emporter en leur cabanne, où auſſitoſt ils la deuorerent à demy cuite,
& iamais viande ne leur ſembla de meilleur
gouſt Ie nuoyay deux où trois hommes les aduertir qu'ils n'en mégeaſſent point s'ils ne vouloient mourir : comme ils approcherent de
leur cabanne, ils ſentirent vne telle puanteur
de ceſte charongne à demy eſchauffee, dont ils
auoient chacun vne piece en la main, qu'ils
pencerent rendre gorge , qui fit qu'ils n'y
arreſterent gueres. Ces pauures miſerables
acheuerent leur feſtin. Ie ne laiſſay pourtant

de les accommoder felon ma puiſſance, mais
c'eſtoit peu pour la quantité qu'ils eſtoient: &
dans vn mois ils euſſent bien mangé tous
nos viures, s'ils les euſſent eu en leur pouuoir,
tant ils font gloutons : Car quand ils en ont,
ils ne mettent rien en reſerue, & en font chere entiere iour & nuit, puis aprés ils meurent
de faim. Ils firent encore vne autre choſe
auſſi miſerable que la premiere. l'auois fait
mettre vne chienne au haut d'vn arbre, qui fer-
uoit d'appas aux martres & oiſeaux de proye,
où ie prenois plaiſir, d'autant qu'ordinairement ceſte charongne en eſtoit aſſaillie : Ces
fauuages furent à l'arbre & ne pouuás monter
deſſus à cauſe de leur floibleſſe, ils l'abbatirent,
& auſſitoſt enleuerent le chien, où il n'y auoit
que la peau & les os, & la teſte puante & infai-
cte, qui fut incontinent deuoré.

    Voila le plaiſir qu'ils ont le plus ſouuent en
yuer : Car en eſté ils ont aſſez de quoy ſe maintenir & faire des prouiſiós, pour n'eſtre aſſaillis
de ces extreſmes neceſſitez, les riuieres ab-
bondantes en poiſſon & chaſſe d'oiſeaux & autres beſtes fauuages. La terre eſt fort propre &
bonne au labourage, s'ils vouloient prendre la
peine d'y femer des bleds d'Inde, comme font
tous leurs voiſins Algommequins, Ochaſtai-
guins & Yroquois, qui ne font attaquez d'vn
ſi cruel

fi cruel affaut de famine pour y fçauoir remedier par le foin & preuoyance qu'ils ont, qui
fait qu'ils viuent heureufement au pris de ces
Môtaignets, Canadiés, & Souriquois qui font
le long des coftes de la mer. Voila la plufpart
de leur vie miferable. Les neiges & les glaces
y font trois mois fur la terre, qui eft depuis le
mois de Ianuier iufques vers le huiétiefme d'A-
uril, qu'elles font prefque toutes fondues: Et au
plus à la fin dud. mois il ne s'é voit que raremét
au lieu de noftre habitation. C'eft chofe eftrange, que tant de neges & glaces qu'il y a efpoiffes de deux à trois braffes fur la riuiere foiét
en moins de 12. iours toutes fondues. Depuis
Tadouffac iufques à Gafpé, cap Breton, ifle de
terre neufue & grand baye, les glaces & neges
y font encores en la plufpart des endroits iufques à la fin de May: auquel temps toute l'entree de la gráde riuiere eft feelee de glaces: mais
à Quebecq il n'y en a point: qui montre vne
eftrange difference pour 120. lieues de chemin
en longitude: car l'entree de la riuiere eft par
les 49. 50. & 51. degré de latitude, & noftre habitation par les 46. & deux tiers.

Cc

MALADIES DE LA TERRE A QVEBECQ. LE
ſuieƈt de l'yuernement. Deſcription dudit lieu. Arriuee du ſieur des Marais
gendre de Pont-graué, audit Quebecq.

CHAP. VI.

LEs maladies de la terre commencerent à
prédre fort tart, qui fut en Feurier iuſqu'a
la my Auril. Il en fut frappé 18. & en mourut
dix ; & cinq autres de la diſenterie. Ie fis faire
ouuerture de quelques vns, pour voir s'ils
eſtoient offencez comme ceux que i'auois
veus és autres habitations: on trouua le meſme. Quelque temps aprés noſtre Chirurgien
mourut. Tout cela nous. donna beaucoup de
deſplaiſir, pour la peine que nous auions à pen-
ſer les malades. Cy deſſus i'ay deſcript la forme
de ces maladies.

Or ie tiens qu'elles ne prouiennent que de
manger trop de ſalures & legumes, qui eſchau-
fent le ſang, & gaſtent les parties interieures.
L'yuer auſſi en eſt-en partie cauſe, qui reſer-
re la chaleur naturelle qui cauſe plus grande corruption de ſang : Et auſſi la terre quand
elle eſt ouuerte il en ſort de certaines vapeurs
qui y ſont encloſes leſquelles infeƈtent l'air : ce
que l'on à veu par experience en ceux qui ont
eſté aux autres habitations aprés la premiere
annee que le ſoleil eut donné ſur ce qui eſtoit

deferté, tát de noftre logemét qu'autres lieux,
où l'air y eftoit beaucoup meilleur & les maladies non fi afpres côme deuant. Pour ce qui eft
du pays, il eft beau & plaifant, & apporte
toutes fortes de grains & grennes à maturité,
y ayant de toutes les efpeces d'arbres que nous
auons en nos forefts par deçà, & quantité de
fruits, bien qu'ils foient fauuages pour n'eftre
cultiuez: comme Noyers, Serifiers, Pruniers,
Vignes, Framboifes, Fraizes, Groifelles verdes
& rouges, & plufieurs autres petits fruits qui
y font affez bons. Auffi y a il plufieurs fortes de
bónes herbes & racines. La pefche de poiffon y
eft en abondáce dás les riuieres, où il y a quátité
de prairies & gibier, qui eft en nombre infiny.
Depuis le mois d'Auril iufques au 15. de Decembre l'air y eft fi fain & bó, qu'on ne fent en
foy aucune mauuaife difpofition: Mais Ianuier
Feürier & Mars font dangereux pour les maladies qui prennent pluftoft en ce temps qu'en
efté, pour les raifons cy deffus dittes: Car pour
le traitement, tous ceux qui eftoient auec moy
eftoient bien veftus, & couchez dans de bons
licts, & bien chauffez & nourris, s'entend des
viandes falees que nous auions, qui à mon op-
pinió les offenfoient beaucoup, cóme i'ay dict
cy deffus: & à ce que i'ay veu, la maladie s'a-
tacque auffi bien à vn qui fe tient delicate-

ment, & qui aura bien foin de foy, comme à
celuy qui fera le plus miferable. Nous croiyons
au commencement qu'il n'y euft que les
gens de trauail qui fuffent prins de ces maladies: mais nous auons veu le contraire. Ceux
qui nauigét aux Indes Orientalles & plufieurs
autres regions, comme vers l'Allemaigne &
l'Angleterre, en font auffi bié frappez qu'en la
nouuelle France. Depuis quelque temps en ça
les Flamans en eftans attacquez en leurs voyages des Indes, ont trouué vn remede fort fin-
gulier contre cefte maladie, qui nous pourroit
bien feruir: mais nous n'en auons point la cognoiffance pour ne l'auoir recherché. Toutesfois ie tiens pour affeuré qu'ayant de bon pain
& viandes fraiches, qu'on n'y feroit point fub-
ieét.

Le 8. d'Auril les neges eftoient toutes fondues, & neantmoins l'air eftoit encores affez
froit iufques en Auril, que les arbres commencent à ietter leurs fueilles.

Quelques vns de ceux qui eftoient malades
du mal de la terre, furét gueris venant le prin-
téps, qui en eft le temps de guerifon. I'auois vn
fauuage du pays qui yuerna auec moy, qui fut
atteint de ce mal, pour auoir changé fa nourriture en falee, lequel en mourut: Ce qui montre euidemment que les faleures ne valent rien,

& y font du tout contraires.

Le 5. Iuin arriua vne chalouppe à noftre habitation, où eftoit le fieur des Marais, gendre du Pont-graué, qui nous aportoit nouuelles que fon beau pere eftoit arriué à Tadouffac le 28. de May. Cefte nouuelle m'apporta beaucoup de côtentement pour le foulagemét que nous en efperions auoir. Il ne reftoit plus que huit de 28. que nous eftions, encores la moitié de ce qui reftoit eftoit mal difpofee.

Le 7. de Iuin ie party de Quebecq, pour aller à Tadouffac communiquer quelques affaires, & priay le fieur des Marais de demeurer en ma place iufques à mon retour: ce qu'il fit.

Auffitoft que i'y fus arriué le Pont-graué & moy difcourufmes enfemble fur le fubiect de quelques defcouuertures que ie deuois faire dás les terres, où les fauuages m'auoiét promis de nous guider. Nous refolufmes que i'y irois dans vne chalouppe auec vingt hommes, & que Pont-graué demeureroit à Tadouffac pour donner ordre aux affaires de noftre habitation, ainfi qu'il auoit efté refolu, il fut fait & y yuerna: d'autant que ie deuois m'en retourner France felon le commandement du fieur.de Mons, qui me l'auoit efcrit, pour le rendre certain des chofes que ie pouuois auoir faites, & des defcouuertures dudit pays. Aprés auoir

C c iij

prins ceſte reſolution, ie party auſſitoſt de Tadouſſac,&m'en retournay à Quebecq,où ie fis
accommoder vne chalouppe de tout ce qui
eſtoit neceſſaire pour faire les deſcouuertures
du pays des Yroquois, où ie deuois aller auec
les Montagnets nos alliez.

PARTEMENT DE QVEBECQ IVSQVES A L'ISLE
ſaincte Eſloy, & de la rencontre que i'y fis des ſauuages Algomequins &
Ochataiguins.

CHAP. VII.

ET pour ceſt effect ie partis le 18. dudit mois,
où la riuiere commence à s'eſlargir, quelque fois d'vne lieue & lieue & demie en tels
endroits. Le pays va de plus en plus en embelli-
ſant. Ce ſont coſtaux en partie le long de la riuiere & terres vnies ſans rochers que fort
peu. Pour la riuiere elle eſt dāgereuſe en beaucoup d'endroits, à cauſe des bancs & rochers
qui ſont dedās, & n'y fait pas bon nauiger,ſi ce
n'eſt la ſonde à la main. La riuiere eſt fort abōdāte en pluſieurs ſortes de poiſſon, tāt de ceux
qu'auons pardeça, cōme d'autres que n'auons
pas. Le pays eſt tout couuert de grandes &
hautes foreſts des meſmes ſortes qu'auons vers
noſtre habitation. Il y a auſſi pluſieurs vignes
& noyers qui ſont ſur le bord de la riuiere, &
quantité de petits ruiſſeaux & riuieres, qui ne

font nauigables qu'auec des canaux. Nous paſſames proche de la pointe Sᵗᵉ Croix, où beaucoup tiennent (comme i'ay dit ailleurs) eſtre
la demeure où yuerna Iacques Quartier. Ceſte
pointe eſt de ſable, qui aduance quelque peu
dans la riuiere, à l'ouuert du Noroueſt, qui bat
deſſus. Il y a quelques prayries, mais elles ſont
innondees des eaues à toutes les fois que vient
la plaine mer, qui pert de prés de deux braſſes
& demie. Ce paſſage eſt fort dāgereux à paſſer
pour quātité de rochers qui ſont au trauers de
la riuiere, bien qu'il y aye bon achenal, lequel
eſt fort tortu, où la riuiere court comme vn ras,
& faut bien prendre le temps à propos pour le
paſſer. Ce lieu a tenu beaucoup de gens en
erreur, qui croyoient ne le pouuoir paſſer que
de plaine mer, pour n'y auoir aucun achenal:
maintenāt nous auons trouué le contraire: car
pour deſcendre du haut en bas, on le peut de
baſſe-mer: mais de monter, il ſeroit mal-aiſé, ſi
ce n'eſtoit auec vn grand vent, à cauſe du grād
courant d'eau; & faut par neceſſité attēdre vn
tiers de flot pour le paſſer, où il y a dedans
le courant 6. 8. 10. 12. 15. braſſes d'eau en l'achenal.

Continuant noſtre chemin, nous fuſmes à
vne riuiere qui eſt fort aggreable, diſtante du
lieu de ſaincte Croix, de neuf lieues, & de Que-

becq,24.&l'auons nómée la riuiere fainɛteMa-
rie.Toute cefte riuiere depuis fainɛteCroix eft
fort plaifante & aggreable.

Continuát noftre routte,ie fis récótre de quelques deux ou trois cens fauuages, qui eftoient
cabannez proches d'vne petite ifle, appelee S.
Efloy,diftant de S. Marie d'vne lieue & demie,
& là les fufmes recognoiftre, & trouuafmes
que c'eftoit des nations de fauuages appelez
Ochateguins & Algoumequins, qui venoient
à Quebecq, pour nous affifter aux defcouuertures du pays des Yroquois,contre lefquels
ils ont guerre mortelle, n'efpargnant aucune
chofe qui foit à eux.

Aprés les auoir recogneus , ie fus à terre
pour les voir, & m'enquis qui eftoit leur chef:
Ils me dirent qu'il y en auoit deux, l'vn appelé
Yroquet & l'autre Ochafteguin qu'ils me
montrerent: & fus en leur cabanne, où ils
me firent bonne reception, felon leur couftume.

Ie commençay à leur faire entédre le fubiet
de mon voyage,dont ils furét fort refiouis: &
aprés plufieurs difcours ie me retiray: & quelque temps aprés ils vindrent à ma chalouppe,
où ils me firent prefent de quelque pelleterie,
en me monftrant plufieurs fignes de refiouiffance:& de là s'en retournerent à terre.

Le len-

Le lendemain les deux chefs s'en vindrent me trouuer, où ils furent vne efpace de temps fans dire mot, en fongeant & petunant toufiours. Aprés auoir bien penfé, ils commencerent à haranguer hautement à tous leurs compagnons, qui eftoiēt fur le bort du riuage auec leurs armes en la main, efcoutans fort ententiuement ce que leurs chefs leur difoient, fçauoir.

Qu'il y auoit prés de dix lunes, ainfi qu'ils comptét, quele fils d'Yroquet m'auoit veu, & que ie luy auois fait bóne reception, & declaré que le Pont & moy defirions les affifter contre leurs ennemis, auec lefquels ils auoient, dés lógtemps, la guerre, pour beaucoup de cruautés qu'ils auoient exercees contre leur natió, foubs pretexte d'amitié : Et qu'ayát toufiours depuis defiré la vengeance, ils auoient folicité tous les fauuages que ie voyois fur le bort de la riuiere, de venir à nous, pour faire alliáce auec nous, & qu'ils n'auoient iamais veu de Chreftiens, ce qui les auoit auffi meus de nous venir voir: & que d'eux & de leurs compagnós i'en ferois tout ainfi que ie voudrois; & qu'ils n'auoient point d'enfans auec eux, mais gens qui fçauoient faire la guerre, & plains de courage, fçachans le pays & les riuieres qui font au pays des Yroquois; & que maintenant ils me

Dd

prioyent de retourner en noſtre habitation,
pour voir nos maiſons, & que trois iours aprés
nous retournerions à la guerre tous enſemble;
& que pour ſigne de grande amitié & reſiouiſſance ie feiſſe tirer des mouſquets & arquebuſes, & qu'ils feroiét fort ſatisfaits:ce que
ie fis. Ils ietterent de grands cris auec eſton-
nement, & principalement ceux qui iamais
n'en auoient ouy n'y veus.

Aprés les auoir ouis,ie leur fis reſponce, Que
pour leur plaire, ie deſirois bien m'en retourner à noſtre habitation pour leur donner plus
de contentement, & qu'ils pouuoient iuger
que ie n'auois autre intention que d'aller faire
la guerre,ne portant auec nous que des armes,
& non des marchâdiſes pour traiᣔer,cóme on
leur auoit donné à entendre,& que mon deſir
n'eſtoit que d'accomplir ce que ie leur auois
promis : & ſi i'euſſe ſceu qu'on leur eut raporté
quelque choſe de mal, que ie tenois ceux là
pour ennemis plus que les leur meſme. Ils me
dirent qu'ils n'en croioyent rien,& que iamais
ils n'en auoient ouy parler,neantmoins c'eſtoit
le contraire:car il y auoit eu quelquesſauuages
qui le dirét aux noſtres : Ie me cótentay,atten-
dant l'occaſion de leur pouuoir montrer par
effeᣔ autre choſe qu'ils n'euſſent peu eſperer
de moy.

RETOVR A QVEBECQ, ET DEPVIS CONTINVA-
tion auec les sauuages iusques au saut de la riuiere des Yroquois.

CHAP. VIII.

LE lendemain nous partifmes tous enfemble, pour aller à noftre habitation, où ils fe
refiouirent quelques 5. ou 6. iours, qui fe paffe-
rent en dances & feftins, pour le defir qu'ils
auoient que nous fuffions à la guerre.

Le Pont vint auffitoft de Tadouffac auec
deux petites barques plaines d'hommes, fuiuant vne lettre où ie le priois de venir le plus
promptement qu'il luy feroit poffible.

Les fauuages le voyant arriuer fe refiouirent
encores plus que deuant, d'autant que ie leur
dis qu'il me dônoit de fes gens pour les affifter,
& que peut eftre nous yrions enfemble.

Le 28. du mois nous efquipafmes des barques
pour affifter ces fauuages : le Pont fe mit dans
l'vne & moy dans l'autre, & partifmes tous enfemble. Le premier Iuin arriuafmes à faincte
Croix, diftát de Quebecq de 15. lieues, où eftát,
nous aduifames enfemble, le Pont & moy,
que pour certaines confideratiõs ie m'en yrois
auec les fauuages, & luy à noftre habitation &
à Tadouffac. La refolution eftant prife, i'em-
barqué dans ma chalouppe tout ce qui eftoit

D d ij

neceſſaire auec neuf hommes,des Marais,& la
Routte noſtre pilotte, & moy.

Ie party de faincte Croix, le 3. de Iuin auec
tous les ſauuages , & paſſames par les trois
riuieres, qui eſt vn fort beau pays, remply de
quantité be beaux arbres. De ce lieu à faincte
Croix y a 15. lieues. A l'étree d'icelle riuiere y a
ſix iſles, trois deſquelles ſont fort petites, & les
autres de quelque 15. à 1600. pas de long, qui
ſont fort plaiſantes à voir. Et proches du lac
fainct Pierre, faiſant quelque deux lieues dãs
la riuiere y a vn petit ſaut d'eau, qui n'eſt pas
beaucoup dificile à paſſer. Ce lieu eſt par la
hauteur de 46. degrez quelques minuttes
moins de latitude. Les ſauuages du pays nous
dõncrét à entédre,qu'à quelques iournees il y a
vn lac par où paſſe la riuiere,qui a dix iournees,
& puis on paſſe quelques ſauts,& aprés encore
trois ou quatre autres lacs de 5. où 6. iournees:
& eſtãs paruenus au bout,ils font 4. ou 5.lieues
par terre,&entrét de rechef dãsvn autre lac,où
leSacqué prédla meilleure part deſa ſource.Les
ſauuages viénét dudit lac àTadouſſac.Les trois
riuieres vont 40. iournees des ſauuages : & diſent qu'au bout d'icelle riuiere il y a des peuples
qui ſont grãds chaſſeurs,n'ayãs de demeure arreſtee, & qu'ils voyét la mer du Nort en moins
de ſix iournees.Ce peu de terre que i'ay veu eſt

fablonneufe, affez efleuee en coftaux, chargee de quantité de pins & fapins, fur le bort de la riuiere, mais entrant dans la terre quelque quart de lieue; les bois y font trefbeaux & clairs, & le pays vny.

Continuant noftre routte iufques à l'entree du lac fainctPierre, qui eftvn pays fort plaifant & vny, & trauerfant le lac à 2. 3. & 4. braffes d'eau, lequel peut contenir de long quelque 8. lieues, & de large 4. Du cofté du Nort nous vifmesvne riuiere qui eft fort aggreable, qui va dás les terres quelques 20. lieues, & l'ay nômée faincteSuzâne: & du cofté du Sü, il y en a deux, l'vne appelee la riuiere du Pont, & l'autre de Gennes, qui font trefbelles & en beau & bon pays. L'eau eft prefque dormâte dans le lac, qui eft fort poiffonneux. Du cofté, du Nort il parroift des terres à quelque douze ou quinze lieues du lac, qui font vn peu môtueufes. L'ayât trauerfé, nous paffames par vn grand nombre d'ifles, qui font de plufieurs grandeurs, où il y a quantité de noyers & vignes, & de belles prayries auec force gibier & animaux fauuages, qui vôt de la grâd terre aufdites ifles. La pefcherie du poiffon y eft plus abondante qu'en aucun autre lieu de la riuiere qu'euffions veu. De ces ifles fufmes à l'entree de la riuiere des Yroquois, où nous feiournafmes deux

iours & nous rafraichifmes de bonnes venai-
fons, oifeaux, & poiffons, que nous dõnoiét les
fauuages, & où il s'efmeut entre eux quelque
different fur le fubieƈt de la guerre, qui fut occafion qu'il n'y en eut qu'vne partie qui fe refo-
lurent de venir auec moy, & les autres s'en retournerét en leur pays auec leurs femmes &
marchandifes qu'ils auoient traiƈtées.

Partant de cefte entree de riuiere (qui à
quelque 4. à 500. pas de large, & qui eſt fort
belle, courant au Su) nous arriuafmes à vn
lieu qui eſt par la hauteur de 45. degrez de
latitude à 22. ou 23. lieues des trois riuieres. Toute cefte riuiere depuis fon entree iufques au
premier faut, où il y a 15. lieues, eſt fort platte
& enuironnee de bois, comme font tous les
autres lieux cy deffus nommez, & des mefmes
efpeces. Il y a 9. ou 10. belles iſles iufques au
premier faut des Yroquois, lefquelles tiennét
quelque lieue, où lieue & demie, remplies de
quantité de chefnes & noyers. La riuiere tient
en des endroits prés de demie lieue de large,
qui eſt fort poifonneufe. Nous ne trouuafmes
point moins de 4. pieds d'eau. L'entree du faut
eſt vne maniere de lac, où l'eau defcend, qui
contient quelque trois lieues de circuit, & y a
quelques prairies où il n'y habite aucũs fauuages, pour le fubieƈt des guerres. Il y a fort peu

d'eau au faut qui court d'vne grande viftefie,
& quantité de rochers & cailloux, qui font
que les fauuages ne les peuuent furmonter par
eau : mais au retour ils les defcendét fort bien.
Tout cedict pays eft fort vny, remply de forefts, vignes & noyers. Aucuns Chrefliens n'e-
ftoiét encores paruenus iufques en cedit lieu,
que nous, qui eufmes affez de peine à monter
la riuiere à la rame.

Auffitoft que nous fufmes arriuez au faut,
des Marais, la Routte & moy, & cinq hommes fufmes à terre, voir fi nous pourrions
paffer ce lieu, & fifmes quelque lieue & demie fans en voir aucune apparence, finon
vne eau courante d'vne grandiffime roideur, où d'vn cofté & d'autre y auoit quantité
de pierres, qui font fort dangereufes & auec
peu d'eau. Le faut peut contenir quelque 600.
pas de large. Et voyant qu'il eftoit impoffible
coupper les bois & faire vn chemin auec fi peu
d'hómes que i'auois, ie me refolus auec le confeil d'vn chacū, de faire autre chofe que ce que
nous nous eftiós promis, d'autát que les fauuages m'auoient affeuré que les chemins eftoient
aifez : mais nous trouuafmes le cótraire, cóme
i'ay dit cy deffus, qui fut l'occafion que nous
en retournafmes en noftre chalouppe, où i'a-
uois laiffé quelques hommes pour la garder

& donner à entendre aux ſauuages quand ils
ſeroient arriuez, que nous eſtions allez deſcouurir le long dudit ſaut.

Aprés auoir veu ce que deſirions de ce lieu,
en nous en retournant nous fiſmes rencontre
de quelques ſauuages, qui venoient pour deſcouurir comme nous auions fait, qui nous dirent que tous leurs compagnons eſtoient arriuez à noſtre chaloupe où nous les trouua-
uaſmes fort contans & ſatisfaits de ce que nous
allions de la façon ſans guide, ſinon que par le
raport de ce que pluſieurs fois ils nous auoient
fait.

Eſtant de retour, & voyant le peu d'apparence qu'il y auoit de paſſer le ſaut auec noſtre
chaloupe, cela m'affligea, & me donna beaucoup de deſplaiſir, de m'en retourner ſans voir
veu vn grandicime lac, réply de belles iſles, &
quantité de beau pays, qui borne le lac, où habitent leurs ennemis, comme ils me l'auoient
figuré. Aprés auoir bien penſé en moy meſme,
ie me reſolus d'y aller pour accomplir ma promeſſe, & le deſir que i'auois: & m'embarquay
auec les ſauuages dans leurs canots, & prins
auec moy deux hommes de bonne volonté.
Aprés auoir propoſé mon deſſien à des Marais,
& autres de la chaloupe, ie priay ledit des Marais de s'en retourner en noſtre habitation

auec

auec le reſte de nos gens ſoubs l'eſperáce qu'en brief, auec la grace de Dieu, ie les reuerrois.

Auſſitoſt ie fus parler aux Capitaines des ſauuages & leur donnay à entendre comme ils nous auoient dit le contraire de ce que i'auois veu au ſaut, ſçauoir, qu'il eſtoit hors noſtre puiſſance d'y pouuoir paſſer auecla chalouppe: toutesfois que cela ne m'épecheroit de les aſſiſter côme ie leur auois promis. Ceſte nouuelle les attriſta fort & voulurent prendre vne autre reſolution: mais ie leur dis, & les y ſollicitay, qu'ils euſſent à continuer leurs premier deſſin, & que moy troiſieme, ie m'en irois à la guerre auec eux dans leurs canots pour leur monſtrer que quant à moy ie ne voulois manquer de parole en leur endroit, bien que fuſſe ſeul, & que pour lors ie ne voulois forcer perſonne de mes compagnons de s'embarquer, ſinon ceux qui en auroiét la volonté, dont i'en auois trouué deux, que ie menerois auec moy.

Ils furent fort contens de ce que ie leur dis, & d'entendre la reſolutió que i'auois, me promettant touſiours de me faire voir choſes belles.

E e

PARTEMENT DV SAVT DE LA RIVIERE DES
Yroquois.Description d'vn grand lac.De la rencontre des ennemis que nous
fifmes aud. lac , & de la façon & conduite qu'ils vfent en allant attac-
quer les Yroquois.

CHAP. IX.

JE party donc dudit faut de la riuiere des Yroquois,le 2 Iuillet. Tous les fauuages commencerent à apporter leurs canots, armes & bagages par terre quelque demie lieue, pour paffer l'impetuofité & la force du faut, ce qui fut promptement fait.

Auffitoft ils les mirent tous en l'eau, & deux hommes en chacun, auec leur bagage, & firent aller vn des hômes de chafque canot, par terre quelque trois lieues, que peut côtenir ledit faut, mais non fi impetueux comme à l'entree, finon en quelques endroits de rochers qui barrent la riuiere, qui n'eft pas plus large de 3. a 400. pas. Aprés que nous eufmes paffé le faut, qui ne fut fans peine , tous les fauuages qui eftoient allez par terre, par vn chemin affez beau & pays vny, bien qu'il y aye quantité de bois, fe rembarquerent dans leurs canots. Les hommes que i'auois furent auffi par terre, & moy par eau, dedans vn canot. Ils firent reueue de tous leurs gens, & fe trouua vingt quatre canots, où il y auoit foixante

hommes. Aprés auoir fait leur reueuë, nous
continuafmes le chemin iufques à vne ifle qui
tient trois lieues de long, remplye des plus
beaux pins que i'euffe iamais veu. Ils firent
la chaffe & y prindrent quelques beftes fauuages. Paffant plus outre enuiron trois lieues de
là, nous y logeafmes pour prendre le repos la
nuit enfuiuant.

Incontinent vn chacun d'eux commença,
l'vn à coupper du bois, les autres à prendre des
efcorces d'arbre pour couurir leurs cabánes,
pour fe mettre à couuert : les autres à abbatre
de gros arbres pour fe barricader fur le bort de
la riuiere au tour de leurs cabannes, ce qu'ils
fçauent fi promptement faire, qu'en moins de
deux heures, cinq cens de leurs ennemis auroient bien de la peine à les forcer, fans qu'ils
en fiffent beaucoup mourir. Ils ne barricadent
point le cofté de la riuiere où font leurs canots
arrengez, pour s'embarquer fi l'occafion le re-
queroit. Aprés qu'ils furent logez, ils enuoyerent trois canots auec neuf bons hommes,
comme eft leur couftume, à tous leurs logemens, pour defcouurir deux ou trois lieues s'ils
n'apperceuront rien, qui aprés fe retirent. Toute la nuit ils fe repofent fur la defcouuerture
des auant-coureurs, qui eft vne trefmauuaife
couftume en eux : car quelque fois ils font fur-

E e ij

pris de leurs ennemis en dormant, qui les aſ-
ſomment, ſans qu'ils ayĕt le loiſir de ſe mettre
ſur pieds pour leur defendre. Recognoiſſant
cela ie leur remonſtrois la faute qu'ils faiſoient, & qu'ils deuoient veiller, comme ils
nous auoiĕt veu faire toutes les nuits, & auoir
des hommes aux agguets, pour eſcouter &
voir s'ils n'apperceuroient rien; & ne point
viure de la façon comme beſtes. Ils me dirent
qu'ils ne pouuoient veiller, & qu'ils trauailloient aſſez de iour à la chaſſe : d'autant que
quád ils vont en guerre ils diuiſent leurs trou-
pes en trois, ſçauoir, vne partie pour la chaſſe
ſeparee en pluſieurs endroits : vne autre pour
faire le gros, qui ſont touſiours ſur leurs armes;
& l'autre partie en auant-coureurs, pour deſcouurir le long des riuieres, s'ils ne verront
point quelque marque ou ſignal par ou ayent
paſſé leurs ennemis, ou leurs amis : ce qu'ils co-
gnoiſſent par de certaines marques que les
chefs ſe donnent d'vne nation à l'autre, qui ne
ſont touſiours ſemblables, s'aduertiſſás de tĕps
en temps quád ils en changĕt; & par ce moyen
ils recognoiſſent ſi ſont amis ou ennemis qui
ont paſſé. Les chaſſeurs ne chaſſent iamais de
l'aduant du gros, ny des auant-coureurs, pour
ne donner d'allarmes ny de deſordre, mais ſur
la retraicte & du coſté qu'ils n'aprehendent

leurs ennemis: & continuent ainfi iufques à ce
qu'ils foient à deux ou trois iournees de leurs
ennemis, qu'ils vont de nuit à la defrobée, tous
en corps, horfmis les coureurs, & le iour fe retirent dans le fort des bois, où ils repofent, fans
s'efgarer ny mener bruit, ny faire aucun feu,
afin de n'eftre apperceuz, fi par fortune leurs
ennemis paffoiét; ny pour ce qui eft de leur mã-
ger durant ce temps. Ils ne font du feu que
pour petuner, qui eft fi peu que rien. Ils man-
gent de la farine de bled d'Inde cuite, qu'ils
d'eftrempét auec de l'eau, comme boullie. Ils
conferuent ces farines pour leur neceffité, &
quand ils font proches de leurs ennemis, ou
quand ils font retraite aprés leurs charges,
qu'ils ne s'amufent à chaffer, fe retirant promptement.

A tous leurs logemens ils ont leur Pilotois
ou Oftemoy (qui font manieres de gens, qui
font les deuins, en qui ces peuples ont creance,) lequel fait vne cabanne, entourée de petis bois , & la couure de fa robbe : Aprés qu'elle eft faitte, il fe met dedans en forte qu'on ne le
voit en aucune façon, puis prend vn des piliers
de fa cabanne & la fait branfler, marmotant
certaines paroles entre fes dés, par lefquelles il
dit qu'il inuoque le Diable, & qu'il s'apparoift
à luy en forme de pierre, & luy dit s'ils trou-

ueront leurs ennemis, & s'ils en tueront beaucoup. Ce Pilotois eft profterné en terre, fans
remuer, ne faifant que parler au diable,& puis
auffitoft fe leue fur les pieds, en parlant & fe
tourmentant d'vne telle façon, qu'il eft tout en
eau, bien qu'il foit nud. Tout le peuple eft autour de la cabanne affis fur leur cul comme des
finges. Ils me difoient fouuent que le branle-
ment que ie voyois de la cabanne, eftoit le
Diable qui la faifoit mouuoir, & non celuy qui
eftoit dedans, bien que ie veiffe le contraire:
car c'eftoit, comme i'ay dit cy deffus, le Pilotois
qui prenoit vn des baftons de fa cabanne, & la
faifoit ainfi mouuoir. Ils me dirent auffi que ie
verrois fortir du feu par le haut: ce que ie ne
vey point. Ces drofles côtrefont auffi leur voix
groffe & claire, parlant en langage inconneu
aux autres fauuages. Et quand ils la reprefen-
tent caffee, ils croyent que c'eft le Diable
qui parle, & qui dit ce qui doit arriuer en
leur guerre, & ce qu'il faut qu'ils facent.

Neantmoins tous ces garnimens qui font
les deuins, de cent paroles n'en difent pas
deux veritables, & vont abufans ces pauures
gens, comme il y en a affez parmy le monde,
pour tirer quelque denree du peuple, ainfi que
font ces galants. Ie leur remonftrois fouuent
que tout ce qu'ils faifoient n'eftoit que folie,

& qu'ils ne deuoient y adiouster foy.

Or aprés qu'ils ont sçeu de leurs deuins ce qu'il leur doit succeder , les chefs prennent des bastons de la longueur d'vn pied autant en nombre qu'ils font, & fignallent par d'autres vn peu plus grands, leurs chefs: Puis vont dans le bois & esplanudét vne place de 5. ou 6. pieds en quarre, où le chef, comme fergent maior, met par ordre tous ces bastons comme bon luy femble : puis appelle tous fes compagnons, qui viennent tous armez, & leur monftre le rang & ordre qu'ils deuront tenir lors qu'ils fe battront auec leurs ennemis : ce que tous ces fauuages regardent attentiuement, remarquất la figure que leur chef a faite auec ces bastons: & aprés fe retirent de là, & commencent de fe mettre en ordre, ainfi qu'ils ont veu lefdicts baftons : puis fe meflent les vns parmy les autres, & retournent de rechef en leur ordre , continuant deux ou trois fois, & à tous leurs loge-mens fans qu'il foit befoin de fergent pour leur faire tenir leurs rangs, qu'ils fçauent fort bien garder, fans fe mettre en confufion. Voila la reigle qu'ils tiennent à leur guerre.

Nous partifmes le lendemain, continuất noftre chemin dans la riuiere iufques à l'entree du lac. En icelle y a nombre de belles ifles, qui font baffes réplies de tref-beaux bois & prairies, où il y a quātité de gibier & chaſſe d'animaux, comme Cerfs, Daims, Faons, Cheureuls, Ours, & autres ſortes d'animaux qui viennent de la grand terre auſdictes iſles. Nous y en priſmes quantité. Il y a auſſi grand nombre deCaſtors, tant en la riuiere qu'en pluſieurs autres petites qui viennent tomber dans icelle. Ces lieux ne ſont habitez d'aucuns ſauuages , bien qu'ils ſoient plaiſans, pour le ſubiect de leurs guerres, & ſe retirent des riuieres le plus qu'ils peuuent au profont des terres, afin de n'eſtre ſi toſt ſur- prins.

Le lendemain entraſmes dans le lac, qui eſt de grande eſtādue comme de 80. ou 100. lieues, où i'y vis quatre belles iſles, contenant 10. 12. & 15. lieues de long, qui autres fois ont eſté habitees par les ſauuages, comme auſſi la riuie- re des Yroquois: mais elles ont eſté abandon- nees depuis qu'ils ont eu guerre les vns contre les autres: auſſi y a il pluſieurs riuieres qui vien- nét tomber dedās le lac, enuironnees de nom- bre de beaux arbres, de meſmes eſpeces que nous auons en France, auec forces vignes plus belles qu'en aucun lieu que i'euſſe veu: force chaſtagners, & n'en auois encores point veu que deſſus le bort de ce lac, où il y a grande abondance de poiſſon de pluſieurs eſpeces: Entre autres y en a vn, appelé des ſauuages du

pays

pays *Chaoufarou*, qui eft de plufieurs lógueurs:
mais les plus grands côtiennent,à ce que m'ont
dict ces peuples , 8. à 10. pieds. l'en ay veu qui
en contenoyent 5. qui eftoient de la groffeur de
la cuiffe , & auoient la tefte groffe comme les
deux points, auec vn bec de deux pieds & demy de long , & à double rang de dents fort
agues & dangereufes. Il a toute la forme du
corps tirant au brochet, mais il eft armé d'efcailles fi fortes qu'vn coup de poignard ne les
fçauroit percer, & de couleur de gris argenté.
Il a auffi l'extremité du bec comme vn cochon.
Ce poiffon fait la guerre a tous les autres qui
font dans ces lacs , & riuieres : & a vne indu-
ftrie merueilleufe, à ce que m'ont affeuré ces
peuples, qui eft, quand il veut prendre quelques oyfeaux , il va dedás des ioncs ou rofeaux,
qui font fur les riues du lac en plufieurs endroits, & met le bec hors l'eau fans fe bouger:
de façon que lors que les oifeaux viennent fe
repofer fur le bec, penfans que ce foit vn tronc
de bois, il eft fi fubtil, que ferrant le bec qu'il
tient entr'ouuert, il les tire par les pieds foubs
l'eau. Les fauuages m'en donnerent vne tefte,
dont ils font grand eftat, difans que lors qu'ils
ont mal à la tefte , ils fe feignent auec les dents
de ce poiffon à l'endroit de la douleur qui fe
paffe foudain.

Ff

Continuant noſtre route dans ce lac du coſté de l'Occident, conſiderant le pays, ie veis du
coſté de l'Orient de fort hautes montagnes, où
ſur le ſommet y auoit de la neige. Ie m'enquis
aux ſauuages ſi ces lieux eſtoient habitez, ils me
dirent que ouy, & que c'eſtoient Yroquois, &
qu'en ces lieux y auoit de belles vallees, & cam-
pagnes fertiles en bleds, comme i'en ay mangé
audit pays, auec infinité d'autres fruits : & que
le lac alloit proche des montagnes, qui pouuoient eſtre eſloignees de nous, à mó iugemét,
de vingt cinq lieuës. I'en veis au midy d'autres
qui n'eſtoient moins hautes que les premieres,
horſmis qu'il n'y auoit point de neige. Les ſauuages me dirent que c'eſtoit où nous deuions
aller trouuer leurs ennemis, & qu'elles eſtoient
fort peuplees, & qu'il falloit paſſer par vn ſaut
d'eau que ie vis depuis : & de là entrer dans vn
autre lac qui contient quelque 9. où 10. lieuës
de long, & qu'eſtát paruenus au bout d'iceluy,
il falloit faire quelque deux lieuës de chemin
par terre, & paſſer vne riuiere, qui va tomber
en la coſte de Norembegue, tenant à celle de la
Floride, & qu'ils n'eſtoient que deux iours à y
aller auec leurs canots, comme ie l'ay ſçeu depuis par quelques priſonniers que nous priſmes, qui me diſcoururent fort particuliere-
mét de tout ce qu'ils en auoyent cognoiſſance,

par le moien de quelques truchemens Algoumequins, qui fçauoiét la langue des Yroquois.

Or comme nous cómençafmes à approcher
à quelques deux ou trois iournees de la demeure de leurs ennemis, nous n'alliós plus que
la nuit, & le iour nous nous repofions, neantmoins ne laïffoient de faire toufiours leurs fuperftitions accouftumees pour fçauoir ce qui
leur pourroit fucceder de leurs entreprifes ; &
fouuent me venoient demander fi i'auois fongé, & auois veu leurs ennemis : Ie leur difois
que non: Neantmoins ne laiffois de leur donner du courage, & bonne efperance. La nuit
venue nous nous mifmes en chemin iufques
au lendemain, que nous nous retirafmes
dans le fort du bois, pour y paffer le refte du
iour. Sur les dix ou onze heures, aprés m'eftre
quelque peu proumené au tour de noftre logement, ie fus me repofer; & en dormant, ie
sógay que ie voyois les Yroquois nos ennemis,
dedans le lac, proche d'vne montaigne, qui fe
noyoient à noftre veue ; & les voulans fecóu-
rir, nos fauuages alliez me difoient qu'il les
falloit tous laiffer mourir, & qu'ils ne valoiét
rien. Eftant efueillé, ils ne faillirent comme à
l'acouftumee de me demander fi i'auois fongé
quelque chofe : ie leur dis en effect ce que i'a-
uois veu en fonge : Cela leur apporta vne telle

creance qu'ils ne douterent plus de ce qui leur deuoit aduenir pour leur bien.

Le foir eftant venu, nous nous embarquaf-mes en nos canots pour continuer noftre che-min, & comme nous allions fort doucement, & fans mener bruit, le 29. du mois, nous fifmes rencontre des Yroquois fur les dix heures du foir au bout d'vn cap qui aduance dans le lac du cofté de l'occident, lefquels venoient à la guerre. Eux & nous commençafmes à ietter de grands cris, chacun fe parát de fes armes. Nous nous retiraf mes vers l'eau, & les Yroquois mi-rent pied à terre, & arrangerent tous leurs ca-nots les vns contre les autres, & commence-rent à abbatre du bois auec des mefchantes ha-ches qu'ils gaignent quelquesfois à la guerre, & d'autres de pierre, & fe barricaderent fort bien.

Auffi les noftres tindrent toute la nuit leur canots arrangez les vns contre les autres atta-chez à des perches pour ne s'efgarer, & com-battre tous enfemble s'il en eftoit de befoin; & eftiós à la portee d'vne flefche vers l'eau du co-fté de leurs barricades. Et cóme ils furent ar-mez, & mis en ordre, ils enuoyerét deux canots feparez de la trouppe, pour fçauoir de leurs en-nemis s'ils vouloient combatre, lefquels refpó-dirent qu'ils ne defiroient autre chofe: mais que

pour l'heure, il n'y auoit pas beaucoup d'apparéce, &qu'il falloit attendre le iour pour ſe cognoiſtre:& qu'auſſitoſt que le ſoleil ſe leueroit,
ils nous liureroient le cóbat:ce qui fut accordé
par les noſtres:& en attendant toute la nuit ſe
paſſa en danſes & chanſons, tant d'vn coſté,
que d'autre, auec vne infinité d'iniures, & autres propos, comme, du peu de courage qu'ils
auoient,auec le peu d'effet & reſiſtance contre
leurs armes,& que le iour venât,ils le ſétiroyét
à leur ruine. Les noſtres auſſi ne manquoient
de repartie,leur diſant qu'ils verroiét des effets
d'armes que iamais ils n'auoient veu, & tout
plain d'autres diſcours, comme on a accouſtumé à vn ſiege de ville. A prés auoir bien chanté,
danſé & parlementé les vns aux autres, le iour
venu, mes compagnons & moy eſtions touſiours couuerts, de peur que les ennemis ne
nous veiſſent, preparans nos armes le mieux
qu'il nous eſtoit poſſible, eſtans toutesfois
ſeparez, chacun en vn des canots des ſauuages
montagnars. Aprés que nous fuſmes arm ez
d'armes legeres,nous priſmes chacû vne arquebuſe & deſcendiſmes à terre. Ie vey ſortir les
ennemis de leur barricade,qui eſtoient prés de
200. hommes forts & robuſtes à les voir, qui
venoient au petit pas audeuant de nous,auec
vne grauité& aſſeurance qui me contenta fort

à la teſte deſquels y auoit trois chefs. Les noſtres auſſi alloient en meſme ordre & me dirent que ceux qui auoient trois grands penna-
ches eſtoient les chefs,& qu'il n'y en auoit que
ces trois, & qu'on les recognoiſſoit à ces plumes,qui eſtoient beaucoup plus grandes que
celles de leurs compagnons , & que ie feiſſe ce que ie pourrois pour les tuer. Ie leur promis de faire ce qui ſeroit de ma puiſſance., &
que i'eſtois bien faſché qu'ils ne me pouuoient
bien entendre pour leur donner l'ordre & façon d'attaquer leurs ennemis, & que indubi-
tablement nous les desferions tous; mais qu'il
n'y auoit remede, que i'eſtois tref-aiſe de leur
monſtrer le courage & bonne volonté qui
eſtoit en moy quand ſerions au combat.

Auſſitoſt que fuſmes à terre, ils commencerent à courir quelque deux cens pas vers
leurs ennemis qui eſtoient de pied ferme, &
n'auoient encores aperçeu mes compagnons,
qui s'en allerent dans le bois auec quelques
ſauuages. Les noſtres commencerent à m'appeller à grands cris: & pour me donner paſſage ils s'ouurirent en deux, & me mis à la teſte,
marchant quelque 20.pas deuãt, iuſqu'à ce que
ie fuſſe à quelque 30. pas des ennemis, où auſſitoſt ils m'aperceurent,& firent alte en me con-
templant,& moy eux. Côme ie les veis eſbran-

ler pour tirer fur nous, ie couchay mon arquebufe en iouë,& yifay droit à vn des trois chefs,
& de ce coup il en tomba deux par terre, &
vn de leurs compagnons qui fut blefſé , qui
quelque temps apres en mourut. l'auois mis
quatre balles dedans mon arquebufe. Comme
les noſtres virent ce coup ſi fauorable pour eux,
ils commencerent à ietter de ſi grãds cris qu'on
n'euſt pas ouy tonner; & cependant les flefches
ne manquoyent de coſté & d'autre. Les Yroquois furent fort eſtonnez , que ſi promptemét
deux hommes auoyent eſté tuez, bien qu'ils
fuſſent armez d'armes tiſſues de fil de cotton,&
de bois à l'eſpreuue de leurs flefches. Cela leur
donna vne grande apprehenſion. Comme ie
rechargeois, l'vn de mes compagnons tira vn
coup de dedans le bois, qui les eſtonna derechef de telle façon, voyant leurs chefs morts,
qu'ils perdirent courage, & ſe mirent en fuite, & abandonnerent le champ, & leur fort,
s'enfuyans dedans le profond des bois, où les
pourſuiuans,i'en fis demeurer encores d'autres.
Nos fauuages en tuerent auſſi pluſieurs, & en
prindrent 10. ou 12. priſonniers:Le reſte ſe fauua
auec les bleſſez. Il y en eut des noſtres 15. ou 16.
de bleſſez de coups de flefches, qui furét promptement gueris.
Apres que nous eufmes eu la victoire, ils s'a-

muferent à prendre force bled d'Inde,& les farines des ennemis, & de leurs armes , qu'ils
auoient laiffees pour mieux courir. Apres auoir
fait bonne chere, danfé & chanté, trois heures
apres nous en retournafmes auec les prifonniers. Ce lieu, où fe fit cefte charge eft par les
43.degrez & quelques minutes de latitude, &
fut nommé le lac de Champlain.

Deffaite des Yroquois au Lac de Champlain.

A Le fort des Yroquois.	D. E Deux Chefs tues , & vn	de Champlain.
B Les ennemis.	bleffé d'vn coup d'arque-	H Môtaignets, Ochaftaiguins
C Les Canots des ennemis	bufe par le fieur de Cham-	& Algoumequins.
faicts d'efcorce de chefne,	plain.	I Canots de nos fauuage aliés
qui peuuent tenir chacun	F Le fieur de Champlain.	faits d'efcorce de bouleau.
10. 15. & 18. hommes.	G Deux Arquebufiers du fieur	K Les Bois.

RETOVR DE LA BATAILLE, ET CE QVI
fe paffa par le chemin.

CHAP. X.

APres auoir fait quelque 8.lieuës , fur le foir
ils prindrent vn des prifonniers,à qui ils fi-
rêt vne harãgue des cruautez que luy & les fiés
auoyent exercees en leur endroit, fans auoir
eu aucun efgard, & qu'au femblable il deuoit
fe refoudre d'en receuoir autant, & luy com-
manderent de chanter s'il auoit du courage, ce
qu'il fit,mais auec vn chant fort trifte à ouyr.
   Cependant les noftres allumerent vn feu, &
com-

comme il fut bien embrasé ils prindrent cha-
cunvn tizon,& faisoient brusler ce pauure miserable peu à peu pour luy faire souffrir plus de
tourmens. Ils le laissoient quelques fois, luy
iettât de l'eau sur le dos: puis luy arracherêt les
ongles, & luy mirent du feu sur les extremitez
des doigts, & de son membre. Apres ils luy
escorcherent le haut de la teste, & luy firent
degoutter dessus certaine gomme toute chaude: puis luy percerêt les bras prés des poignets,
& auec des bastons tiroyent les nerfs & les ar-
rachoyent à force : & côme ils voioyent qu'ils
ne les pouuoyent auoir, ils les couppoyent. Ce
pauure miserable iettoit des cris estranges, &
me faisoit pitié de le voir traitter de la façon,
toutesfois auec vne telle constance, qu'on eust
dit quelquesfois qu'il ne sentoit presque point
de mal. Ils me sollicitoyent fort de prendre du
feu pour faire de mesme eux. Ie leur remon-
strois que nous n'vsions point de ces cruautez,
& que nous les faisions mourir tout d'vn coup,
& que s'ils vouloyent que ie luy donnasse vn
coup d'arquebuze, i'en serois content. Ils dirét
que non, & qu'il ne sentiroit point de mal. Ie
m'en allay d'auec eux comme fasché de voir
tant de cruautez qu'ils excercoiét sur ce corps.
Comme ils virent que ie n'en estois contant,
ils m'appelerent & me dirent que ie luy don-

Gg

nalle vn coup d'arquebufe : ce que ie fis, fans
qu'il en vift rien; & luy fis paffer tous les tourmens, qu'il deuoit fouffrir, d'vn coup, pluftoft
que de le voir tyrannifer. A prés qu'il fut mort
ils ne fe contenterent pas, ils luy ouurirent le
ventre, & ietterent fes entrailles dedans le lac:
aprés ils luy coupperent la tefte, les bras & les
iambes, qu'ils feparerent d'vn cofté & d'autre,
& referuerent la peau de la tefte, qu'ils auoient
efcorchee, comme ils auoient fait de tous les
autres qu'ils auoient tuez à la charge. Ils firent
encores vne mefchanceté, qui fut, de prendre
le cœur qu'ils coupperent en plufieurs pieces
& le donnerent à manger à vn fien frere, &
autres de fes compagnons qui eftoient prifonniers, lefquels le prindrent & le mirent en leur
bouche, mais ils ne le voulurent aualler: quelques fauuages Algoumequins, qui les auoient
en garde le firent recracher à aucuns, & le ietterent dans l'eau. Voila comme ces peuples fe
gouuernét à l'endroit de ceux qu'ils prennent
en guerre: & mieux vaudroit pour eux mourir en combatant, ou fe faire tuer à la chaude,
comme il y en a beaucoup qui font, pluftoft
que de tomber entre les mains de leurs ennemis. A prés cefte execution faite, nous nous
mifmes en chemin pour nous en retourner
auec le refte des prifonniers, qui alloient touf-

iours chantans, fans autre efperance que celuy
qui auoit efté ainfi mal traicté. Eftans aux fauts
de la riuiere des Yroquois les Algoumequins
s'en retournerét en leur pays, & auffi les Ocha-
tequins auec vne partie des prifonniers, fort
contens de ce qui s'eftoit paffé en la guerre,
& de ce que librement i'eftois allé auec eux.
Nous nous departifmes dóc cóme cela, auec de
grádes proteftations d'amitié, les vns & les autres, & me dirent fi ie ne defirois pas aller en
leur pays pour les affifter toufiours comme freres: ie leur promis.

Ie m'en reuins auec les Montagnets. Aprés
m'eftre informé des prifóniers de leurs pays, &
de ce qu'il pouuoit y en auoir, nous ployames
bagage pour nous en reuenir, ce qui fut auec
telle diligence, que chacun iour nous faifions
25. & 30. lieues dans leurfdicts canots, qui eft
l'ordinaire. Comme nous fufmes à l'entree de
la riuiere des Yroquois, il y eut quelques fauuages qui fongerent que leurs ennemis les
pourfuiuoient: ce fonge les fit auffitoft leuer le
fiege, encores que celle nuit fut fort mauuaife
à caufe des vents & de la pluye qu'il faifoit; &
furent paffer la nuit dedans de grands rofeaux,
qui font dans le lac fainct Pierre, iufqu'au lendemain, pour la crainte qu'ils auoient de leurs
ennemis. Deux iours aprés arriuafmes à noftre

Gg ij

habitation, où ie leur fis donner du pain &
quelques poix, & des patinoftres, qu'ils me
demanderent pour parer la tefte de leursenne-
mis, qui les portent pour faire des refiouiffan-
ces à leur arriuee. Le lendemain ie feu auec eux
dans leurs canots à Tadouffac, pour voir leurs
ceremonies. A prochans de la terre, ils prin-
drĕt chacun vn bafton, où au bout ils pédirent
les teftes de leurs ennemis tués auec quelques
patinoftres, chantants les vns & les autres:
& comme ils en furent prefts, les femmes fe
defpouillerent toutes nues, & fe ietterent en
l'eau, allant au deuant des canots pour prendre
les teftes de leurs ennemis qui eftoient au bout
de longs baftons deuant leurs batteaux, pour
aprés les pédre à leur col comme fi c'euft efté
quelque chaine precieufe, & ainfi chanter &
danfer. Quelques iours aprés ils me firent prefent d'vne de ces teftes, cóme chofe bié precieu•
fe, & d'vne paire d'armes de leurs ennemis, pour les conferuer, affin de les montrer
au Roy : ce que ie leur promis pour leur faire
plaifir.

Quelques iours aprés ie fus à Quebecq, où
il vingt quelques fauuages Algoumequins,
qui me firent entédre le defplaifir qu'ils auoiét
de ne s'eftre trouuez à la deffaite de leurs ennemis, & me firent prefent de quelques fourru-

res, en confideration de ce que i'y auois efté &
affifté leurs amis.

Quelques iours aprés qu'ils furent partis
pour s'en aller en leur pays, diftant de noftre
habitatió de 120. lieues, ie fus à Tadouffac vóir
fi le Pont feroit de retour deGafpé, où il auoit
efté. Il n'y arriua que le lendemain, & me
dit qu'il auoit deliberé de retourner en France. Nous refolufmes de laiffer vn hónefte homme appelé le Capitaine Pierre Chauin, de
Dieppe, pour commander à Quebecq, où il
demeura iufques à ce que le fieur de Mons en
euft ordonné.

RETOVR EN FRANCE, ET CE QVI S'Y PASSA
iufques au rembarquement.
CHAP. XI.

CEfte refolution prinfe nous fufmes à Quebecq pour l'eftablir, & luy laiffer toutes
les chofes requifes & neceffaires à vne habitation, auec quinze hommes. Toutes chofes
eftant en eftat nous en partifmes le premier
iour de Septembre pour aller à Tadouffac, faire appareiller noftre vaiffeau, à fin de nous en
reuenir en France.

Nous partifmes donc de celieu le 5. du mois,
& le 8. nous fufmes mouiller l'ancre à l'ifle
Percee.

Le ieudy dixiefme partifmes de ce lieu, & le mardy enfuiuant 18. du mois arriuafmes fur le grand banc.

Le 2. d'Octobre, nous eufmes la fonde. Le 8. mouillafmes l'ancre au Conquet en baffe Bretagne. Le Samedy 10. du mois partifmes de ce lieu, & arriuafmes à Honfleur le 13.

Eftans defembarqués, ie n'y fis pas long fejour que ie ne prinfe la pofte pour aller trouuer le fieur do Mons, qui eftoit pour lors à Fontaine-belau où eftoit fa Maiefté, & luy reprefentay fort particulieremét tout ce qui c'eftoit paffé, tant en mon yuernement, que des nouuelles defcouuertures, & l'efperance de ce qu'il y auoit à faire à l'aduenir touchant les promeffes des fauuages appelez Ochateguins, qui font bons Yroquois. Les autres Yroquois leurs ennemis font plus au midy. Les premiers entendent, & ne diferent pas beaucoup de langage aux peuples defcouuerts de nouueau, & qui nous auoient efté incogneus cy deuant.

Auffitoft ie fus trouuer fa Maiefté, à qui ie fis le difcours de mon voyage, à quoy il print plaifir & contentement.

I'auois vne ceinture faite de poils de porcefpic, qui eftoit fort bien tiffue, felon le pays, laquelle fa Maiefté eut pour aggreable, auec

deux petits oiſeaux gros cóme des merles, qui
eſtoient incarnats, & auſſi la teſte d'vn certain
poiſſon qui fut prins dans le grand lac des Yroquois, qui auoit vn becq fort long auec deux
ou trois rangees de dents fort aigues. La figure
de ce poiſſon eſt dans le grand lac de ma carte
Geographique.

Ayant fait auec ſa Maieſté, le ſieur déMons ſe
delibera d'aller à Rouen trouuer ſes aſſociez les
ſieurs Collier & le Gédre marchãds de Rouë,
pour aduiſer à ce qu'ils auoient à faire l'annee
enſuiuant. Ils reſolurent de continuer l'habitation, & paracheuer de deſcouurir dedans le
grand fleuue S. Laurens, ſuiuant les promeſſes
des Ochateguins, à la charge qu'õ les aſſiſteroit
en leurs guerres cóme nous leur auiós promis.

Le Pont fut deſtiné pour aller à Tadouſſac
tant pour la traicté que pour faire quelque autre choſe qui pourroit apporter de la commodité pour ſubuenir aux frais de la deſpence.

Et le ſieur Lucas le Gendre de Rouen, l'vn
des aſſociez, ordonné pour auoir ſoin de faire
tant l'achapt des marchandiſes que viures, &
de la frette des vaiſſeaux, eſquipages & autres
choſes neceſſaires pour le voyage.

Aprés ces choſes reſolues le ſieur de Mons
s'en retourna à Paris, & moy auec luy, où ie
fus iuſques à la fin de Feurier: durant lequel

temps le fieur de Mons chercha moyen d'auoir nouuelle commiffion pour les traictes des nouuelles defcouuertures, que nous auions faites, où auparauant perfonne n'auoit traicté: Ce qu'il ne peut obtenir, bien que les demandes & propofitiós fuffent iuftes & raifónables.

Et fe voyant hors d'efperance d'obtenir icelle commiffion, il ne laiffa de pourfuiure fon deffin, pour le defir qu'il auoit que toutes chofes reuffiffent au bié & honneur de la France.

Pendant ce temps, le fieur de Mons, ne m'auoit dit encores fa volonté pour mon particulier, iufques à ce que ie luy eus dit qu'on m'auoit raporté qu'il ne defiroit que i'yuernaffe en Canadas, ce qui n'eftoit pas, car il remit la tout à ma volonté.

Ie m'efquipay des chofes propres & neceffaires pour yuerner à noftre habitation de Quebecq, & pour ceft eftet party de Paris le dernier iour de Feurier enfuiuant, & fus à Honfleur, où fe deuoit faire l'embarquement. Ie paffay par Rouen, où ie feiournay deux iours: & de là fus à Honfleur, où ie trouuay le Pont, & le Gendre, qui me dirét auoir fait embarquer les chofes neceffaires pour l'habitation. Ie fus fort aife de nous voir prefts à faire voile: toutesfois incertain fi les viures eftoient bons & fuffifans pour la demeure & yuernement.

SE-

SECOND VOYAGE
DV SIEVR DE CHAMPLAIN
fait en la Nouuelle France en
l'annee 1610.

*PARTEMENT DE FRANCE POVR RETOVRNER
en la Nouuelle France, & ce qui ce paſſa iuſques à noſtre arriuee en l'habitation.*

CHAP. I.

LE temps venant fauorable ie m'enbarquay à Honfleur auec quelque
nombre d'artiſans le 7. du mois
Mars, & fuſmes contrariez de
mauuais temps en la Manche, &
côtrainɛts de relaſcher en Angleterre, à vn lieu
appelé Porlan, où fuſmes quelques iours à la
radde: & leuaſmes l'ancre pour aller à l'iſle
d'Huy, qui eſt proche de la coſte d'Angleterre,
d'autant que nous trouuions la radde de Porlan
fort mauuaiſe. Eſtás proches d'icelle iſle, la brume s'eſleua ſi fort que nous fuſmes côtrainɛts
de relaſcher à la Hougue.

Depuis le partement de Honfleur, ie fus per-
ſecuté d'vne fort grande maladie, qui m'oſtoit
l'eſperance de faire le voyage, & m'eſtois em-
barqué dans vn batteau pour me faire reporter

H h

en France au Haure,& là me faire traiter, estat
fort mal au vaisseau:Et faisois estat recouurant
ma santé,que ie me rembarquerois dans vn autre, qui n'estoit party de Honfleur , où deuoit
s'embarquer des Marests gendre de Pont-graué: mais ie me fis porter à Honfleur, tousiours
fort mal,où le 15.deMars.le vaisseau d'où i'estois
forty, relascha, pour y prendre du l'aist, qui
luy manquoit,pour estre bien en assiete.Il fut
en ce lieu iusques au 8.d Auril. Durãt ce temps
ie me remis en assez bon estat:toutesfois encore que foible & debile, ie ne laissay pas de me
rembarquer.

Nous partismes derechef, le 18. d'Auril &
arriuasmes sur le grand banc le 19. du mois, &
eusmes cognoissáce des isles S.Pierre le 22.Estás
le trauers de Menthane nous rencontrasmes
vn vaisseau de S. Maslo,où il y auoit vn ieune
homme,qui beuuant à la santé de Pont-graué,
ne se peut si bien tenir, que par l'esbranlement
du vaisseau il ne tombast en la mer , & se noya
sans y pouuoir donner remede, à cause que le
vent estoit trop impetueux.

Le 26. du mois arriuasmes à Tadoussac, où il
y auoit des vaisseaux qui y estoient arriuez dés
le 18. ce qui ne c'estoit veu il y auoit plus de 60.
ans,à ce que disoient les vieux mariniers qui
voguent ordinairement audit pays. C'estoit le

peu d'yuer qu'il y auoit fait, & le peu de glaces, qui n'empefcherent point l'entree defdicts
vaiffeaux. Nous fçeufmes par vn ieune Gentil-
homme appelé le fieur du Parc qui auoit yuerné à noftre habitatió, que tous fes compagnós
fe portoient bien, & qu'il n'y en auoit eu que
quelques vns de malades, encore fort peu, &
nous affeura qu'il n'y auoit fait prefque point
d'yuer, & auoiét eu ordinairement de la viande fraifche tout l'yuer, & que le plus grand de
leur trauail eftoit de fe donner du bon temps.

Ceft yuer monftre comme fe doiuent com-
porter à l'aduenir ceux qui auront telles entreprifes, eftant bien malaifé defaire vne nóuuelle
habitation fans trauail, & courir la premiere
annee mauuaife fortune, comme ils'eft trouué
en toutes nos premieres habitations. Et à là verité en oftant les falures, & ayant de la viande
fraifche, la fanté y eft auffi bóne qu'en France.

Les fauuages nous attendoient de iour en
autre pour aller à la guerre auec eux. Comme
ils fceurent que le Pont & moy eftions arriuez enfemble, ils fe refiouirent fort, & vindrent parler à nous.

Ie fus à terre, pour leur affeurer que nous
irions auec eux, fuiuát les promeffes qu'ils m'a-
uoiét faites, Qu'aprés le retour de leur guerre, ils me meneroient defcouurir les trois ri-

uieres, iufqués en vn lieu où il y a vne fi grande mer qu'ils n'en voyét point le bout, & nous
en reuenir par le Saguenay audit Tadouffac:&
leur demanday s'ils auoient encore cefte mefme volonté: Ils me dirent qu'ouy: mais que ce
ne pouuoit eftre que l'annee fuiuante : ce qui
m'aporta du plaifir : Toutesfois i'auois promis aux Algoumequins & Ochateguins de les
affifter auffi en leurs guerres, lefquels m'auoiét
promis de me faire voir leur pays, & le gran d
lac,& quelques mines de cuiure & autres chofes qu'ils m'auoient donné à entendre: fi bien
que i'auois deux cordes à mon arc: de façon
que fi l'vne failloit, l'autre pouuoit reuffir.

Le 28. dudit mois ie party de Tadouffac,
pour aller à Quebecq,où ie trouuay le Capitaine Pierre qui y commandoit, & tous fes compagnós en bon eftat;& auec eux vn Capitaine
fauuagé appelé Batifcan,& aucuns de fes compagnós,qui nous y attendoiét, lefquels furent
fort refiouys de ma venue, & fe mirét à châter
& danfer tout le foir. Ie leur fis feftin ce qu'ils
eurent fort aggreable, & firent bonne chere,
dont ils ne furét point ingrats,&me conuierét
moy huiétiefme qui n'eft pas petite faueur parmy eux, où nous portafmes chacun noftre
efcuelle, comme eft la couftume, & de la rem-
porter chacun plaine de viande , que nous
donnions à qui bon nous fembloit.

Quelques iours aprés que ie fus party de Tadouſſac, les Montagnets arriuerent à Quebecq
au nombre de 60. bons hommes, pour s'ache-
miner à la guerre. Ils y ſeiournerent quelques
iours, s'y donnant du bon temps, & n'eſtoit pas
ſans ſouuét m'inportuner, ſçauoir ſi ie ne m'an-
querois point à ce que ie leur auois promis. Ie
les aſſeuray, & promis de rechef, leur demã-
dant s'ils m'auoient trouué menteur par le paſſé. Ils ſe reſiourent fort lors que ie leur reiteray
mes promeſſes.

Et me diſoient voila beaucoup de Baſques
& Miſtigoches (ainſi appelent ils les Nor-
mans & Maſlouins) qui diſent qu'ils viendront
à la guerre auec nous, que t'en ſemble? diſent
ils verité? Ie leur reſpondis que non, & que ie
ſçauois bien ce qu'ils auoient au cœur; & que
ce qu'ils en diſoient n'eſtoit que pour auoir &
attirer leurs commoditez. Ils me diſoient tu
as dit vray, ce ſont femmes, & ne veulent faire la guerre qu'a nos Caſtors : auec pluſieurs
autres diſcours facetieux, & de l'eſtat & ordre
d'aller à la guerre.

Ils ſe reſolurent de partir, & m'aller attendre
aux trois riuieres 30. lieues plus haut que Quebecq, où ie leur auois promis de les aller trouuer, & quatre barques chargees de marchandiſes, pour traicter de pelleterie, entre autres

H h iij

auec les Ochateguins, qui me deuoient venir
attendre à l'entree de la riuiere des Yroquois,
comme ils m'auoient promis l'annee precedente, & y amener iufques à 400. hommes,
pour aller à la guerre.

*PARTEMENT DE QVEBECQ POVR ALLER ASSI-
ter nos fauuages aliez à la guerre contre les Yroquois leurs ennemis, &
tout ce qui fe paffa iufques à noftre retour en l'habitation.*

Chap. II.

IE party de Quebecq. Le 14. Iuin pour aller
trouuer les Montagnets, Algoumequins &
Ochateguins qui fe deuoient trouuer à l'entrée de la riuiere des Yroquois. Comme ie fus
à 8. lieues de Quebecq, ie rencontray vn canot, où il y auoit deux fauuages, l'vn Algoumequin, & l'autre Montagnet, qui me venoiét
prier de m'aduáccr le plus vifte qu'il me feroit
poffible, & que les Algoumequins & Ochateguins feroient dans deux iours au rendes-
vous au nombre de 200. & 200. autres qui deuoient venir vn peu aprés, auec Yroquet vn
de leurs chefs; & me de manderent fi i'eftois
content de la venue de ces fauuages: ie leur dy
que ie n'en pouuois eftre fafché, puis qu'ils
auoiét tenu leur promeffe. Ils fe mirent dedans
ma barque, où ie leur fis fort bonne chere. Peu
de temps aprés auoir deuifé auec eux de plu-

fieurs chofes touchant leurs guerres, le fauuage Algoumequin, qui eftoit vn de leurs chefs,
tira d'vn fac vne piece de cuiure de la longueur
d'vn pied, qu'il me donna, lequel eftoit fort
beau & bien franc, me donnant à entendre
qu'il y en auoit en quantité là où il l'auoit pris,
qui eftoit fur le bort d'vne riuiere proche d'vn
grãd lac, & qu'ils le prenoiét par morceaux, &
le faifant fondre le mettoient en lames, & auec
des pierres le rendoient vny. Ie fus fort ayfe de
ce prefent, encores qu'il fut de peu du valleur.

Arriuant aux trois riuieres, ie trouuay tous
les Montagnets qui m'attendoient, & quatre
barques, cóme i'ay dit cy deffus, qui y eftoient
allees pour traicter auec eux.

Les fauuages furent refiouis de me voir. Ie
fus à terre parler à eux. Ils me prierent, qu'allant à la guerre ie ne m'embarquaffe point, n'y
mes cópagnós auffi, en d'autres canots que les
leurs; & qu'ils eftoient nos antiens amis:ce que
ie leur promis, leur difant que ie voulois partir
tout à l'heure, d'autãt que le vent eftoit, bon &
que ma barque n'eftoit point fi aifee que leurs
canots, & que pour cela ie voulois prendre
l'aduant. Ils me prierent inftamment d'attendre au lendemain matin, que nous irions
tous enfemble, & qu'ils ne feroient pas plus de
chemin que moy : Enfin pour les contenter,

ie leurs promis, dont ils furent fort ioyeux.

Le iour enfuiuãt nous partifmes tous enséble vogans iufques au lendemain matin 19. iour dudit mois, qu'arriuafmes à vne ifle deuant ladite riuiere des Yroquois, en attendant les Algoumequins qui deuoient y venir ce mefme iour. Comme les Montagnets couppoient des arbres pour faire place pour danfer & fe mettre en ordre à l'arriuee defdits Algoumequins, voicy vn canot Algoumequin qu'on aperceut venir en diligence aduertir que les Algoumequins auoient fait rencontre des Yroquois, qui eftoient au nombre de cent, & qu'ils eftoient fort bien barricadez, & qu'il feroit malaifé de les emporter, s'ils ne venoient promptement, & les Matigoches auec eux (ainfi nous appelent ils.)

Auffitoft l'alarme commença par my eux, & chacun fe mit en fon canot auec fes armes. Ils furent promptement en eftat, mais auec confufion: car ils fe precipitoient fi fort que au lieu d'aduancer ils fe retardoiët. Ils vindrét à noftre barque, & aux autres, me priãt d'aller auec eux dãs leurs canots, & mes compagnons auffi, & me prefferent fi fort que ie m'y embarquay moy cinquiefme. Ie priay la Routte qui eftoit noftre pilotte, de demeurer en la barque, & m'enuoyer encores quelque 4. ou 5. de mes

com-

compagnons, ſi les autres barques enuoyoient
quelques chalouppes auec hommes pour nous
donner ſecours: Car aucunes des barques n'y
voulut aller auec les ſauuages, horſmis le Capitaine Thibaut qui vint auec moy, qui auoit
là vne barque. Les ſauuages crioyent à ceux
qui reſtoient qu'ils auoient cœur de femmes, & ne ſçauoient faire autre choſe que la
guerre à leurs pelleteries.

Cependant aprés auoir fait quelque demie
lieue, en trauerſant la riuiere tous les ſauuages mirent pied à terre, & abandonnant leurs
canots prindrét leurs rondaches, arcs, fleſches,
maſſues & eſpees, qu'ils amanchent au bout
de grands baſtons, & commécerent à prendre
leur courſe dás les bois, de telle façon que nous
les euſmes bien toſt perdus de veue, & nous
laiſſerent cinq que nous eſtions ſans guides.
Cela nous apporta du deſplaiſir: neantmoins
voyát touſiours leurs briſees nous les ſuiuions;
mais ſouuent nous nous abuſions. Comme
nous euſmes fait enuiron demie lieue par l'e-
ſpois des bois, dans des pallus & mareſcages,
touſiours l'eau iuſques aux genoux, armez chacũ d'vn corcelot de piquier qui nous importunoit beaucoup, & auſſi la quantité des mouſquites, qui eſtoient ſi eſpoiſſes qu'elles ne
nous permettoient point preſque de repren-

dre noſtre halaine, tant elles nous perſecu-
toient, & ſi cruellement que c'eſtoit choſe
eſtrange,nous ne ſçauions plus où nous eſtions
ſans deux ſauuages que nous apperceuſmes tra-
uerſans le bois, leſquels nous appelaſmes, &
leur dy qu'il eſtoit neceſſaire qu'ils fuſſent auec
nous pour nous guider & côduire où eſtoient
les Yroquois,& qu'autremét nous n'y pourriós
aller,& que nous nous eſgareriós dans les bois.
Ils demeurerét pour nous côduire. Ayant fait
vn peu de chemin, nous apperceuſmes vn ſauuage qui venoit en diligéce nous chercher pour
nous faire aduancer le plus promptement qu'il
ſeroit poſſible,lequel me fit entédre que les Algoumequins &Môtagnets auoient voulu forcer la barriçade des Yroquois & qu'ils auoient
eſté repouſſés, & qu'il y auoit eu de meilleurs
hommes Montagnets tuez, & pluſieurs autres
bleſſez,& qu'ils s'eſtoiét retirez en nous attendant,& que leur eſperance eſtoit du tout en
nous. Nous n'euſmes pas fait demy quart de
lieue auec ce ſauuage qui eſtoit Capitaine Algoumequin, que nous entendiós les hurlemés
& cris des vns & des autres, qui s'entre diſoiét
des iniures, eſcarmouchans touſiours legere-
ment en nous attendant. Auſſitoſt que les ſauuages nous apperçeurent ils commencerent à
s'eſcrier de telle façon, qu'on n'euſt pas enten-

du tonner. Ie dōnay charge à mes compagnōs de me ſuiure touſiours, & ne m'eſcarter point. Ie m'approchay de la barricade des ennemis pour la recognoiſtre. Elle eſtoit faite de puiſ-ſants arbres, arrangez les vns ſur les autres en rond, qui eſt la forme ordinaire de leurs forte-reſſes. Tous les Montagnets & Algoumequins s'approcherēt auſſi de lad. barricade. Lors nous commēçaſmes à tirer force coups d'arquebuſe à trauers les fueillards, d'autant que noüs ne les pouuions voir comme eux nous. Ie fus bleſſé en tirant le premier coup ſur le bord de leur barricade, d'vn coup de fleſche qui me fendit le bout de l'oreille & entra danc le col. Ie prins la fleſche qui me tenoit encores au col & l'ara-chay: elle eſtoit ferree par le bout d'vne pierre bien aigue. Vn autre de mes compagnons en meſme temps fut auſſi bleſſé au bras d'vne au-tre fleſche, que ie luy arrachay. Neantmoins ma bleſſeure ne m'épeſcha de fairele deuoir; & nos ſauuages auſſi de leur part, & pareillement les ennemis, tellement qu'on voyoit voler les fleſches d'vne part & d'autre, menu com-me greſle: Les Yroquois s'eſtonnoient du bruit de nos arquebuſes, & principalemēt de ce que les balles perſoient mieux que leurs fleſches; & eurent tellement l'eſpouuāte de l'effet qu'elles faiſoient, voyāt pluſieurs de leurs cōpaignons

I i ij

tombez morts,& bleffez, que de crainte qu'ils
auoient, croyans ces coups eftre fans remede ils fe iettoient par terre, quand ils entendoient le bruit: auffi ne tirions gueres à faute,
& deux ou trois balles à chacun coup, & auiós
la plufpart du temps nos arquebufes appuyees
fur le bord de leur barricade. Comme ie vy
que nos munitions commençoiét à manquer,
ie dy à tous les fauuages, qu'il les falloit emporter de force & rompre leurs barricades, &
pour ce faire prendre leurs rondaches &
s'en couurir, & ainfi s'en aprocher de fi prés
que l'on peuft lier de bónes cordes aux pilliers
qui les fouftenoient, & à force de bras tirer tellement qu'on les renuerfaft, & par ce moyen y
faire ouuerture fuffifante pour entrer dedans
leur fort : & que cependant nous à coups d'arquebufes repoufferions les ennemis qui viendroient fe prefenter pour les en empefcher : &
auffi qu'ils euffent à fe mettre quelque quantité aprés de grands arbres qui eftoient proches
de ladite barricade, afin de les renuerfer deffus
pour les accabler, que d'autres couuriroient
de leurs rondaches pour empefcher que les ennemis ne les endommageaffent, ce qu'ils firent
fort promptemét. Et comme on eftoit en train
de paracheuer, les barques qui eftoient à vne
lieue & demie de nous nous entendoiét battre

par l'equo de nos arquebufades qui refonnoit
iufques à eux, qui fit qu'vn ieune homme de
fainct Maflo plein de courage, appelé des Prairies, qui auoit fa barque comme les autres pour
la traite de pelleterie, dit à tous ceux qui reftoient, que c'eftoit vne grande honte à eux de
me voir battre de la façon auec des fauuages,
fans qu'ils me vinffét fecourir, & que pour luy
il auoit trop l'honneur en recommádation, &
qu'il ne vouloit point qu'ó luy peut faire ce re-
proche: & fur cela fe delibera de me venir trouuer dans vne chalouppe auec quelques fiens
compagnons, & des miens qu'il amena auec
luy. Auffitoft qu'il fut arriué il alla vers le fort
des Yroquois, qui eftoit fur le bort de la riuiere,
où il mit pied à terre, & me vint chercher.
Comme ie le vis, ie fis ceffer nos fauuages qui
rompoient la fortereffe, afin que les nouueaux
venus euffent leur part du plaifir. Ie priay le
fieur des Prayries & fes compagnons de faire
quelque falue d'arquebufades, auparauant
que nos fauuages les emportaffent de force,
comme ils auoient deliberé: ce qu'ils firent, &
tirerent plufieurs coups, où chacun d'eux fe
comporta bien en fon deuoir. Et aprés auoir
affez tiré, ie m'adreffe à nos fauuages & les in-
citay de paracheuer: Auffitoft s'aprochans de
ladite barricade comme ils auoient fait aupa-

rauant,& nous à leurs aifles pour tirer fur ceux
qui les voudroient empefcher de la rompre. Ils
firent fi bien & vertueufement qu'à la faueur
de nos arquebufades ils y firent ouuerture,
neantmoins difficile à paſſer, car il y auoit encores la hauteur d'vn homme pour entrer dedans, & des branchages d'arbres abbatus, qui
nuifoient fort: Toutesfois quãd ie vey l'entree
affez raifonnable, ie dy qu'on ne tiraſt plus:
ce qui fut fait: Au mefme inſtãt quelquevingt
ou tréte, tant des fauuages que de nous autres,
entrafmes dedans l'efpee en la main, fans trouuer beaucoup de refiſtance. Auffitoſt ce qui
reſtoit fain commença à prendre la fuitte: mais
ils n'alloient pas loing, car ils eſtoient defaits
par ceux qui eſtoient à l'entour de ladite bari-
cade: & ceux qui efchaperent fe noyerent dans
la riuiere. Nous prifmes quelques quinze prifonniers, le reſte tué à coups d'arquebufe, de
flefches & d'efpee. Quand ce fut fait, il vint
vne autre chalouppe & quelques vns de nos
compagnons dedans, qui fut trop tart: toutesfois affez à téps pour la defpouille du butin, qui
n'eſtoit pas grãd chofe: il n'y auoit que des robes
de caſtor, des morts, plains de fang, que les fauuages ne vouloiét prédre la peine de defpouil-
ler, & fe moquoiét de ceux qui le faifoient, qui
furent ceux de la derniere chalouppe: Car les

autres ne fe mirent en ce villain deuoir. Voila
donc auec la grace de Dieu la victoire obtenue, dontils nous donnerent beaucoup de louange.

Fort des Yroquois.

A Le fort des Yroquois.	D Le fieur de Champlain& 5.	G Chalouppe dudit fieur des
B Yroquois fe iettans en la ri	des fiens.	Prairies.
uiere pour fe fauuer pour-	E. Tous nos fauuages amis.	H Grands arbres couppés
fuiuis par les Môtaignets &	F Le fieur des Prairies de S.	pour ruiner le fort des Yro-
Algoumequins fe iettant	Maflo auec fes côpagnons.	quois.
aprés eux pour les tuer.		

Ces fauuages efcorcherent les teftes de ceux
qui eftoient morts, ainfi qu'ils ont accouftumé
de faire pour trophee de leur victoire, & les
emportent. Ils s'en retournerent auec cinquante bleffez des leurs, & trois hommes morts
defdicts Montagnets & Algoumequins, en
chantant, & leurs prifonniers auec eux. Ayant
les teftes pendues à des baftons deuant leurs
canots, & vn corps mort couppé par quartiers,
pour le manger par vengeance, à ce qu'ils difoient, & vindrent en cefte façon iufques où
eftoient nos barques audeuant de ladite riuiere des Yroquois.

Et mes compagnons & moy nous embar-
quafmes dans vne chalouppe, où ie me fis pen-
fer de ma bleffeure par le chirurgien de Boyer

deRouen qui y eſtoit venu auſſi pour la traiƈte.
Tout ce iour ſe paſſa auec les ſauuages en danſes & chançons.

Le lendemain ledit ſieur duPont arriua auec
vne autre chalouppe chargée de quelques marchandiſes & vne autre qu'il auoit laiſſee derriere où eſtoit le Capitaine Pierre qui ne pouuoit venir qu'auec peine, eſtant ladite barque
vn peu lourde & malaiſee à nager.

Cedit iour on traiƈta quelque pelleterie,
mais les autres barques emporterent la meilleure part du butin. C'eſtoit leur auoir fait vn
grand plaiſir de leur eſtre allé chercher des nations eſtrangeres, pour aprés emporter le pro-
fit ſans aucune riſque ny hazard.

Ce iour ie demanday aux ſauuages vn priſonnier Yroquois qu'ils auoient, lequel ils me
donnerent. Ie ne fis pas peu pour luy, car ie le
ſauuay de pluſieurs tourmens qu'il luy euſt fallu ſouffrir auec ſes compagnons priſonniers,
auſquels. Ils arrachoient les ongles, puis leur
couppoient les doits, & les bruſloient en pluſieurs endroits. Ils en firent mourir ledit iour
deux ou trois, & pour leur faire ſouffrir plus
de tourmens ils en vſent ainſi.

Ils prindrent leurs priſonniers & les emme-
nerent ſur le bort de l'eau & les attacherent
tous droits à vn baſton, puis chacun venoit
auec

auec vn flãbeau d'eſcorſe de bouleau, les bruſ-
lans tantoſt ſur vne partie tantoſt ſur l'autre:&
les pauures miſerables sẽtãs ce feu faiſoiét des
cris ſi haut que c'eſtoit choſe eſtrange à ouyr,
& des cruautez dont ces barbares vſent les vns
enuers les autres. Aprés les auoir bien fait languir de la façon, & les bruſlãs auec ladite eſcorce, ils prenoient de l'eau & leur iettoient ſur
le corps pour les faire languir d'auantage:
puis leur remettoient de rechef le feu de telle façon, que la peau tomboit de leurs corps,
& continuoyent auec grands cris & exclama-
tions, danſant iuſques à ce que ces pauures
miſerables tombaſſent morts ſur la place.

   Auſſi toſt qu'il tomboit vn corps mort a
terre, ils frappoient deſſus à grands coups de
baſton, puis luy coupoient les bras & les iambes, & autres parties d'iceluy, & n'eſtoit tenu
pour homme de bien entr'eux celuy qui ne
couppoit vn morceau de ſa chair & ne la donnoit aux chiens. Voila la courtoiſie que reçoi-
uent les priſonniers. Mais neátmoins ils endurent ſi conſtamment tous les tourmens qu'on
leur fait, que ceux qui les voyent en demeu-
rent eſtonnez.

   Quant aux autres priſonniers qui reſterent,
tant aux Algoumequins que Montagnets,
furent conſeruez pour les faire mourir par
                    K k

les mains de leurs femmes & filles, qui en cela
ne se monſtrent pas moins inhumaines que les
hommes, encores elles les ſurpaſſent de beaucoup en cruauté: car par leur ſubtilité elles in-
uentét des ſupplices plus cruels,& y prennent
plaiſir,les faiſant ainſi finir leur vie en douleurs
extreſmes.

Le lendemain arriua le Capitaine Yroquet
& vn autre Ochatagin, qui auoient quelques
80. hommes,qui eſtoient bien faſchez de ne s'e-
ſtre trouuez à la deffaite. En toutes ces nations
il y auoit bien prés de 200. hômes qui n'auoiét
iamais veu de Chreſtiens qu'a lors, dont ils firent de grandes admirations.

Nous fuſmes quelques trois iours enſemble
à vne iſle le trauers de la riuiere des Yroquois,
& puis chacune des nations s'en retourna en
ſon pays.

J'auois vn ieune garcon, qui auoit deſia yuerné deux ans à Quebecq, lequel auoit deſir
d'aller auec les Algoumequins, pour apprendre la langue. Pont-graué & moy aduiſaſmes
que s'il en auoit enuie que ce feroit mieux fait
de l'enuoyer là qu'ailleurs, pour ſçauoir quel
eſtoit leur pays, voir le grand lac, remarquer
les riuieres,quels peuples y habitent; enſemble
deſcouurir les mines & choſes les plus rares de
ces lieux & peuples, afin qu'à ſon retour nous

peuſſions eſtre informez de la verité. Nous luy demandaſmes s'il l'auoit aggreable : car de l'y forcer ce n'eſtoit ma volonté: mais auſſi toſt la demande faite, il accepta le voyage tres-volontiers.

Ie fus trouuer le Capitaine Yroquet qui m'eſtoit fort affectionné, auquel ie demanday s'il vouloit emmener ce ieune garçon auec luy en ſon pays pour y yuerner, & le ramener au printemps : Il me promit le faire, & le tenir comme ſon fils, & qu'il en eſtoit treſ-content. Il le va dire à tous les Algoumequins, qui n'en furent pas trop contens, pour la crainte que quelque accident ne luy arriua : & que pour cela nous leur fiſſions la guerre. Ce doubte refroidit Yroquet, & me vint dire que tous ſes compagnons ne le trouuoient pas bon: Cependant toutes les barques s'en eſtoient allees, horſmis celle du Pont, qui ayant quelque affaire preſſee, à ce qu'il me dit, s'en alla auſſi : & moy ie demeuray auec la mienne, pour voir ce qui reuſſiroit du voyage de ce garçon que i'auois enuie qu'il fit. Ie fus dóc à terre & demanday à parler aux Capitaines, leſquels vindrent à moy & nous aſſiſmes auec beaucoup d'autres ſauuages anciens de leurs trouppes: puis ie leur demanday pourquoy le Capitaine Yro-

quet que ie tenois pour mon amy, auoit refufé
d'emmener mon garçon auec luy. Que ce n'e-
ftoit pas comme frere ou amy, de me defnier
vne chofe qu'il m'auoit promis, laquelle ne
leur pouuoit apporter que du bien ; & que en
emmenant ce garçon, c'eftoit pour contracter
plus d'amitié auec eux, & leurs voifins que n'a-
uions encores fait ; & que leur difficulté me
faifoit auoir mauuaife opinion d'eux ; & que
s'ils ne vouloient emmener ce garçon, ce que le
Capitaine Yroquet m'auoit promis, ie n'aurois
iamais d'amitié auec eux, car ils n'eftoient pas
enfans pour reietter cefte promeffe. Alors ils
me dirent qu'ils en eftoient bien contens, mais
que changeant de nourriture, ils craignoient
que n'eftant fi bien noury comme il auoit accouftumé, il ne luy arriua quelque mal dont
ie pourrois eftre fafché, & que c'eftoit la feule
caufe de leur refus.

Ie leur fis refponce que pour la vie qu'ils faifoient, & des viu res dont ils vfoient, ledit garçon s'y fçauroit bien accommoder, & que fi
par maladie ou fortune de guerre il luy furue-
noit quelque mal, cela ne m'empefcheroit de
leur vouloir du bien, & que nous eftions tous
fubiects aux accidens, qu'il failloit prendre
en patience: Mais que s'ils le traitoyent mal, &
qu'il luy arriua quelque fortune par leur faute,

qu'à la verité i'en ferois mal content; ce que
ie n'efperois de leur part, ains tout bien.

Ils me dirent, puis donc que tu as ce defir;
nous l'emmenerons & le tiendrons comme
nous autres: Mais tu prendras auffi vn ieune
homme en fa place, qui ira en France: Nous
ferós bien aifes qu'il nous rapporte ce qu'il aura veu de beau. Ie l'acceptay volontiers, & le
prins. Il eftoit de la nation des Ochateguins,
& fut auffi fort aife de venir auec moy. Cela
donna plus de fubiect de mieux traicter mon
garçon, lequel i'efquippay de ce qui luy eftoit
neceffaire, & promifmes les vns aux autres de
nous reuoir à la fin de Iuin.

Nous nous feparafmes auec force promeffes d'amitié. Ils s'en allerent donc du cofté du
grand faut de la riuiere de Canadas, & moy;
ie m'en retournay à Quebecq. En allant ie
rencontray le Pont-graué, dedans le lac fainct
Pierre, qui m'attendoit auec vne grande pattache qu'il auoit rencontree audit lac, qui n'a-
uoit peu faire diligence de venir iufques où
eftoient les fauuages, pour eftre trop lourde
de nage.

Nous nous en retournafmes tous enfemble
à Quebecq: puis ledit Pont-graué s'en alla à
Tadouffac, pour mettre ordre à quelques affaires que nous auions en ces quartiers là; &

moy ie demeuray à Quebecq pour faire redifier quelques palliſſades au tour de noſtre habitation, attendant le retour dudit Pont-graué, pour aduiſer enſemblement à ce qui ſeroit neceſſaire de faire.

Le 4. de Iuin des Mareſts arriua à Quebecq, qui nous reſiouit fort: car nous doubtions qu'il luy fut arriué quelque accident ſur la mer.

Quelques iours aprés vn priſonnier Yroquois que i'y faiſois garder, par la trop grande liberté que ie luy donnois s'en fuit & ſe ſauua, pour la crainte & apprehenſion qu'il auoit: nonobſtant les aſſeurances que luy donnoit vne femme de ſa nation que nous auions en noſtre habitation.

Peu de iours aprés, le Pont-graué m'eſcriuit qu'il eſtoit en deliberation d'yuerner en l'habitatiõ, pour beaucoup de conſiderations qui le mouuoient à ce faire. Ie luy reſcriuy, que s'il croyoit mieux faire que ce que i'auois fait par le paſſé qu'il feroit bien.

Il fit donc diligence de faire apporter les commoditez neceſſaires pour ladite habitation.

Aprés que i'eu fait paracheuer la palliſſade autour de noſtre habitation, & remis toutes choſes en eſtat, le Capitaine Pierre reuint dans vne barque qui eſtoit allé à Ta-

doussac voir de ses amis : & moy i'y fus aussi
pour voir ce qui reussiroit de la seconde traite
& quelques autres affaires particulieres, que
i'y auois. Où estant ie trouuay ledit Pont-graué qui me communiqua fort particulierement
son dessin, & ce qui l'occasionnoit d'yuerner.
Ie luy dis sainement ce qu'il m'en sembloit,
qui estoit, que ie croyois qu'il n'y proffiteroit
pas beaucoup, selon les apparences certaines
qui se pouuoient voir.

Il delibera donc changer de resolution, &
despescha vne barque, & manda au Capitaine
Pierre qu'il reuint de Quebecq pour quelques
affaires qu'il auoit auec luy : & aussi que quelques vaisseaux, qui estoient venus de Brouage
apporterent nouuelles, que monsieur de sainct
Luc estoit venu en poste de Paris, & auoit
chassé ceux de la Religion, hors de Brouage, & renforcé la garnison de soldats, & s'en
estoit retourné en Court : & que le Roy auoit
esté tué, & deux ou trois iours aprés luy, le
duc de Suilly, & deux autres seigneurs dont
on ne sçauoit le nom.

Toutes ces nouuelles apporterent vn grand
desplaisir aux vrais François, qui estoient lors
en ces quartiers là : Pour moy, il m'estoit fort
malaisé de le croire, pour les diuers discours
qu'on en faisoit, qui n'auoient pas beaucoup

d'apparence de verité: & toutesfois bien affli-
gé d'entédre de si mauuaises nouuelles.

Or aprés auoir seiourné trois ou quatre iours
à Tadoussac, & veu la perte que firent beaucoup de marchans qui auoient chargé grande
quantité de marchandises & equipé bon nombre de vaisseaux, esperant faire leurs affaires en
la traite de Pelleterie, qui fut si miserable pour
la quantité de vaisseaux, que plusieurs se sou-
uiendront long temps de la perte qu'ils firent
en ceste annee.

Ledit sieur de Pont-graué & moy, nous
nous embarquasmes chacun dans vne barque,
& laissasmes ledit Capitaine Pierre au vaisseau
& emmenasmes le Parc à Quebecq, où nous
paracheuasmes de mettre ordre à ce qui restoit
de l'habitation. Aprés que toutes choses furent
en bon estat, nous resolusmes que ledit du Parc
qui auoit yuerné auec le Capitaine Pierre y demeuroit derechef, & que le Capitaine Pierre
reuiendroit aussi en France, pour quelques affaires qu'il y auoit, & l'y appelloient.

Nous laissasmes donc ledit du Parc, pour y
commander, auec seize hommes, ausquels
nous fismes vne remöstrance, de viure tous sa-
gement en la crainte de Dieu, & auec toute
l'obeissance qu'ils deuoient porter audit du
Parc, qu'on leur laissoit pour chef & conducteur,

cteur, comme si l'vn de nous y demeuroit; ce qu'ils promirent tous de faire, & de viure en paix les vns auec les autres.

Quand aux iardins nous les laissasmes bien garnis d'herbes potageres de toutes sortes, auec de fort beau bled d'Inde, & du froument, seigle & orge, qu'on auoit semé, & des vignes que i'y auois fait planter durant mon yuerne-ment (qu'ils ne firent aucun estat de conseruer: car à mon retour, ie les trouuay toutes rom-pues, ce qui m'aporta beaucoup de desplaisir, pour le peu de soin qu'ils auoient eu à la con-seruation d'vn si bon & beau plan, dont ie m'estois promis qu'il en reussiroit quelque chose de bon.)

Aprés auoir veu toutes choses en bon estat, nous partismes de Quebecq, le 8. du mois d'Aoust, pour aller à Tadoussac, afin de faire apareiller nostre vaisseau; ce qui fut prompte-ment fait.

RETOVR EN FRANCE. RENCONTRE D'VNE BA-laine, & de la façon qu'on les prent.

CHAP. III.

LE 13. dudit mois nous partismes de Ta-doussac, & arriuasmes à l'isle Percee le len-demain, où nous trouuasmes quantité de vais-seaux faisant pesche de poisson sec & vert.

Le 18. dudit mois, nous partîmes de l'iſle
Percee & paſſames par la hauteur de 42. degrez de latitude,ſans auoir aucune cognoiſſance du grand banc, où ſe fait la peſche du poiſſon vert, pour ledit lieu eſtre trop eſtroit en
ceſte hauteur.

Eſtant comme à demy trauerſé, nous rencontraſmes vne balaine qui eſtoit endormie,
& le vaiſſeau paſſant pardeſſus, luy fit vne fort
grande ouuerture proche de la queue,qui la fit
biē toſt reſueiller ſans que noſtrevaiſſeau en fut
endomage, & ietta grāde abbondāce de ſang.

Il m'a ſemblé n'eſtre hors de propos de faire
icy vne petite deſcription de la peſche des ba-
laines, que pluſieurs n'ont veue, & croyent
qu'elles ſe prennēt à coups de canon, d'autant
qu'il y a de ſi impudens menteurs qui l'affer-
mēt à ceux qui n'en ſçauent rien. Pluſieurs me
l'ont ſouſtenu obſtinemēt ſur ces faux raports.

Ceux donc qui ſont plus adroits à ceſte peſche
ſont les Baſques, leſquels pour ce faire mettent
leurs vaiſſeaux envn port de ſeureté,ou proche
de la où ils iugent y auoir quantité de ballai-
nes, & équipent pluſieurs chalouppes garnies
de bons hommes & hauſſieres, qui ſont petites
cordes faites du meilleur chanure qui ſe peut
recouurer, ayant de lōgeur pour le moins cent
cinquante braſſes, & ont force pertuſanes lon-

gues de demie pique qui ont le fer large de six
pouces, d'autres d'vn pied & demy & deux de
long, bien tranchantes.Ils ont en chacune chalouppe vn harponneur, qui est vn homme des
plus difpos & adroits d'entre eux; aussi tire il
les plus grands falaires aprés les maistres, d'autant que c'est l'office le plus hazardeux. Ladite
chalouppe estant hors du port,ils regardent de
toutes parts s'ils pourront voir & defcouurir
quelque balaine,allant à la borde d'vn cofté&
d'autre: & ne voyant rien, ils vont à terre & fe
mettent fur vn promontoire le plus haut qu'ils
trouuent pour defcouurir de plus loing, où ils
mettét vn hôme en fentinelle,qui aperceuât la
balaine, qu'ils defcouurét tant par fa groffeur,
que par l'eau qu'elle iette par les efuans, qui est
plus d'vn poincon à la fois, & de la hauteur de
deux lances; & à ceste eau qu'elle iette, ils iugent ce qu'elle peut rendre d'huille. Il y en à
telle d'où l'on en peut tirer iufques à fix vingts
poinçons,d'autres moins.Or voyant cet efpou-
uantable poiffon, ils s'embarquent promptemét dás leurs chalouppes, & à force de rames,
ou de vent vont iufques à ce qu'ils foient deffus. La voyant entre deux eaues, à mefme inftant l'harponneur est au deuât de la chalouppe auec vn harpon, qui est vn fer long de deux
pieds & demyde large par le bas, emmanché

L l ij

en vn baſton de la longueur d'vne demie pique, où au milieu il y a vn trou où s'attache la
hauſſiere, & auſſi toſt que ledit harponneur
voit ſon temps, il iette ſon harpon ſur la balaine, lequel entre fort auant, & incontinét qu'elle ſe ſent bleſſée, elle va au fonds de l'eau. Et ſi
d'aduenture en ſe retournât quelque fois, auec
ſa queue elle rencontre la chalouppe, ou les
hommes, elle les briſe auſſi facilement qu'vn
verre. C'eſt tout le hazard qu'ils courét d'eſtre
tuez en la harponnant: Mais auſſitoſt qu'ils ont
ietté le harpon deſſus, ils laiſſent filer leur
hauſſiere, iuſques à ce que la balaine ſoit
au fonds: & quelque fois cóme elle n'y va pas
droit, elle entraine la chalouppe plus de huit
ou neuf lieues, & va auſſi viſte cómevn cheual,
& ſont le plus ſouuent contraints de coupper
leur hauſſiere, craignant que la balaine ne les
attire ſoubs l'eau: Mais auſſi quand elle va au
fonds tout droit, elle y repoſe quelque peu, &
puis reuient tout doucement ſur l'eau: & à
meſure qu'elle monte, ils rembarquent leur
hauſſiere peu à peu: & puis comme elle eſt deſſus, ils ſe mettent deux ou trois chalouppes autour auec leurs pertuſanes, deſquelles ils luy dó-
nent pluſieurs coups, & ſe ſentant frappee, elle
deſcend de rechef ſoubs l'eau en perdant ſon
ſang, & s'affoiblit de telle façó, qu'elle n'a plus

de force ne vigueur, & reuenant fur l'eau ils
acheuent de la tuer : & quand elle eſt morte,
elle ne va plus au fonds de l'eau, lors ils l'attachent auec de bonnes cordes, & la trainent à
terre, au lieu où ils font leur degrat, qui eſt l'endroit où ils font fondre le lard de ladite balaine, pour en auoir l'huille. Voila la façon que
elles ſe peſchét, & non à coups de canon, ainſi
que pluſieurs penſét, comme i'ay dit cy deſſus.
Pour reprendre le fil de mon diſcours, Aprés la
bleſſure de la balaine cy deuant, nous priſmes
quantité de marſouins, que noſtre contre maiſtre harponna, dont nous receuſmes du plaiſir
& contentement.

Auſſi priſmes nous quantité de poiſſon à la
grãd oraille auec vne ligne & vn aim, où nous
attachions vn petit poiſſon reſſemblant au harang, & la laiſſions trainer derriere le vaiſſeau,
& la grand oreille penſant en effect que ſe fut
vn poiſſon vif, venoit pour l'engloutir, & ſe
trouuoit auſſitoſt prins à l'aim qui eſtoit paſſé
dans le corps du petit poiſſon. Il eſt treſbon, &
à de certaines aigrettes qui ſon fort belles, &
aggreables comme celles qu'on porte aux pen-
naches.

Le 22. de Septembre, nous arriuaſmes ſur la
ſonde, & aduiſaſmes vingt vaiſſeaux qui eſtoiét
à quelque quatre lieux à l'Oueſt de nous, que

nous iugions eftre Flamans à les voir de noftre vaiffeau.

Et le 25. dudit mois nous eufmes la veue de l'ifle de Grenezé, aprés auoir eu vn grand coup de vent, qui dura iufques fur le midy.

Le 27. dudit mois arriuafmes à Honfleur.

LE TROISIESME
VOYAGE DV SIEVR DE
Champlain en l'annee 1611.

PARTEMENT DE FRANCE POVR RETOVRNER
en la nouuelle France. Les dangers & autres choses qui arriuerent iusques
en l'habitation.

CHAP. I.

Ous partismes de Honfleur, le premier iour de Mars auec vent fauorable iusques au huictiesme dudit mois, & depuis fusmes contrariés du vent de Su Suroüest & Oüest Noroüest qui nous fit aller iusques à la hauteur de 42. degrez de latitude, sans pouuoir esleuer Su, pour nous mettre au droit chemin de nostre routte. Aprés donc auoir eu plusieurs coups de vent, & esté contrariés de mauuais téps: Et neátmoins, auec tant de peines & trauaux, à force de tenir à vn bort & à l'autre, nous fismes en sorte que nous arriuasmes à quelque 80. lieux du grand banc où se fait la pesche du poisson vert, où nous rencontrasmes des glaces de plus de trente à quarante brasses de haut, qui nous fit bien penser à ce que nous

deuions faire, craignant d'en rencontrer d'autres la nuit, & que le vent venant à changer,
nous pouſſaſt contre, iugeant bien que ce ne
ſeroit les dernieres, d'autãt que nous eſtiós partis de trop bonne heure de France. Nauigeant
donc le long de cedit iour à baſſe voile au plus
prés du vent que nous pouuions, la nuit eſtant
venue, il ſe leua vne brume ſi eſpoiſſe, & ſi obſcure, qu'a peine voyons nous la longueur du
vaiſſeau. Enuiron ſur les onze heures de nuit
les matelots aduiſerét d'autres glaces qui nous
donnerét de l'apprehenſió, mais enfin nous fiſmes tant auec la diligence des mariniers, que
nous les eſuitaſmes. Penſant auoir paſſé les dã-
gers nous vinſmes à en rencótrer vne deuãt noſtre vaiſſeau que les matelots apperceurent, &
non ſi toſt que nous fuſmes preſques portez
deſſus. Et comme vn chacun ſe recommendoit
à Dieu, ne penſant iamais eſuiter le danger de
ceſte glace qui eſtoit ſoubs noſtre beau pré,
l'on crioit au gouuerneur qu'il fit porter : **Car**
ladite glace, qui eſtoit fort grande driuoit au
vent d'vne telle façon qu'elle paſſa contre le
bord de noſtre vaiſſeau, qui demeura court
comme s'il n'euſt bougé pour la laiſſer paſſer,
ſans toutesfois l'offencer : Et bien que nous fuſſions hors du danger : ſi eſt ce que le ſang d'vn
chacun, ne fut ſi promptement raſſis, pour
l'appre-

l'apprehention qu'on en auoit euë, & louasmes
Dieu de nous auoir deliurez de ce peril. Aprés
cestuy là passé, ceste mesme nuit nous en passames deux ou trois autres, non moins dangereux que les premiers, auec yne brume plu-
uieuse & froide au possible, & de telle façon que l'on ne se pouuoit presque rechauf-
fer. Le lendemain continuant nostre routte
nous rencontrasmes plusieurs autres grandes & fort hautes glaces, qui sembloient des
isles à les voir de loin, toutes lesquelles eui-
tasmes, iusques à ce que nous arriuasmes sur ledit grand banc, où nous fusmes fort contrariez
de mauuais temps l'espace de six iours : Et le
vent venant à estre vn peu plus doux & assez
fauorable, nous desbanquasmes par la hauteur
de 44. degrez & demy de latitude, qui fut le-
plus Su que peusmes aller. Aprés auoir fait
quelque 60. lieues à l'Ouest-norouest nous apperceusmes vn vaisseau qui venoit nous recognoistre, & puis fit porter à l'Est-nordest, pour
esuiter vn grand banc de glace contenāt toute
l'estādue de nostre veue. Et iugeans qu'il pouuoit auoir passage par le milieu de ce grand
banc, qui estoit separé en deux, pour parfaire
nostredite routte nous entrasmes dedans &
y fismes quelque 10. lieues sans voir autre apparence que de beau passage iusques au soir, que

M m

nous trouuasmes ledit banc seclé, qui nous dōna bien à penser ce que nous auions à faire, la
nuit venant, & au defaut de la lune; qui nous
oſtoit tout moien de pouuoir retourner d'où
nous eſtions venus: & neantmoins aprés auoir
bien penſé, il fut reſolu de rechercher noſtre
entree à quoy nous nous miſmes en deuoir:
Mais la nuiˆt venant auec brumes, pluye & neges, & vn vent ſi impetueux que nous ne pouuions preſque porter noſtre grand papeſi,
nous oſta toute cognoiſſance de noſtre chemin. Car comme nous croyons eſuiter leſdites glaces pour paſſer, le vent auoit deſia fermé
le paſſage; de façon que nous fuſmes cōtrainˆts
de retourner à l'autre bord, & n'auions loiſir
d'eſtre vn quart d'heure ſur vn bord amurés,
pour r'amurer ſur l'autre, afin d'eſuiter milles
glaces qui eſtoiēt de tous coſtez: & plus de 20.
fois ne penſions ſortir nos vies ſauues. Toute la
nuiˆt ſe paſſa en peines & trauaux: & iamais
ne fut mieux fait le quart, car parſonne n'auoit
enuie de repoſer, mais bié de s'eſuertuer de ſortir des glaces & perils. Le froid eſtoit ſi grand
que tous les maneuures dudit vaiſſeau eſtoient
ſi gelez & pleins de gros glacós, que l'ō ne pouuoit manouurer, ny ſe tenir ſur le Tillac dudit
vaiſſeau. Aprés donc auoir bien couru d'vn co-
te & d'autre, attendant le iour, qui nous don-

noit quelque esperance: lequel venu auec vne
brume, voyant que le trauail & fatigue ne
pouuoit nous seruir, nous resolusmes d'aller à
vn banc de glace, où nous pourrions estre à l'a-
brit du grand vent qu'il faisoit,& amener tout
bas, & nous laisser driuer comme lesdites glaces, afin que quand nous les aurions quelque
peu esloignees nous remissions à la voile,
pour aller retrouuer ledit bãc, & faire comme
auparauant, attendãt que la brume fut passée,
pour pouuoir sortir le plus promptement que
nous pourrions. Nous fusmes ainsi tout le iour
iusques au lendemain matin, où nous mismes à la voille, allant tantost d'vn costé &
d'autre, & n'allions en aucun endroit que ne
nous trouuasions enfermez en de grands bancs
de glaces, comme en des estangs qui sont en
terre. Le soir apperceusmes vn vaisseau, qui
estoit de l'autre costé d'vn desdicts bancs de
glace, qui, ie m'asseure, n'estoit point moins en
soing que nous,& fusmes quatre ou cinq iours
en ce peril en extremes peines,iusques à ce qu'a
vn matin iettans la veue de tous costez nous
n'apperceusmes aucun passage, sinon à vn endroit où l'on iugea que la glace n'estoit espois-
se, & que facillement nous la pourrions passer.
Nous nous mismes en deuoir & passames par
quãtité de bourguignons, qui sont morceaux

de glace feparez des grands bancs par la vio-
lance des vents. Eftans paruenus audit banc de
glafle, les matelots commencerent à s'armer de
grands auirons, & autres bois pour repouffer
les bourguignons que pourrions rencontrer,
& ainfi paffafmes ledit banc, qui ne fut pas fans
bien aborder des morceaux de glace qui ne firent nul bien à noftre vaiffeau, toutesfois fans
nous faire dommage qui peuft nous offencer.
Eftant hors nous louafmes Dieu de nous auoir
deliurez. Continuans noftre routte le lendemain, nous en rencontrafmes d'autres, & nous
engageafmes de telle façon dedans, que nous
nous trouuafmes enuironés de tous coftés, finõ
par où nous eftions venus, qui fut occafiõ qu'il
nous fallut retourner fur nos brifees pour ef-
fayer de doubler la pointe du cofté du Su: ce
que ne peufmes faire que le deuxiefme iour,
paffant par plufieurs petits glaçons feparez dudit grand banc, qui eftoit par la hauteur de 44.
degrez & demy, & finglafmes iufques au
lendemain matin, faifant le Noroueft & Nor-
noroueft, que nous rencontrafmes vn autre
grand banc de glace, tant que noftre veue fe
pouuoit eftendre deuers l'Eft & l'Oueft, lequel
quand l'on l'apperceut l'on croioit que ce fut
terre: car ledit banc eftoit fi vny que l'on euft
dit proprement que cela auoit efté ainfi fait

exprés, & auoit plus de dixhuit pieds de haut,
& deux fois autant ſoubs l'eau, & faiſions eſtat
de n'eſtre qu'à quelque quinze lieues du cap
Breton, qui eſtoit le vingtſixieſme iour dudit
mois. Ces rencontres de glaces ſi ſouuent nous
apportoient beaucoup de deſplaiſir : croyant
auſſi que le paſſage dudit cap Breton & cap de
Raye ſeroit fermé, & qu'il nous faudroit tenir la mer long temps deuant que de trouuer
paſſage. Ne pouuans donc rien faire nous fu-
mes contrainᵈts de nous remettre à la mer
quelque quatre ou cinq lieues pour doubler
vne autre pointe dudit grãd banc, qui nous demeuroit à l'Oueſt-ſuroueſt, & aprés retourna-
mes à l'autre bord au Noroueſt, pour doubler
lad. pointe, & ſinglaſmes quelques ſept lieues,
& puis fiſmes le Nor-noroueſt quelque trois
lieues, où nous apperçuſmes derechef vn autre banc de glace. La nuit s'approchoit, & la
brume ſe leuoit, qui nous fit mettre à la mer
pour paſſer le reſte de la nuit attendant le iour,
pour retourner recognoiſtre leſdites glaces. Le
vintſeptieſme iour dud. mois, nous aduiſaſmes
terre à l'Oueſt-noroueſt de nous, & ne viſmes
aucunes glaces qui nous peuſſét demourer au
Nor-nordeſt : Nous approchaſmes de plus prés
pour la mieux recognoiſtre, & viſmes que c'e-
ſtoit Campſeau, qui nous fit porter au Nort.

M m iij

pour aller à l'iſle du cap Breton, nous n'euſmes
pas pluſtoſt fait deux lieues que rencontraſmes
vn banc de glace qui fuioit au Nordeſt. La nuit
venant nous fuſmes contrainɗs de nous mettre à la mer iuſques au lendemain, que fiſmes
le Nordeſt, & rencontraſmes vne autre glace
qui nous demeuroit à l'Eſt & Eſt-ſueſt, & là
coſtoyaſmes, mettant le cap au Nordeſt & au
Nor plus de quinze lieux: En fin fuſmes contrainɗs de refaire l'Oueſt, qui nous dóna beaucoup de deſplaiſir voyant que ne pouuions
trouuer paſſage, & fuſmes contrainɗs de nous
en retirer & retourner ſur nos briſees : & le
mal pour nous que le calme nous prit de telle
façon que la houle nous penſa ietter ſur la coſte
dudit banc de glace, & fuſmes preſts de mettre noſtre batteau hors, pour nous ſeruir au beſoin. Quand nous nous fuſſions ſauuez ſur leſdites glaces il ne nous eut ſeruy que de nous
faire languir, & mourir tous miſerables. Comme nous eſtions donc en deliberation de mettre noſtredit batteau hors, vne petite fraiſcheur
ſe leua, qui nous fit grand plaiſir, & par ainſi
éuitaſmes leſdites glaces. Comme nous euſmes
fait deux lieues, la nuit venoit auec vne brume
fort eſpoiſſe, qui fut occaſion que nous ame-
naſmes pour ne pouuoir voir : & auſſi qu'il y
auoit pluſieurs gródes glaces en noſtre routte,

que craignions abborder : & demeurafmes
ainfi toute la nuit iufques au lendemain vingt-
neufiefme iour dudit mois, que la brume ren-
forca de telle façon, qu'a peine pouuoit on
voir la longueur du vaiffeau, & faifoit fort peu
de vent: neátmoins nous ne laiffafmes de nous
appareiller pour efuiter lefdites glaces: mais
penfans nous defgager, nous nous y trouuafmes fi embarraffez, que nous ne fçauions de
quel bort amurer : & derechef fufmes contraints d'amener, & nous laiffer driuer iufques
à ce que lefdites glaces nous fiffent appareiller, & fifmes cent bordees d'vn cofté & d'autre, & penfafmes nous perdre par plufieurs
fois : & le plus affeuré y perdroit tout iugement; ce qu'euft auffi bien fait le plus grand
aftrologue du monde. Ce qui nous donnoit
du defplaifir d'auátage, c'eftoit le peu de veue,
& la nuit qui venoit, & n'auions refuite d'vn
quart de lieu fans trouuer banc ou glaces, &
quantité de bourguignons, que le moindre
cuft efté fuffifant de faire perdre quelque vaiffeau que ce fuft. Or comme nous eftions toufiours cottoyans au tour des glaces, il s'efleua
vn vent fi impetueux qu'en peu de téps il fepa-
ra la brume, & fit faire veue, & en moins d'vn
rien rendit l'air clair, & beau foleil. Regardánt
au tour de nous, nous nous vifmes enfermez

dedans vn petit eſtang, qui ne contenoit pas
lieue & demie en rondeur, & apperçeuſmes
l'iſle dudit cap Breton, qui nous demeuroit au
Nort, preſque à quatre lieues, & iugeaſmes
que le paſſage eſtoit encore fermé iuſques audit cap Breton. Nous apperceuſmes auſſi vn
petit banc de glace au derriere de noſtredit
vaiſſeau, & la grand mer qui paroiſſoit au delà, qui nous fit prendre reſolution de paſſer par
deſſus ledit banc, qui eſtoit rompu: ce que nous
fiſmes dextremét ſans offencer noſtredit vaiſſeau, & nous nous miſmes à la mer toute la
nuit, & fiſmes le Sueſt deſdites glaces. Et comme nous iugeaſmes que nous pouuions doubler ledit bâc de glace, nous fiſmes l'Eſt-nord-
eſt quelques quinze lieues, & apperceuſmes
ſeulement vne petite glace,& la nuit amenaſ-
mes iuſques au lendemain, que nous apperceuſmes vn autre banc de glace au Nord de
nous, qui continuoit tant que noſtre veue ſe
pouuoit eſtendre,& auions driué à demy lieue
prés,& miſmes les voiles haut, cottoyant touſiours ladite glace pour en trouuer l'extremité.
Ainſi que nous ſinglions nous auiſaſmes vn
vaiſſeau le premier iour de May qui eſtoit parmy les glaces, qui auoit bien eu de la peine
d'en ſortir auſſi bien que nous, & miſmes vent
deuant pour attendre ledit vaiſſeau qui faiſoit
large

large fur nous, d'autant que defirons fçauoir
s'il n'auoit point veu d'autres glaces. Quand il
fut proche, nous apperçeufmes que c'eftoit le
fils du fieur de Poitrincourt qui alloit trouuer
fon pere qui eftoit à l'habitatiõ du port Royal;
& y auoit trois mois qu'il eftoit party de France (ie crois que ce ne fut pas fans beaucoup de
peine) & s'ils eftoient encore à prés de cent
quarante lieues dudit port Royal, bien à l'efcart de leur routte. Nous leur difmes que nous
auions eu cognoiffance des ifles de Campfeau,
qui à mon opiniõ les affeura beaucoup, d'autãt
qu'ils n'auoient point encore eu cognoiffance
d'aucune terre,&s'en alloiét dóner droit entre
le cap S.Laurés,& cap de Raye,par où ils n'euffent pas trouué led. port Royal,fi ce n'euft efté
en trauerfant les terres. Aprés auoir quelque
peu parlé enfemble, nous nous departifmes
chacun fuiuant fa routte. Le lendemain nous
eufmes cognoiffance des ifles fainct Pierre,fans
trouuer glace aucune: & continuant noftre
routte, le lendemain troifiefme iour du mois
eufmes cognoiffance du cap de Raye,fans auffi
trouuer glaces. Le quatriefme dudit mois eufmes cognoiffance de l'ifle fainct Paul,& cap
fainct Laurens: & eftiós à quelques huit licues
au Nord dudit cap S. Laurens. Le lendemain
eufmes cognoiffance de Gafpé. Le feptiefme

N n

iour dudit mois fufmes contrariez du vent de
Noroueft, qui nous fit driuer prés de tréte cinq
lieues de chemin, puis le vent fe vint à calmer,
& en beauture, qui nous fut fauorable iufques
à Tadouffac, qui fut le trefiefme iour dud. mois
de May, où nous fifmes tirer vn coup de canon
pour aduertir les fauuages, afin de fçauoir des
nouuelles des gens de noftre habitation de
Quebecq. Tout le pays eftoit encore prefque
couuert de neige. Il vint à nous quelques
canots, qui nous dirent qu'il y auoit vne de nos
pattaches qui eftoit au port il y auoit vn mois,
& trois vaiffeaux qui y eftoient arriuez depuis
huit iours. Nous mifmes noftre batteau hors, &
fufmes trouuer lefdicts fauuages, qui eftoient
affez miferables, & n'auoient à traicter que
pour auoir feulement des rafraichiffemens,
qui eftoit fort peu de chofe: encore voulurent
ils attédre qu'il vint plufieurs vaiffeaux enfemble, afin d'auoir meilleur marché des marchandifes : & par ainfi ceux s'abufent qui penfent
faire leurs affaires pour arriuer des premiers:
car ces peuples font maintenant trop fins &
fubtils.

　Le dix feptiefme iour dudit mois ie partis de
Tadouffac pour aller au grand faut trouuer les
fauuages Algoumequins & autres nations qui
m'auoient promis l'annee precedente de fi

trouuer auec mon garçon que ie leur auois baillé, pour apprendre de luy ce qu'il auroit veu en son yuernement dans les terres. Ceux qui estoient dans ledit port, qui se doutoient bien, où ie deuois aller, suiuant les promesses que i'auois faites aux sauuages, comme i'ay dit cy dessus, commécerent à faire bastir plusieurs petites barques pour me suiure le plus promptement qu'ils pouroient: Et plusieurs, à ce que i'appris deuant que partir de France, firent equipper des nauires & pattaches sur l'entreprise de nostre voyage, pensant en reuenir riches comme d'vn voyage des Indes.

Le Pont demeura audit Tadoussac sur l'esperance que s'il n'y faisoit rien, de prendre vne pattache, & me venir trouuer audit saut. Entre Tadoussac & Quebecq nostre barque faisoit grand eau, qui me contraignit de retarder à Quebecq pour l'estancher, qui fut le 21. iour de May.

DESCENTE A QVEBECQ POVR FAIRE RACOM-moder la barque. Partement dudit Quebecq pour aller au saut trouuer les sauuages & recognoistre vn lieu propre pour vne habitation.

CHAP. II.

EStans à terre ie trouuay le sieur du Parc qui auoit yuerné en ladite habitation, & tous ses compagnons, qui se portoiét fort bien, fans auoir eu aucune maladie. La chaffe & gibier ne leur manqua aucunement en tout leur yuernement, à ce qu'ils me dirent. Ie trouuay le Capitaine fauuage appelé Batifcan & quelques Algoumequins, qui difoient m'attendre, ne voulât retourner à Tadouffac qu'ils ne m'euffent veu. Ie leur fis quelque propofition de mener vn de nos gens aux trois riuieres pour les recognoiftre, & ne peu obtenir aucune chofe d'eux pour cefte annee, me remettant à l'autre : neantmoins ie ne laiffay de m'informer particulierement de l'origine & des peuples qui y habitent : ce qu'ils me dirent exactement. Ie leur demanday vn de leurs canots, mais il ne s'en voulurent desfaire en aucune façon que cefut pour la neceffité qu'ils en auoiẽt : car i'eftois deliberé d'enuoyer deux ou trois hommes defcouurir dedans lefdites trois riuieres voir ce qu'il y auroit : ce que ie ne peu faire, à mon grand regret, remettant la partie à la premiere occafion qui fe prefenteroit.

Ie fis cependant diligeance de faire accommoder noftredicte barque. Et comme elle fut prefte, vn ieune homme de la Rochelle appelé Tretart, me pria que ie luy permiffe de me faire compagnie audit faut, ce que ie luy refufay, difant que i'auois des deffins particuliers, &

que ie ne defirois eftre côdu&eur de perfonne
à mon preiudice, & qu'il y auoit d'autres com-
paignies que la mienne pour lors, & que ie ne
defirois ouurir le chemin & feruir de guide,&
qu'il le trouueroit affés aifement fans moy.

Ce mefme iour ie partis de Quebecq, & arriuay audit grand faut le vingthui&iefme
de May, où ie ne trouuay aucun des fauuages
qui m'auoient promis d'y eftre au vingtiefme
dudit mois. Auffitoft ie fus dans vn mefchant
canot auec le fauuage que i'auois mené en
France, & vn de nos gens. Aprés auoir vifité d'vn cofté & d'autre,tant dans les bois que
le long du riuage, pour trouuer vn lieu propre
pour la fcituation d'vne habitation,& y preparer vne place pour y baftir, ie fis quelques huit
lieues par terre cottoyant le grand faut par des
bois qui font affez clairs,& fus iufques à vn lac,
où noftre fauuage me mena; où ie confideray
fort particulierement le pays; Mais en tout
ce que ie vy,ie n'en trouuay point de lieu plus
propre qu'vn petit endroit, qui eft iufques où
les barques & chalouppes peuuét môter aifement: neantmoins auec vn grand vent, ou à la
cirque, à caufe du grand courant d'eau: car
plus haut que ledit lieu (qu'auons nommé la
place Royalle) à vne lieue du mont Royal, y
a quantité de petits rochers & bafles, qui font

N n iij

fort dangereuſes. Et proches de ladite place
Royalle y a vne petite riuiere qui va aſſez auāt
dedans les terres, tout le long de laquelle y
a plus de 60. arpens de terre deſertés qui ſont
comme prairies, où l'on pourroit ſemer des
grains, & y faire des iardinages. Autresfois
des ſauuages y ont labouré, mais ils les ont
quitées pour les guerres ordinaires qu'ils y
auoiēt. Il y a auſſi grāde quātité d'autres belles
prairies pour nourrir tel nombre de beſtail
que l'on voudra: & de toutes les ſortes de
bois qu'auons en nos foreſts de pardeça: auec
quantité de vignes, noyers, prunes, ſerizes,
fraiſes, & autres ſortes qui ſont trés-bonnes à
manger, entre autres vne qui eſt fort excellen-
te, qui à le gout ſucrain, tirāt à celuy des plan-
taines (qui eſt vn fruit des Indes) & eſt auſſi
blanche que neige, & la fueille reſſemblāt aux
orties, & rampe le long des arbres & de la terre, comme le lierre. La peſche du poiſſon y eſt
fort abōdāte, & de toutes les eſpeces que nous
auons en France, & de beaucoup d'autres que
nous n'auons point, qui ſont tres-bons: comme auſſi la chaſſe des oiſeaux auſſi de diferētes
eſpeces: & celle des Cerfs, Daims, Cheureuls,
Caribous, Lapins, Loups-ſeruiers, Ours, Caſtors, & autres petites beſtes qui y ſont en telle
quantité, que durant que nous fuſmes audit

faut, nous n'en manquaſmes aucunement.

Ayant donc recogneu fort particulierement & trouué ce lieu vn des plus beaux qui
fut en ceſte riuiere, ie fis auſſitoſt coupper &
deffricher le bois de ladite place Royalle pour
la rendre vnie, & preſte à y baſtir ; & peut on
faire paſſer l'eau au tour aiſement, & en faire
vne petite iſle, & s'y eſtablir cóme l'on voudra.

Il y a vn petit iſlet à quelque 20. thoiſes de
ladite place Royalle, qui à quelquẽs cent pas
de long, où l'on peut faire vne bonne & forte
habitation. Il y a auſſi quantité de prairies
de trés-bonne terre graſſe à potier, tant pour
bricque que pour baſtir, qui eſt vne grande
cómodité. I'en fis accommoder vne partie &
y fis vne mouraille de quatre pieds d'eſpoiſſeur
& 3. a 4. de haut, & 10. toiſes de long pour voir
comme elle ſe conſerueroit durant l'yuer quãd
les eaux deſcenderoient, qui à mon opinion ne
ſçauroit paruenir iuſques à lad. muraille, d'autãt que le terroir eſt de douze pieds eſleué deſſus ladite riuiere, qui eſt aſſez haut. Au milieu
du fleuue y a vne iſle d'enuiron trois quarts de
lieues de circuit, capable d'y baſtir vne bonne
& forte ville, & l'auons nommée l'iſle de ſaincte Elaine. Ce ſaut deſcend en maniere de
lac, où il y a deux ou trois iſles & de belles prairies.

Le premier iour de Iuin lePont arriua audit
faut,qui n'auoit rien fceu faire à Tadouffac;&
bonne compagnie le fuiuirent & vindrent
aprés luy pour y aller au butin, car·fans cefte
efperance ils eftoient bien de l'arriere.

Or attendant les fauuages, ie fis faire deux
iardins, l'vn dans les prairies,& l'autre au bois,
que ie fis deferter: & le deuxiefme iour de Iuin
i'y femay quelques graines,quifortirent toutes
en perfection, & en peu de temps, qui demonftre la bonté de la terre.

Nous refolufmes d'enuoyer Sauignon noftre
fauuage auec vn autre, pour aller audeuant de
ceux de fon pays, afin de les faire hafter de venir,& fe deliberent d'aller dans noftre canot,
qu'ils doubtoient, d'autant qu'il ne valoit pas
beaucoup.

Ils partirent le cinqüiefme iour dudit mois.
Le lendemain arriua quatre ou cinq barques (c'eftoit pour nous faire efcorte) d'autant
qu'ils ne pouuoient rien faire audit Tadouffac.

Le feptiefme iour ie fus recognoiftre vne
petite riuiere par où vont quelques fois les
fauuages à la guerre, qui fe va rendre au faut
de la riuiere des Yroquois: elle eft fort plaifante, y ayant plus de trois lieues de circuit de
prairies, & force terres, qui fe peuuent labourer: elle eft à vne lieue du grand faut, & lieu

&

& demie de la place Royalle.

Le neufiefme iour noftre fauuage arriua,
qui fut quelque peu pardela le lac qui a quelque dix lieues de long, lequel i'auois veu auparauant, où il ne fit rencontre d'aucune chofe,
& ne purent paffer plus loin à caufe de leurdit
canot qui leur manqua; & furent contraints
de s'en reuenir. Ils nous rapporterent que paffant le faut ils virent vne ifle où il y auoit
fi grande quantité de herons, que l'air en eftoit
tout couuert. Il y euft vn ieune homme qui
eftoit au fieur deMons appelé Louys, qui eftoit
fort amateur de la chaffe, lequel entendant
cela, voulut y aller contenter fa curiofité,
& pria fort inftammēt noftredit fauuage de
l'y mener: ce que le fauuage luy accorda auec
vn Capitaine fauuage Montagnet fort gentil
perfonnage, appelé Outetoucos. Des le matin
led. Louys fut appeler les deux fauuages pour
s'en aller à ladite ifle des herons. Ils s'embarquerent dans vn canot & y furent. Cefte ifle
eft au milieu du faut, où ils prirent telle quantité de heronneaux & autres oyfeaux qu'ils
voulurent, & fe rembarquerent en leur canot.
Outetoucos contre la volonté de l'autre fauuage & de l'inftance qu'il peut faire, voulut paffer par vn endroit fort dangereux, où l'eau
tomboit prés de trois pieds de haut, difant

Oo

que d'autresfois il y auoit paſſé, ce qui eſtoit
faux,il fut long temps à debatre contre noſtre
ſauuage qui le voulut mener du coſté du Su
le long de la grand Tibie , par où le plus ſouuent ils ont accouſtumé de paſſer, ce que Outetoucos ne deſira , diſant qu'il n'y auoit point
de danger. Cóme noſtre ſauuage le vit opiniaſtre,il condeſcendit à ſa volonté:mais il luy dit
qu'a tout le moins on deſchargeaſt le canot
d'vne partie des oyſeaux qui eſtoient dedans,
d'autant qu'il eſtoit trop chargé , ou qu'infa-
liblement ils empliroiét d'eau,& ſe perdoient:
ce qu'il ne voulut faire, diſant qu'il ſeroit aſſez
à temps s'ils voyoient qu'il y eut du peril pour
eux. Ils ſe laiſſarent donc driuer dans le courát.
Et comme ils furent dans la cheute du ſaut,ils
en voulurent ſortir& ietter leurs charges,mais
il n'eſtoit plus temps , car la viteſſe de l'eau les
maiſtriſoit ainſi qu'elle vouloit, & emplirent
auſſitoſt dans les boullons du ſaut, qui leur feſoient faire mille tours haut & bas.Ils ne l'abandonnerent de long temps:Enfin la roideur de
l'eau les laſſa de telle façon, que ce pauure
Louys qui ne ſçauoit nager en aucune façon
perdit tout iugemét & le canot eſtát au fonds
de l'eau il fut contraint de l'abandonner:& reuenant au haut les deux autres qui le tenoient
touſiours ne virent plus noſtre Louys, & ainſi

mourut miſerablement. Les deux autres te-
noſent touſiours ledit canot : mais comme
ils furent hots du ſaut., ledit Outetoucos
eſtant nud, & ſe fiant en ſon nager, l'abandon-
na, penſant gaigner la terre, bien que l'eau
y couruſt encor de grande viteſſe, & ſe noya :
car il eſtoit ſi fatigué & rompu de la peine qu'il
auoit eue, qu'il eſtoit impoſſible qu'il ſe peuſt
ſauuer ayant abandonné le canot, que noſtre
ſauuage Sauignon mieux aduiſé tint touſiours
fermement, iuſques à ce qu'il fut dans vn re-
moul, où le courant l'auoit porté, & ſçeut ſi
bien faire, quelque peine & fatigue qu'il eut
eue, qu'il vint tout doucement à terre, où eſtāt
arriué il ietta l'eau du canot, & s'en reuint auec
grāde apprehētion qu'on ne ſe vāgeaſt ſur luy,
comme ils font entre eux, & nous conta ces
triſtes nouuelles, qui nous apporterent du
deſplaiſir.

Le lendemain ie fus dans vn autre canot
audit ſaut auec le ſauuage, & vn autre de nos
gens, pour voir l'endroit où ils s'eſtoient perdus : & auſſi ſi nous trouuerions les corps, &
vous aſſeure que quand il me monſtra le lieu
les cheueux me heriſſerent en la teſte, de voir
ce lieu ſi eſpouuentable, & m'eſtonnois comme les deffunéts auoient eſté ſi hors de iugement de paſſer vn lieu ſi effroiable, pouuant

O o ij

aller par ailleurs: car il eſt impoſſible d'y paſſer
pour auoir ſept à huit chęutes d'eau qui deſcen-
dęt de degré en degré, le moindre de trois pieds
de haut, où il ſe faiſoit vn frain & bouillonne-
ment eſtrange, & vne partie dudit ſaut eſtoit
toute blâche d'eſcume, qui môtroit le lieu plus
effroyable, auec vn bruit ſi grand que l'on eut
dit que c'eſtoit vn tonnerre, comme l'air re-
tentiſſoit du bruit de ces cataraques. Aprés
auoir veu & conſideré particulieremęt ce lieu
& cherché le long du riuage leſdicts corps, cependant qu'vne chalouppe aſſez legere eſtoit
allée d'vn autre coſté, nous nous en reuinſmes
ſans rien trouuer.

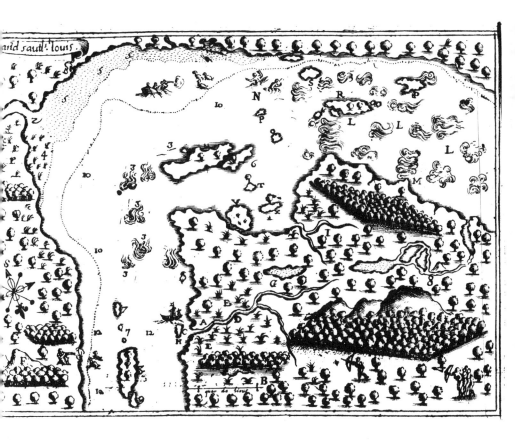

A Petite place que ie fis def-
fricher.
B Petit estang.
C Petit islet où ie fis faire
vne muraille de pierre.
D Petit ruisseau où se tiennét
les barques.
E Prairies où se mettent les
sauuages quand ils vien-
nent en ce pays.
F Montaignes qui parois-
sent dans le terres.
G Petit estang.
H Mont Royal.
I Petit ruisseau.
L Le sault.

M Le lieu où les sauuages
passent leurs canots, par
terre du costé du Nort.
N Endroit où vn de nos gens
& vn sauuage se noyerent.
O Petit islet de rochers.
P Autre islet où les oyseaux
font leurs nids.
Q L'isle aux herons.
R Autre isle dans le sault.
S Petit islet.
T Petit islet rond.
V Autre islet demy couuert
d'eau.
X Autre islet où il y a force
oyseaux deriuiere.

Y Prairies.
Z Petite riuiere.
2 Isles assez grandes & belles.
3 Lieux qui descouurét quád
les eaux baissét, où il se fait
gráds bouillónemêts, com-
me aussi fait audit saut.
4 Prairies plaines d'eaux.
5 Lieux fort bas & peu de
fonds.
6 Autre Petit islet.
7 Petis rochers.
8 Isle sainct Helaine.
9 Petit islet desgarny d'arbres.
8 Marescages qui s'escoulent
dans le grand saut.

DEVX CENS SAVVAGES RAMENENT LE FRANçois qu'on leur auoit baillé, & remmenerent leur fauuage qui eftoit retourné de France. Plufieurs difcours de part & d'autre.

CHAP. III.

LE treifiefme iour dudit mois deux cens fauuages Charioquois, auec les Capitaines Ochateguin, Yroquet & Tregouaroti frere de noftre fauuage amenerent mon garçon. Nous fufmes fort contens de les voir, ie fus au deuant d'eux auec vn canot & noftre fauuage, & cependant qu'ils approchoient doucement en ordre, les noftres s'apareillerét de leur faire vne efcopeterie d'arquebufes & moufquets, & quelques petites pieces. Comme ils approchoient, ils commencerent à crier tous enfemble, & vn des chefs commanda de faire leur harangue, où ils nous louoient fort, & nous tenant pour veritables, de ce que ie leur auois tenu ce que ie leur promis, qui eftoit de les venir trouuer audit faut. Aprés auoir fait trois autres cris, l'efcopeterie tira par deux fois de 13. barques ou pattaches qui y eftoient, qui les eftonna de telle façon qu'ils me prierent de dire que l'on ne tiraft plus, & qu'il y en auoit la plus grand part, qui n'auoient iamais veu de Chreftiés, ny ouy des tonnerres de la façon, & craignoient qu'il ne leur fit mal, & furent fort

contans de voir noſtredit ſauuage ſain, qu’ils
penſoiét mort, ſur des rapports que leur auoiét
fait quelques Algoumequins qui l’auoient
ouy dire à des ſauuages Montagnets. Le ſauuage ſe louà du traictement que ie luy auois
fait en France, & des ſingularitez qu’il auoit
veues, dont ils entrerent tous en admiration,
& s’en allarent cabaner dans le bois aſſez lege-
rement, attendant le lendemain, que ie leur
monſtraſſe le lieu où ie deſirois qu’ils ſe logaſ-
ſent. Auſſi ie vis mon garçon qui vint habillé
à la ſauuage, qui ſe loua du traictement des
ſauuages, ſelon leur pays, & me fit entendre
tout ce qu’il auoit veu en ſon yuernement, &
ce qu’il auoit apris deſdicts ſauuages.

Le lendemain venu, ie leur monſtray vn lieu
pour aller cabaner, où les antiens & principaux
deuiſerent fort enſemble: Et aprés auoir eſté
vn long temps en ceſt eſtat, ils me firent appeler ſeul auec mon garçon, qui auoit fort bien
apris leur langue, & luy dirent qu’ils deſiroiét
faire vne eſtroite amitié auec moy, & eſtoient
faſchez de voir toutes ces chalouppes enſemble, & que noſtre ſauuage leur auoit dit qu’il
ne les cognoiſſoit point, ny ce qu’ils auoient
dans l’ame, & qu’ils voyoient bien qu’il n’y
auoit que le gain & l’auarice qui les y amenoit,
& que quand ils auroient beſoin de leur aſſi-

ſtance qu'ils ne leur donneroiét aucun ſecours,
& ne feroient comme moy qui m'offrois auec
mes compagnons d'aller en leur pays, & les
aſſiſter, & que ie leur en auois monſtré des
teſmoignages par le paſſé, en ſe loüát touſiours
du traictement que i'auois fait à noſtre ſauuage comme à mon frere, & que cela les obli-
geoit tellement à me vouloir du bien, que tout
ce que ie deſirerois d'eux, ils aſſayeroient à me
ſatisfaire, & craignoient que les autres pattaches ne leur fiſſent du deſplaiſir. Ie leur aſſeuray
que non feroient, & que nous eſtions tous
ſoubs vn Roy, que noſtredit ſauuage auoit
veu, & d'vne meſme nation, (mais pour ce qui
eſtoit des affaires, qu'elles eſtoient particulieres) & ne deuoiét point auoir peur, eſtant auſſi
aſſeurez comme s'ils euſſent eſté dás leur pays.
Aprés pluſieurs diſcours, ils me firét vn preſent
de 100. caſtors. Ie leur dónay en eſchange d'autres ſortes de marchandiſe, & me dirent qu'il y
auoit plus de 400. ſauuages qui deuoient venir de leur pays, & ce qui les auoit retardés,
fut vn priſonnier Yroquois qui eſtoit à moy,
qui s'eſtoit eſchappé & s'en eſtoit allé en ſon
pays, & qu'il auoit donné à entendre que ie luy
auois dóné liberté & des marchádiſes, & que ie
deuois aller audit ſaut auec 600. Yroquois attendre les Algoumequins, & les tuer tous :
Que

Que la crainte de ces nouuelles les auoit ar-
restés, & que sans cela qu'ils fussent venus. Ie
leur fis respóse que le prisonnier s'estoit desro-
bé sans que ie luy eusse dóné congé, & que no-
stredit sauuage sçauoit bien de quelle façon il
s'en estoit allé, & qu'il n'y auoit aucune apparence de laisser leur amitié comme ils auoient
ouy dire, ayant esté à la guerre auec eux, &
enuoyé mon garçon en leur pays pour entretenir leur amitié; & que la promesse que ie leur
auois si fidelement tenue le confirmoit encore. Ils me respondirent que pour eux ils ne l'a-
uoient aussi iamais pensé, & qu'ils recognois-
soient bien que tous ces discours estoient esloignez de la verité; & que s'ils eussent creu autremét, qu'ils ne fussent pas venus, & que c'estoit
les autres qui auoient eu peur, pour n'auoir iamais veu de François que mon garçon. Ils me
dirent aussi qu'il viendroit trois cens Algoumequins dás cinq ou six iours, si on les vouloit
attendre, pour aller à la guerre auec eux contre
les Yroquois, & que si ie n'y venois, ils s'en
retourneroient sans la faire. Ie les entretins
fort sur le subiet de la source de la grande riuiere, & de leur pays, dont ils me discoururent
fort particulierement, tant des riuieres, sauts,
lacs, & terres, que des peuples qui y habitent,
& de ce qui s'y trouue. Quatre d'entre eux

P p

m'affeurerent qu'ils auoient veu vne mer fort
efloignee de leur pays, & le chemin difficile,
tant à caufe des guerres, que des deferts qu'il
faut paffer pour y paruenir. Ils me dirent auffi
que l'yuer precedât il eftoit venu quelques fauuages du cofté de la Floride par derriere le pays
des Yroquois, qui voyoient noftre mer Ocea-
ne, & ont amitié auec lefdicts fauuages : Enfin
ils m'en difcoururent fort exactement, me de-
monftrant par figures tous les lieux où ils a-
uoient efté, prenant plaifir à mendifcourir:
& moy ie ne m'ennuiois pas à les entendre,
pour eftre faict certain des chofes dont i'a-
uois efté en doute iufques à ce qu'ils m'en eurent efclarcis. Aprés tous ces difcours finis, ie
leur dis qu'ils traictaffent ce peu de cômodités
qu'ils auoiét, ce qu'ils firent le lendemain, dont
chacune des barques emporta fa piece : nous
toute la peine & aduanture, les autres qui ne fo
fouciojét d'aucunes defcouuertures, la proye,
qui eft la feule caufe qui les meut, fans rien
employer ny hazarder:

Le lendemain aprés auoir traité tout ce qu'ils
auoient, qui eftoit peu de chofe, ils firent vne
barricade autour de leur logement du cofté du
bois, & en partie du cofté de nos pattaches, &
difoient que c'eftoit pour leur feureté, afin
d'efuiter la furprinfe de leurs ennemis : ce que

nous prifmes pour argent content. La nuit venue ils appellerent noftre fauuage qui cou-
choit à ma pattache,& mon garçon,qui les furent trouuer: Aprés auoir tenu plufieurs difcours, ils me firent auffi appeler enuiron fur la
minuit. Eftât en leurs cabannes ie lés trouuay
tous affis en confeil, où ils me firent affoir prés
deux,difans que leur couftume eftoit que quâd
ils vouloient s'affembler pour propofer quelque chofe,qu'ils le faifoient la nuit,afin de n'e-
ftre diuertis par l'afpect d'aucune chofe,& que
l'on ne penfoit qu'a efcouter,& que le iour di-
uertiffoit l'efprit par les abiects: mais à mon
opinion ils me vouloient dire leur volonté en
cachette, fe fians en moy. Et d'ailleurs ils craignoient les autres pattaches, comme ils me
donnerét à entendre depuis. Car ils me dirent
qu'ils eftoiét fachez de voir tât deFrançois,qui
n'eftoient pas bien vnis enfemble, & qu'ils euffent bien defiré me voir feul : Que quelques
vns d'entre eux auoient efté battuz: Qu'il
mevouloient autant de bien qu'a leurs enfans,
ayant telle fiance en moy, que ce que ie leur
dirois ilsle feroient,mais qu'ilsfe m'effioiét fort
des autres:Que fi ie retournois, que i'amenaf-
fe telle quantité de gens que ie voudrois,pour-
ueu qu'ils fuffent foubs la conduite d'vn chef:
& qu'ils m'enuoyoient querir pour m'affeurer

d'auantage de leur amitié, qui ne se romproit iamais, & que ie ne fusse point faché contre eux : & que sçachans que i'auois pris deliberation de voir leur pays, ils me le feroinet voir au peril de leurs vies , m'assistant d'vn bon nombre d'hommes qui pourroient passer par tout. Et qu'a l'aduenir nous deuions esperer d'eux comme ils faisoient de nous. Aussitost ils firent venir 50. castors & 4. carquans de leurs porcelaines (qu'ils estiment entre eux comme nous faisons les chaisnes dor) & que i'en fisse participant mon frere (ils entendoient Pont-graué d'autant que nous estions ensemble) & que ces presens estoient d'autres Capitaines qui ne m'auoient iamais veu , qui me les en-uoyoient , & qu'ils desiroient estre tousiours de mes amis : mais que s'il y auoit quelques Frá-çois qui voulussent aller auec eux, qu'ils en eus-sent esté fort contens, & plus que iamais, pour entretenir vne ferme amitié. Aprés plusieurs discours faits , ie leur proposay, Qu'ayant la volonté de me faire voir leur pays, que ie supplierois sa Maiesté de nous assister ius-ques à 40. ou 50. hommes armez de choses ne-cessaires pour ledit voyage, & que ie m'enbar-querois auec eux, à la charge qu'ils nous entre-tiendroient de ce qui seroit de besoin pour no-stre viure durant ledit voyage , & que ie leur

apporterois dequoy faire des prefens aux chefs
qui font dans les pays par où nous pafferions,
puis nous nous en reuiédriós yuerner en noftre
habitation : & que fi ie recognoiffois le pays
bon & fertile, l'on y feroit plufieurs habitations;& que par ce moyen aurions communication les vns auec les autres, viuãs heureufement à l'auenir en la crainte de Dieu, qu'on
leur feroit cognoiftre. Ils furent fort contens
de cefte propofition,& me prierent d'y tenir la
main, difans qu'ils feroient de leur part tout ce
qu'il leur feroit poffible pour en venir au bout:
& que pour ce qui eftoit des viures, nous n'en
manquerions non plus que eux mefmes, m'af-
feurans de rechef, de me faire voir ce que ie
defirois: & la deffus ie pris cógé d'eux au point
du iour, en les remerciant de la volonté qu'ils
áuoient de fauorifer mon defir, les priant de
toufiours continuer.

Le lendemain 17. iour dud. mois ils dirent
qu'ils s'en alloient à la chaffe des caftors, &
qu'ils retourneroient tous. Le matin venu ils
acheuerent de traicter ce peu qu'il leur reftoit,
& puis s'embarquerent en leurs canots, nous
prians de ne toucher à leurs logeméts pour les
deffaire, ce que nous leur promifmes : & fe
feparerent les vns des autres, faignant aller
chaffer en plufieurs endroits, & laifferent no-

ſtre ſauuage auec moy pour nous dóner moins
de mesfience d'eux: & neãtmoins ils s'eſtoient
donnez le randez-vous par de là le ſaut, où ils
iugeoient bien que nous ne pourrions aller
auec nos barques: cependant nous les attan-
dions comme ils nous auoient dit.

Le lendemain il vint deux ſauuages, l'vn
eſtoit Yroquet, & l'autre le frere de noſtre Sauignon, qui le venoiét requerir, & me prier de
la part de tous leurs cópagnós que i'allaſſe ſeul
auec mon garçon, où ils eſtoiét cabannez, pour
me dire quelque choſe de conſequence, qu'ils
ne deſiroient communiquer deuant aucuns
François: Ie leur promis d'y aller.

Le iourvenu ie donnay quelques bagatelles
à Sauignon qui partit fort content, me faiſant entendre qu'il s'en alloit prendre vne vie
bien penible aux prix de celle qu'il auoit eue
en France; & ainſi ſe ſepara auec grand regret,
& moy bié aiſe d'en eſtre deſchargé. Les deux
Capitaines me dirent que le lendemain au matin ils m'enuoyeroient querir, ce qu'ils firent.
Ie m'enbarquay & mon garçon auec ceux qui
vinrent. Eſtant au ſaut, nous fuſmes dans le bois
quelques huit lieues, où ils eſtoient cabannez
ſur le bort d'vn lac, où i'auois eſté auparauant.
Comme ils me virent ils furent fort contens,
& commencerent à s'eſcrier ſelon leur couſtu-

me, & noftre fauuage s'en vint audeuant de
moy me prier d'aller en la cabáne de fon frere,
où auffi toft il fit mettre de la cher & du poiſſõ
fur le feu, pour me feftoyer. Durant que ie fus
là il fe fit vn feftin, où tous les principaux furét
inuitez: ie n'y fus oubligé, bien que i'euffe defia
pris ma refeƈtion honneftement, mais pour ne
rõpre la couftume du pays i'y fus. Aprés auoir
repeu, ils s'en allerent dans les bois tenir leur
Cõnfeil, & cependant ie m'amuſay à contem-
pler le paifage de ce lieu, qui eft fort aggreable. Quelque temps aprés ils m'enuoyerent
appeler pour me communiquer ce qu'ils a-
uoient refolu entre eux. I'y fus auec mon garçon. Eftant affis auprés d'eux ils me dirét qu'ils
eftoient fort aifes de me voir, & n'auoir point
manqué à ma parolle de ce que ie leur auois
promis, & qu'ils recognoiffoient de plus en
plus mon affeƈtion, qui eftoit à leur continuer
mon amitié, & que deuant que partir, ils
defiroient prendre congé de moy, & qu'ils
euffent eu trop de defplaifir s'ils s'en fuffent allez fans me voir, croyant qu'autrement ie
leur euffe voulu du mal: & que ce qui leur a-
uoit faiƈt dire qu'ils alloient à la chaffe, & la
barricade qu'ils auoient faite, ce n'eftoit la
crainte de leurs ennemis, ny le defir de la chaffe, mais la crainte qu'ils auoient de toutes les

autres pattaches qui eſtoient auec moy à cauſe
qu'ils auoient ouy dire que la nuit qu'ils m'enuoyerent appeler, qu'on les deuoit tous tuer,
& que ie ne les pourrois deffendre contre les
autres, eſtans beaucoup plus que moy, & que
pour ſe deſrober, ils vſerent de ceſte fineſſe:
mais que s'il n'y euſt eu que nos deux pattaches
qu'ils euſſent tardé quelques iours d'auantage
qu'ils n'auoient fait; & me prierent que reuenant auec mes compagnons ie n'en amenaſſe
point d'autres. Ie leur dis que ie ne les ame-
nois pas, ains qu'ils me ſuiuoient ſans leur dire,
& qu'a l'aduenir i'yrois d'autre façon que ie
n'auois fait, laquelle ie leur declaray, dont ils
furent fort contens.

Et derechef ils me commencerent à reciter
ce qu'ils m'auoient promis touchant les deſcouuertures des terres; & moy ie leur fis promeſſe d'accomplir, moyennant la grace de
Dieu, ce que ie leur auois dit. Ils me prierent
encore de rechef de leur donner vn homme: ie
leur dis que s'il y en auoit parmy nous qui y
vouluſſent aller que i'en ſerois fort content.

Ils me dirent qu'il y auoit vn marchand appelé Bouier qui commandoit en vne pattache,
qui les auoit priés d'emmener vn ieune garçõ;
ce qu'ils ne luy auoient voulu accorder qu'auparauant ils n'euſſent ſçeu de moy ſi i'en eſtois
content

content, ne fçachant fi nous eftions amis, d'autant qu'il eftoit venu en ma compagnie trai-
âter auec eux ; & qu'ils ne luy auoient point
d'obligation en aucune façon : mais qu'il s'of-
froit de leur faire de grands prefens.

Ie leur fis refponfe que nous n'eftions point
ennemis, & qu'ils nous auoient veu conuerfer
fouuent enfemble : mais pour ce qui eftoit du
trafic, chacun faifoit ce qu'il pouuoit, & que
ledit Bouyer peut eftre defiroit enuoyer ce
garçon, comme i'auois fait le mien, penfant efperer à l'aduenir, ce que ie pouuois auffi pre-
tendre d'eux : Toutesfois qu'ils auoient à iuger
auquel ils auoient le plus d'obligation, & de
qui ils deuoient plus efperer.

Ils me dirét qu'il n'y auoit point de compa-
raifon des obligations de l'vn à l'autre, tant des
affiftáces que ie leur auois faites en leurs guerres contre leurs ennemis, que de l'offre que ie
leur faifois de ma perfonne pour l'aduenir, où
toufiours ils m'auoient trouué veritable, &
que le tout defpendoit de ma volonté : & que
ce qui leur en faifoit parler eftoit lefdiâts prefens qu'il leur auoit offert : & que quand bien
ledit garçon iroit auec eux, que cela ne lespou-
uoit obliger enuers ledit Bouuier comme ils
eftoient enuers moy, & que cela n'importeroit
de rien à l'aduenir, veuque ce n'eftoit que pour

Qq

auoir lefdicts prefens dudit Bouuier.

Ie leur fis refponfe qu'il m'eftoit indifferent
qu'ils le prinffent ou non, & qu'à la verité s'ils
le prenoient auec peu de chofe, que i'en ferois
fafché, mais en leur faifant de bons prefens que
i'en ferois comptant, pourueu qu'il demouraft
auec Yroquet: ce qu'ils me promirent. Et aprés
m'auoir fait entendre leur volonté pour la derniere fois, & moy à eux la mienne, il y eut vn
fauuage qui auoit efté prifonnier par trois fois
des Yroquois, & s'eftoit fauué fort heureufement, qui refolut d'aller à la guerre luy dixiefme, pour fe venger des cruautez que fes ennemis luy auoient fait fouffrir. Tous les Capitaines me prierent de l'en deftourner fi ie pouuois
d'autant qu'il eftoit fort vaillant, & craignoiét
qu'il ne s'engageaft fi auát parmy les ennemis
auec fi petite trouppe, qu'il n'en reuint iamais. Ie le fis pour les contenter, par toutes
les raifons que ie luy peus alleguer, lefquelles luy feruirent peu, me monftrant vne partie
de fes doigts couppez, & de grádes taillades &
bruflures qu'il auoit fur le corps, comme ils
l'auoient tourmanté, & qu'il luy eftoit impoffible de viure, s'il ne faifoit mourir de fes ennemis, & n'en auoit vengeance, & que fon cœur
luy difoit qu'il failloit qu'il partift au pluftoft
qu'il luy feroit poffible : ce qu'il fit fort deliberé de bien faire.

Aprés auoir fait auec eux, ie les priay de me ramener en noſtre pattache : pour ce faire ils equipperent 8. canots pour paſſer ledit ſaut & ſe deſpouillerent tous nuds,&me firent mettre en chemiſe : car ſouuant il arriue que d'aucuns ſe perdent en le paſſant, partant ſe tiennent les vns prés des autres pour ſe ſecourir promptement ſi quelque canot arriuoit à renüerſer. Ils me diſoient ſi par malheur le tien venoit à tourner, ne ſachant point nager, ne l'abandonne en aucune façon, & te tiens bien à de petits baſtós qui y ſont par le miliéu, car nous te ſauuerons ayſement : Ie vous aſſeure que ceux qui n'ont pas veu ny paſſé ledit endroit en des petits batteaux comme ils ont, ne le pouroient pas ſans grande apprehenſion meſmes le plus aſſeuré du monde. Mais ces nations ſont ſi addextres à paſſer les ſauts, que cela leur eſt facile : Ie le p aſſay auec eux, ce que ie n'auois iamais fait, ny autre Chretien, horſmis mondit garçon : & vinſmes à nos barques, ou i'en logay vne bonne partie, & i'eus quelques paroles auec leditBouuier pour la crainte qu'il auoit que ie n'épeſchaſſe que ſon garçon n'allaſt auec leſdits ſauuages, qui le lendemain s'en retournerent auec ledit garçó, lequel couſta bon à ſon maiſtre, qui auoit l'eſperance à mó opinió,de recouurir la perte de ſon voyage

qu'il fit affés notable, comme firent plufieurs
autres.

Il y eut vn ieune homme des noftres qui fe
delibera d'aller auec lefdicts fauuages, qui font
Charioquois efloignez du faut de quelques
cent cinquante lieues; & fut auec le frere de
Sauignon, qui eftoit l'vn des Capitaines, qui
me promit luy faire voir tout ce qu'il pourroit: Et celuy de Bouuier fut auec ledit Yroquet
Algoumequin, qui eft à quelque quatrevingts
lieues dudit faut. Ils s'en allerent fort contens
& fatisfaicts.

Aprés que les fufdicts fauuages furent
partis, nous attendimes encore les 300. autres
que l'on nous auoit dit qui deuoiét venir fur la
promeffe que ie leur auois faite. Voyant qu'ils
ne venoient point, toutes les pattaches refo-
lurent d'inciter quelques fauuages Algoumequins, qui eftoient venus de Tadouffac, d'aller audeuant d'eux moyennant quelque chofe qu'on leur donneroit quand ils feroyent de
retour, qui deuoit eftre au plus tard dans neuf
iours, afin d'eftre affeurés de leur venue ou nõ,
pour nous en retourner à Tadouffac: ce qu'ils
accorderét, & pour ceft effect partit vn canot.

Le cinquiefme iour de Iuillet arriua vn canot des Algoumequins de ceux qui deuoient
venir au nombre de trois cés, qui nous dit que

le canot qui eſtoit party d'auec nous eſtoit arriué en leur pays, & que leurs cōpagnōs eſtans
laſſez du chemin qu'ils auoient fait ſe rafraiſ-
chiſſoient , & qu'ils viendroient bien toſt
effectuer la promeſſe qu'ils auoient faite, &
que pour le plus ils ne tarderoient pas plus
de huit iours, mais qu'il n'y auroit que 24. canots: d'autant qu'il eſtoit mort vn de leurs Capitaines & beaucoup de leurs compagnons,
d'vne fieure qui s'eſtoit miſe parmy eux : &
auſſi qu'ils en auoyent enuoyé pluſieurs à la
guerre, & que c'eſtoit ce qui les auoit empeſ-
chez de venir. Nous reſoluſmes de les attendre.

Voyant que ce temps eſtoit paſſé, & qu'ils
ne venoyent point: Pontgraué partit du ſaut le
11. iour dudit mois, pour mettre ordre à quelques affaires qu'il auoit à Thadouſſac, & moy
ie demeuray pour attendre leſdits ſauuages.

Cedit iour arriua vne pattache, qui apporta
du rafraichiſſemét à beaucoup de barques que
nous eſtiós: Car il y auoit quelques iours que le
pain, vin, viande & le citre nous eſtoiét faillis,
& n'auions recours qu'à la peſche du poiſſon,
& à la belle eau de la riuiere, & à quelques racines qui ſont au pays, qui ne nous māquerent
en aucunne façon que ce fuſt : & ſans cela il
nous en cuſt falu retounrer. Ce meſme iour ar-

riua vn canot Algoumequin, qui nous affura
que le lendemain lefdits vingtquatre canots
deuoyent venir, dont il y en auoit douze pour
la guerre.

Le 12. dudit mois arriuerent lefdits Algoumequins auec quelque peu de marchandife.
Premier que traicter ils firent vn prefent à vn
fauuage Môtagnet, qui eftoit fils d'Annadabi-
geau dernier mort, pour l'appaifer & defaf-
cher de la mort de fondit pere. Peu de temps a-
pres ils fe refolurêt de faire quelques prefents
a tous les Capitaines des pattaches. Ils donnerent à chacun dix Caftors: & en les donnant, ils
dirent qu'ils eftoyent bien marris de n'en a-
uoir beaucoup, mais que la guerre (ou la plus
part alloyent) en eftoit caufe : toutesfois que
l'on prift ce qu'ils offroyent de bon cœur, &
qu'il eftoyent tous nos amis, & à moy qui eftois
affis aupres d'eux, par deffus tous les autres,
qui ne leur vouloyent du bien que pour leurs
Caftors : ne faifant pas côme moy qui les auois
toufiours affiftez, & ne m'auoiét iamais trouué
en deux parolles comme les autres.

Ie leur fis refponfe que tous ceux qu'ils voioyent affemblez eftoyent de leurs amis, & que
peuft-eftre que quand ils fe prefenteroit quelque occafion, ils ne laifferoyent de faire leur
deuoir, & que nous eftions tous amis, & qu'ils

continuaſſentà nous vouloir du bien, & que
nous leurs ferions des preſens au reciprocque
de ce qu'ils nous donnoyent, & qu'ils traitaſ-
ſent paiſiblement: ce qu'ils firent, & chacun
en emporta ce qu'il peut.

Le lendemain ils m'apporterent, comme en
cachette quarante Caſtors, en m'aſſeurant de
leur amitié; & qu'ils eſtoyent treſ-aiſes de la
deliberation que i'auois prinſe auec les ſauuages qui s'en eſtoyent allez, & que l'on faiſoit
vne habitation au ſaut, ce que ie leur aſſeuray,
& leur fis quelque preſent en eſchange.

Apres toutes choſes paſſees, ils ſe delibere-
rent d'aller querir le corps d'Outetoucos qui
s'eſtoit noyé au ſaut, comme nous auons dit cy
deſſus. Ils furent où il eſtoit, le deſenterrerét &
le porterent en l'iſle ſainte Helaine, où ils firent leurs ceremonies accouſtumees, qui eſt de
chanter & danſer ſur la foſſe, ſuiuies de feſtins
& banquets. Ie leur demanday pourquoy ils
deſenterroyent ce corps: Ils me reſpondirent
que ſi leurs ennemis auoyent trouué la foſſe,
qu'ils le feroyent, & le mettroit en pluſieurs
pieces, qu'ils pendroyent à des arbres pour
leur faire du deſplaiſir; & pour ce ſubiect ils le
tranſportoyent en lieu eſcarté du chemin & le
plus ſecrettement qu'ils pouuoyent.

Le 15. iour du mois arriuerent quatorze ca-

nots,dõt le chef s'appelloit Tecouehata. A leur
arriuee tous les autres fauuages fe mirent en
armes,& firent quelques tours de limaffon. A-
pres auoir affez tourné & danfé, les autres qui
eftoyent en leurs canots commencerent auffi à
danfer en faifant plufieurs mouuemés de leurs
corps. Le chant fini, ils defcendirent à terre a-
uec quelque peu de fourrures, & firent de pa-
reils prefens que les autres auoyent faict. On
leur en fit d'autres au reciproque felon la va-
leur. Le lendemain ils traitterent ce peu qu'ils
auoyent, & me firent prefent encore particu-
liement de trente Caftors, dont ie les recom-
penfay. Ils me prierent que ie continuaffe à
leur vouloir du bien, ce que ie leur promis. Ils
me difcoururent fort particulierement fur
quelques defcouuertures du cofté du Nord,
qui pouuoyent apporter de l'vtilité: Et fur ce
fubiect ils me dirent que s'il y auoit quelqu'vn
de mes côpagnons qui voulut aller auec eux,
qu'ils luy feroyent voir chofe qui m'appor-
teroit du contentement, & qu'ils le traitero-
yent comme vn de leurs enfans. Ie leur promis
de leur donner vn ieune garçon, dont ils furent fort contens. Quand il prit congé de moy
pour aller auec eux, ie luy baillay vn memoire
fort particulier des chofes qu'il deuoit obfer-
uer eftant parmi eux. Apres qu'ils eurêt traicté
tout

ʒout le peu qu'ils auoyent , ils fe feparerent en
trois:les vns pour la guerre, les autres par ledit
grand faut,& les autres par vne petitte riuiere,
qui va rendre en celle dudit grand faut:& partirent le dixhuictiefme iour dudit mois , &
nous auffi le mefme iour.

Cedit iour fifmes trente lieues qu'il y a dudit faut aux trois riuieres, & le dixneufiefme
arriuafmes à Quebec , où il y a auffi trente lieues defdittes trois riuieres.   Ie difpofay la
plus part d'vn chacun à demeurer en laditte
habitation , puis y fis faire quelques repa-
rations & planter des rofiers, & fis charger
du chefne de fente pour faire l'efpreuué en
France , tant pour le marrin lambris que fe
neftrages : Et le landemain 20. dudit mois de
Iuillet en partis.Le 23. i'arriuay à Tadouffac,où
eftant ie me refoulus de reuenir en Fráce,auec
l'aduis de Pont-graué. Apres auoir mis ordre a
ce qui defpandoit de noftre habitation , fuiuát
la charge que ledit fieur de Monts m'auoit
donnee , ie m'enbarquay dedans le vaiffeau
du capitaine Tibaut de la Rochelle,l'onziefme
d'Aouft.Sur noftre trauerfe nous ne manquaf-
me de poiffon, comme d'Orades, Gráde-oreil-
le,& dePilotes qui font comme harangs,qui fe
mettent autour de certains aix chargez de
poulfe-pied, qui eft vne forte de coquillage

Rr

qui s'y attache, & y croiſt par ſucceſſion de
temps. Il y a quelquesfois vne ſi grande
quantité de ces petits poiſſons, que c'eſt choſe
eſtrange à voir. Nous priſmes auſſi des marſouins & autres eſpeces. Nous euſmes aſſes
beau temps iuſques à Belle-iſle, où les brumes
nous prirent, qui durerent 3. ou 4. iours: puis le
temps venant beau nous euſmes cognoiſſance
d'Aluert, & arriuaſmes à laRochelle le dixſieſ-
me Septembre. 1611.

ARRIVEE A LA ROCHELLE. ASSOCIA-
tion rompue entre le ſieur de Mons & ſes aſſociez, les ſieurs Colier & le
Gendre de Rouen. Enuie des François touchant les nouuelles deſcouuertures de la nouuelle France.

CHAP. IIII.

EStans arriués à la Rochelle ie fus trouuer
le ſieur de Mons à Pont en Xintóge, pour
luy donner aduis de tout ce qui c'eſtoit paſſé au
voyage, & de la promeſſe que les ſauuages O-
chateguins & Algoumequins m'auoiét faitte,
pourueu qu'on les aſſiſtaſt en leurs guerres, cóme ie leurs auois promis. Le ſieur de Mons a-
yát le tout entendu, ſe delibera d'aller en Cour
pour mettre ordre à ceſte affaire. Ie prins le deuát pour y aller auſſi: mais en chemain ie fus arreſté par vn mal'heureux cheual qui tomba ſur

moy & me penſa tuer. Ceſte cheute me retarda
beaucoup: mais auſſi toſt que ie me trouuay en
aſſes bonne diſpoſition, ie me mis en chemin,
pour parfaire mõ voyage & aller trouuer ledit
ſieur deMons à Fontaine-bleau, lequel eſtant
retourné à Paris parla à ſes aſſociez, qui ne
voulurent plus continuer en l'aſſociation pour
n'auoirpointde cõmiſſion qui peut empeſcher
vn chacun d'aller en nos nouuelles deſcouuertures negotier auec les habitãs du pays. Ce que
voyant ledit ſieur de Mons, il conuint auec
eux de ce qui reſtoit en l'habitatiõ de Quebec,
moyennant vne ſomme de deniers qui leur
donna pour la part qu'ils y auoyent: & enuoya
quelques hommes pour conſeruer ladite habitation, ſur l'eſperance d'obtenir vne commiſ-
ſiõ de ſa Majeſté. Mais comme il eſtoit en ceſte
pourſuitte, quelques affaires de conſequence
luy ſuruindrent, qui la luy firent quitter, &
me laiſſa la charge d'en rechercher les moyens:
Et ainſi que i'eſtois apres à y mettre ordre, les
veſſeaux arriuerent de la nouuelle France, &
par meſme moyen des gens de noſtre habitions, de ceux que i'auois enuoyé dans les
terres auec les ſauuages, qui m'aporterent d'aſſez bonnes nouuelles, diſans que plus de deux
cents ſauuages eſtoiét venus, penſans me trouuer au grand ſaut S. Louys, où ie leur auois

donné le rende-vous, en intention de les affi-
ster en ce qu'ils m'auoient supplié : mais voyans que ie n'auois pas tenu ma promesse, cela les fascha fort : toutesfois nos gens leur firent quelques excuses qu'ils prirent pour argent content, les assurant pour l'annee suiuante oubien iamais , & qu'ils ne menquas-
sent point de venir : ce qu'il promirent de
leur part. Mais plusieurs autres qui auoiét quit-
té Tadoussac, traffic encien , vindrent audit
saut auec quátité de petites barques, pour voir
s'ils y pourroient faire leurs affaires auec ces
peuples , quils asseuroient de ma mort, quoy
que peussent dire nos gens, qui affermoyent le
contraire. Voila comme l'enuie se glisse dans
les mauuais naturels contre les choses vertueſ-
ses ; & ne leur faudroit que des gens qui se ha-
sardassent en mille dangers pour descouurir
des peuples & terres, afin qu'ils en eusét la de-
pouille, & les autres la peine. Il n'est pas rai-
sonnable qu'ayant pris la brebis, les autres a-
yent la toison. S'ils vouloient participer en
nos descouuertures , employer de leurs moyens, & hasarder leurs personnes, ils monstre-
royent auoir de l'honneur & de la gloire : mais
au contraire ils monstrent euidemment qu'ils
sont poussez d'vne pure malice de vouloir
esgalement iouir du fruict de nos labeurs. Ce

fuieƈt me fera encore dire quelque chofe
pour monftrer comme plufieurs tafchent a deftourner de louables deffins, comme ceux
de fainƈt Maflo & d'autres, qui difent, que la
iouyffance de fes defcouuertures leur appar-
tiét, pource que Iaques Quartier eftoit de leur
ville, qui fut le premier audit pays de Canada
& aux ifles de Terre-neufue: comme fi la ville
auoit contribué aux frais des dittes defcouuertures de Iaques Quartier, qui y fut par cômen-
dement, & aux defpens du Roy François
premier és annee 1534. & 1535. defcouurir fes
terres auiourd'huy appelees nouuelle France?
Si donc ledit Quartier a defcouuert quelque
chofe aux defpens de fa Majefté, tous fes fuiets
peuuent y auoir autant de droit & de liberté
que ceux de S. Maflo, qui ne peuuent empefcher que fi aucuns defcouurent autre chofe à
leurs defpens, comme l'on fait paroiftre par les
defcouuertures cy deffus defcriptes, qu'ils n'en
iouiffent paifiblement: Donc ils ne doiuent pas
s'attribuer aucun droiƈt, fi eux mefmes ne cô-
tribuent. Leurs raifons font foibles & debiles,
de ce cofté. Et pour môftrer encore a ceux qui
voudroiét fouftenir cette caufe, qu'ils font mal
fondez, pofons le cas qu'vn Efpagnol ou autre
eftranger ait defcouuert quelques terres & richeffes aux defpés du Roy de Frãce, fcauoir fi les

Rr iij

Espagnols où autres estrangers s'attribueroiét
les descouuertures & richesses pour estre l'en-
trepreneur Espagnol ou estranger: non, il n'y a
pas de raison, elles seroient tousiours de Fráce:
de sorte que ceux de S. Maslo ne peuuét se l'attribuer, ainsi que dit est, pour estre ledit Quartier de leur ville:mais seulemét a cause qu'il en
est sorty, ils en doiuét faire estat, & luy donner
la louange qui luy est deue. Dauantage ledit
Quartier au voyage qu'il a fait ne passa iamais
ledit grand saut S.Louys, & ne descouurit rien
Nort ny Su, dans les terres du fleuue S.Laurés:
ses relations n'é donnent aucun tesmoignage,
& n'y est parlé que de la riuiere du Saquenay,
des trois riuieres & sainte Croix, où il hyuerna
en vn fort, proche de nostre habitatió: car il ne
l'eust obmis nó plus que ce qu'il a descrit, qui
monstre qu'il à laissé tout le haut du fleuue S.
Laurens, depuis Tadoussac iusques au grand
saut, difficile a descouurir les terres, & qu'il ne
s'est voulu hasarder n'y laiser ses barques pour
s'i aduéturer:de sorte que cela est tousiours demeuré inutile, sinó depuis quatre ans que nous
y auons fait nostre habitation de Quebec, où a-
pres l'auoir faite edifier, ie me mis au hazard de
passer ledit saut pour assister les sauuages en
leurs guerres, y enuoyer des hommes pour co-
gnoistre les peuples, leurs façon de viures &

que c'eſt que de leurs terres. Nous y eſtans ſi
bien employez, n'eſt-il pas raiſon que nous ioui-
iſſiós du fruit de nos labeurs, ſa Majeſté n'ayant
donné aucun moyen pour aſſiſter les entrepre-
neurs de ces deſſins iuſques a preſent? I'eſpe-
re, que Dieu luy fera la grace vn iour de faire
tant pour le ſeruice de Dieu, de ſa grandeur
& bien de ſes ſubiets, que d'amener pluſieurs
pauures peuples à la cognoiſſance de noſtre
foy, pour iouir vn iour du Royaume celeſte.

INTELLIGENCE DES DEVX
cartes Geograffiques de la nouuelle France.

IL m'a femblé bon de traicter auffi quelque chofe touchât les deux cartes Geografiques, pour en donner l'intelligence:car bien que l'vne reprefente l'autre, en ce qui eft des ports, bayes, caps, promontoires, & riuieres qui entrent dans les terres, elles font toutesfois differentes en ce qui eft des fituations. La plus petite eft en fon vray meridien, fuiuant ce que le fieur de Caftelfranc le demonftre en fon liure de la mecometrie de la guide-aymant, où i'en ay obferué plufieurs declinaifons, qui m'ont beaucoup ferui, comme il fe verra en ladite carte, auec toute les hauteurs, latitudes & longitudes, depuis le quarante vniefme degré de latitude, iufques au cinquante vniefme, tirant au pole artique, qui font les confins de Canada ou grande Baye, où fe faict le plus fouuent la pefche de balaine, par les Bafques & Efpagnols. Ie l'ay auffi obferué en certains endroits dans le grand fleuue de S. Laurens fous la hauteur de quarante cinq degrez de latitude iufques à vingt vng degré de declinaifon de la guide-aymant, qui eft la plus grande que iaye veue:& de cefte petite carte, l'on fe pourra fort bien feruir à la nauigation, pourueu qu'ő fcache ap-
pliquer

pliquer l'aiguille à la rofe des vents du compas:
Comme par exemple, ie defire m'en feruir, il
eft donc de befoin, pour plus de facilité, de
prendre vne rofe, où les trentedeux vents fo-
yent marquez egalement, & faire mettre la
pointe de la guideaymant à 12. 15. ou 16. degrez
de la fleur de lis, du cofté du nortoueft, qui eft
prés d'vn quart & demy de vent, comme au
Nort vn quart du noroueft, ou vn peu plus de
la fleur de lis de laditte rofe des vents, & appli-
quer la roze dans le compas, quand l'on fera fur
le grand banc, où fe fait la pefche du poiffon
vert, par ce moyen l'on pourra aller cercher
fort affeurement toutes les hauteurs des caps,
ports & riuieres. Ie fcay qu'il y en aura beaucoup qui ne s'en voudront feruir, & courront
pluftoft à la grande, dautant qu'elle eft fabri-
juee fur le compas de France, ou la guide-aymant nordefte, dautant qu'ils ont fi bien prins
cefte routine, qu'il eft mal aifé de leur faire chá-
ger. C'eft pourquoy i'ay dreffé la gráde carte en
cefte façó, pour le foulagement de la plus-part
des pilotes & nauigateurs des parties de la
nouuelle France, craignant que fi ie ne l'euffe
ainfi fait, ils m'euffent attribué vne faute, qu'ils
neuffent fceu dire d'ou elle procedoit. Car les
petits cartrós ou cartes des terres neufues, pour
la plufpart font prefque toutes diuerfes en

Sf

tous les gifemens & hauteurs des terres. Et s'il y en a quelques vns qui ayent quelques petits efchantillons affez bons, ils les tiennent fi precieux qu'ils n'en donnent l'intelligence à leur patrie, qui en pourroit tirer de l'vtilité. Or lafabrique des cartaux eft d'vne telle façon, qu'ils font du Nor-nordeft leur ligne meridienne, & de l'Oueft-noroueft, l'Oueft, chofe contraire au vray meridien de ce lieu, de l'appeler Nort nordeft pour le Nort: Car au lieu que l'aiguille doit norouefter elle nordefte, côme fi c'eftoit enFrance. Qui a fait que l'erreur s'en eft enfuiuy & s'enfuiura, dautant qu'ils ont cefte vieille couftume d'ancienneté, qu'ils retiennent, encores qu'ils tombent en de grands erreurs. Ils fe feruêt auffi d'vn compas touché Nort & Su, qui eft mettre la poincte de la guide-aymant droit fous la fleur de lis. Sur ce côpas beaucoup forment leurs petites cartes, ce qui me femble le meilleur, & approcher plus pres du vray meridien de la Nouuelle France, que non pas les copas de la Frâce Orientale qui nordeftent. Il s'eft doncques enfuiuy en cefte façon, que les premiers nauigateurs qui ont nauigué aux parties de la nouuelle France Occidâtale croioyent n'engendrer non plus d'erreur d'aller en ces parties que d'aller aux Effores, ou autres lieux proches de France, où l'erreur eft prefque

infenfible en la nauigatió,dont les pilotes n'ōt
autres compas que ceux de France, qui norde-
ſtent, & repreſentét le vray meridien. Et naui-
guant touſiours à l'Oueſt, voulát aller trouuer
vne hauteur certaine, faiſoient la routte droit
à l'Oueſt de leur compas, penſant marcher ſur
vne paralelle où ils vouloiét aller. Et allát touſiours droictement en plat, & non circulairement,comme ſont toutes les paralelles ſur le
globe de la terre, apres auoir faict vne quantité de chemin, pres de venir à la veüe de la terre,ils ſe trouuoiét quelquesfois trois,quatre ou
cinq degrés plus Su qu'il n'eſtoit de beſoing:&
par ainſi ſe trouuoiét deſceus de leur hauteur
& eſtime.Toutesfois il eſt bien vray que quand
le beau temps paroiſſoit, & que le ſoleil eſtoit
beau, ils ſe redreſſoient de leur hauteur : mais
ce n'eſtoit ſans s'eſtonner d'où procedoit que
la routte eſtoit fauſſe; qui eſtoit qu'au lieu
d'aller circulairement ſelon ladicte paralelle,ils
alloiét droictement en plat ; & que changeant
de meridien, ils changeoiét auſſi d'airs de vent
du cōpas: & par ainſi de routte.C'eſt donc vne
choſe fort neceſſaire de ſcauoir le meridien &
declinaiſon de la guide-aymant : car cela peut
ſeruir pour tous pilotes qui voyagét par le mō-
de, d'autant que ne la ſachant point, & principalement au Nort & au Su où il ſe fait de plus

grandes variations de la guide-aymant : aussi
que les cercles de longitude sont plus petits, &
par ainsi l'erreur seroit plus grand à faute de
ne sçauoir ladicte declinaison de la guideaymant. C'est donques pourquoy ladite erreur
s'est ensuiuie, que les voyageurs ne l'ayant voulu ou ne lesçachant corriger, ils l'ont laissé en la
façon que maintenant elle est : de sorte qu'il
est mal aisé d'oster ceste dicte façon accoustu-
mée de nauiguer en cesdits lieux de la nouuelle France. C'est ce qui m'a fait faire ceste
grande carte, tant pour estre plus particuliere
que la petite, que pour le contentement des
nauiguans qui pourront nauiguer, comme si
c'estoit sur leur petits cartrós ou cartes: & m'ex-
cuferont si ie ne les ay mieux faites & particu-
larisees, dautant que l'aage d'vn hóme ne pourroit suffire à recognoistre si exactement les
chofes, qu'à la fin du téps il ne se trouuast quelque chose d'obmis, qui fera que toutes perfonnes curieufes & laborieufes pourrôt remarquer en voyageant, des chofes qui ne feront en
ladicte carte & les y adapter: tellemét qu'auec
le téps on ne doutera d'aucunes chofes de cef-
dicts lieux. Pour le moins il me semble que i'ay
fait mon deuoir en ce que i'ay peu, où ie n'ay
oublié rien de ce que i'ay veu a mettre en ma-
dicte carte, & donner vne cognoissance parti-

culiere au public, qui n'auoit iamais eſté deſcripte, ny deſcouuerte ſi particulieremét comme i'ay fait, bien que quelque autre par le paſſé
en ayt eſcript, mais c'eſtoit bien peu de choſe
au reſpeết de ce que nous auons deſcouuert
depuis dix ans en çà.

Moyen de prendre la ligne Meridienne.

Prenez vne planchette fort vnie, & au milieu poſez vne eſguille C, de trois pouſſes de haut, qui ſoit droi-
ment à plomb, & le poſez au Soleil deuant Midy, à 8. ou 9. heures, où l'ombre de l'eſguille C, arriuera, ſoit
que auec vn compas, lequel ſera ouuert, ſçauoir vne poinếte ſur C, & l'autre ſur l'ombre B, & puis

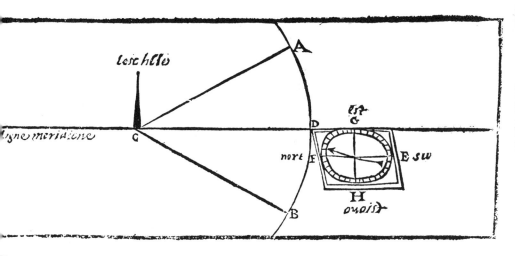

Terez vn demy cercle A, B, laiſſant le tout iuſqu'apres midy, qu'y verrez l'ombre paruenir ſur le bort du
ay cercle A. Puis partirez le demy cercle A. B. par la moitié, & auſſi toſt prendrez vne reigle que poſe-
le poinết C. & l'autre ſur le poinết D. & traſſerez vne ligne tant qu'elle pourra courir le long de la-
planchette, qu'il ne faut bouger que l'obſeruation ne ſoit faiết, & la ligne ſera la Meridienne du
vous ſerez.

pr i ſçauoir la declinaiſon du lieu où vous ſerez ſur la ligne Meridienne, poſez vn quadran qui ſoit
c m ne demonſtre la figure cy deſſus le long de la ligne Meridienne, & au fonds dudit quadran y
v i du ſé en 360. degrez, & partiſſez ledit cercle par entredeux lignes diametrales, dont l'vne
ſe pour le ſeptentrion, & l'autre pour le midy, comme monſtrera E. F. & l'autre ligne repre-
O et & l'Occident, comme monſtre G. H. & alors regardez l'aiguille de la guide-aymant, qui eſt
lu i que tau, ſur le piuot, laquelle verrez où elle decline de la ligne Meridienne &ce, qui eſt au
quadran, & combien de degrez elle Nordeſte ou Noroueſte.

TABLE DES MATIERES.

TABLE.

F I N.

QVATRIESME

VOYAGE DV
Sr DE CHAMPLAIN

CAPITAINE ORDINAIRE POVR
LE ROY EN LA MARINE, ET
Lieutenant de Monseigneur le Prince
de Condé en la Nouuelle France,
fait en l'annee 1613.

⁎

A TRES-HAVT,

TRES-PVISSANT ET TRES-

EXCELLENT HENRY DE BOVRBON Prince de Condé, premier Prince du sang, premier Pair de France, Gouuerneur & Lieutenant de sa Majesté en Guyenne.

MONSEIGNEVR

L'honneur que i'ay reçeu de vostre grandeur en la charge des descouuertures de la nouuelle France, m'a augmenté l'affection de poursuiure auec plus de soing & diligence que iamais, la recherche de la mer du Nord. Pour cet effect en ceste annee 1613. i'y ay fait vn voyage sur le rapport d'vn homme que i'y auois enuoyé, lequel m'asseuroit l'auoir veuë, ainsi que vous pourrez voir en ce petit discours, que i'ose offrir à vostre excellence, ou toutes les peines & trauaux que i'y ay eus sont particulierement d'escrits; desquels il ne me reste que le regret d'auoir perdu ceste annee, mais non pas l'esperance au premier voiage d'en auoir des nouuelles plus asseurées, par le moyen des Sau-

uages qui m'ont fait relation de plusieurs lacs & riuieres tirant vers le Nord, par lesquelles, outre l'af-
seurance qu'ils me dõnent d'auoir la cognoissance de
ceste mer, il me semble qu'on peut aisémēt tirer coniecture des cartes, qu'elle ne doit pas estre loing des
dernieres descouuertures que i'ay cy deuant faites.
En attendant le temps propre & la commodité de
continuer ces desseins, ie prieray le Createur qu'il
vous conserue, Prince bien-heureux, en toutes sortes de felicités, où se terminent les vœux que ie fais
à vostre grandeur, en qualité de son

Tres-humble & tres-affectionné seruiteur
SAMVEL DE CHAMPLAIN.

QVATRIESME

QVATRIESME VOYAGE DV
SIEVR DE CHAMPLAIN, CAPITAINE
ordinaire pour le Roy en la marine, & Lieutenant de Monseigneur le Prince de Condé en la Nouuelle France, fait en l'an 1613.

CE QVI M'A OCCASIONNE' DE RECERCHER
vn reglement. Commißion obtenue. Oppofitions à l'encontre.
En fin la publication par tous les ports de France.

CHAP. I.

L E defir que i'ay toufiours eu de faire nouuelles defcouuertures en la Nouuelle France, au bien, vtilité & gloire du nom François: enfemble d'amener ces pauures peuples à la cognoiffance de Dieu, m'a fait chercher de plus en plus la facilité de cefte entreprife, qui ne peut eftre que par le moyen d'vn bon reglement, d'autant que chacun voulant cueillir les fruits de mon labeur, fans contribuer aux frais & grandes defpences qu'il côuient faire à l'entretien des habitations neceffaires pour amener ces deffeins à vne bonne fin, ruine ce commerce par l'auidité de gaigner, qui eft fi grâde,

a iij

qu'elle fait partir les marchans deuant la faifon,
& fe precipiter non feulement dans les glaces,
en efperance d'arriuer des premiers en ce païs;
mais auffi dans leur propre ruine : car traictans
auec les fauuages à la defrobee, & donnant à
l'enuie l'vn de l'autre de la marchandife plus
qu'il n'eft requis, fur-achetent les danrees ; &
par ainfi penfant tromper leurs compagnons fe
trompent le plus fouuent eux mefmes.

C'eft pourquoy eftant de retour en France le
10. Septembre 1611. i'en parlay à monfieur de
Monts, qui trouua bõ ce que ie luy en dis : mais
fes affaires ne luy permettant d'en faire la pourfuitte en Cour, m'en laiffa toute la charge.

Deflors i'en dreffay des memoires, que ie
monftray à Monfieur le Prefident Ieannin, lequel (comme il eft defireux de voir fructifier
les bonnes entreprifes) loüa mon deffein, &
m'encouragea à la pourfuitte d'iceluy.

Et m'affeurant que ceux qui ayment à pef-
cher en eau trouble trouueroient ce reglement
fafcheux, & rechercheroyent les moyens de
l'empefcher, il me fembla à propos de me ietter
entre les bras de quelque grand, l'authorité
duquel peuft feruir contre leur enuie.

Or cognoiffant Monfeigneur le Comte de
Soiffons Prince pieux & affectionné en toutes
fainctes entreprifes; par l'entremife du fieur de
Beaulieu,

Beaulieu, Conseiller & aumosnier ordinaire du
Roy, ie m'adressay à luy, & luy remonstray
l'importáce de l'affaire, les moyens de la regler,
le mal que le desordre auoit par cy deuant apporté, & la ruine totale dont elle estoit mena-
cee, au grand des-honneur du nom François, si
Dieu ne suscitoit quelqu'vn qui la voulust releuer, & qui donnast esperance de faire vn iour
reüssir ce que l'on a peu esperer d'elle. Comme
il fut instruict de toutes les particularités de la
chose, & qu'il eust veu la Carte du pays que i'a-
uois faicte, il me promit, sous le bon plaisir du
Roy, d'en prendre la protection.

Aussi tost apres ie presentay à sa Majesté, &
à Nosseigneurs de son Conseil vne requeste
auec des articles, tendans à ce qu'il luy pleust
vouloir apporter vn reglement en cet affaire,
sans lequel, ainsi que i'ay dict, elle s'en alloit
perduë ; & pource sa Majesté en donna la direction & gouuernement à mondit Seigneur le
Comte, lequel deslors m'honora de sa Lieutenance.

Or comme ie me preparois à faire publier la
Commissió du Roy par tous les ports & haures
de France, la maladie de Móseigneur le Comte
arriua, & sa mort tant regrettee, qui recula vn
peu cette affaire : Mais sa Majesté aussi tost en
remit la direction à Móseigneur le Prince, qui

la remit deſſus : & mondit Seigneur m'ayant
honoré pareillement de ſa Lieutenance, feit
que ie pourſuiuis la publication de ladite commiſſion ; qui ne fut ſi toſt faicte, que quelques
brouillons, qui n'auoyent aucun intereſt en
l'affaire, l'importunerẽt de la faire caſſer, luy
faiſant entendre le pretédu intereſt de tous les
marchans de France, qui n'auoient aucun ſubiect de ſe plaindre, attendu qu'vn chacun eſtoit
reçeu en l'aſſociation, & par ainſi aucun ne
pouuoit iuſtement s'offencer : c'eſt pourquoy
leur malice eſtant recogneuë furent reiettees,
auec permiſſion ſeulement d'entrer en l'aſſociation.

Pendant ces altercations, il me fut impoſſible de rien faire pour l'habitation de Quebeq,
dans laquelle ie deſirois mettre des ouuriers
pour la reparer & augmenter, d'autant que le
temps de partir nous preſſoit fort. Ainſi ſe fallut contẽter pour cette annee d'y aller ſans autre aſſociation, auec les paſſeports de Monſeigneur le Prince, qui furent donnés pour quatre
vaiſſeaux, leſquels eſtoient ia preparés pour faire le voyage ; ſçauoir trois de Rouën & vn de
la Rochelle, à condition que chacun four-
niroit quatre hommes pour m'aſſiſter, tant en
mes deſcouuertures qu'à la guerre, à cauſe que
ie voulois tenir la promeſſe que i'auois faicte
aux

aux fauuages Ochataïguins en l'annee 1611.
de les affifter en leurs guerres au premier voiage.

Et ainfi que ie me preparois pour partir, ie fus
aduerti que la Cour de Parlement de Rouën
n'auoit voulu permettre qu'ô publiaft la Commiffion du Roy, à caufe que fa Majefté fe refer-
uoit, & à fon Confeil la feule cognoiffance des
differents qui pourroient furuenir en cet affaire: ioint auffi que les marchans de S. Maflo s'y
oppoferent; ce qui me trauerfa fort, & me contraignit de faire trois voyages à Rouën, auec
Iuffions de fa Majefté, en faueur defquelles la
Cour fe deporta de fes empefchemens, & de-
bouta les oppofans de leurs pretentions : & fut
la Commiffion publiée par tous les ports de
Normandie.

PARTEMENT DE FRANCE: ET CE QVI SE
paffa iufques à noftre arriuee au Saut.

CHAP. II.

IE partis de Rouën le 5. Mars pour aller à Honfleur, & le fieur l'Ange auec moy, pour
m'affifter aux defcouuertures, & à la guerre fi
l'occafion s'en prefentoit.

Le lendemain 6. du moys nous nous embar-
quafmes dãs le vaiffeau du fieur de Pont-graué,

b

où auſſi toſt nous miſmes les voiles au vent, qui eſtoit lors aſſés fauorable.

Le 10. Auril nous euſmes cognoiſſance du grand Banc, où l'on mit pluſieurs fois les lignes hors ſans rien prendre.

Le 15. nous euſmes vn grand coup de vent, accompagné de pluye & greſle, ſuiui d'vn autre, qui dura 48. heures, ſi impetueux, qu'il fit perir pluſieurs vaiſſeaux à l'iſle du cap Breton.

Le 21. nous euſmes cognoiſſance de l'iſle & Cap de Raye.

Le 29. les Sauuages Montagnais de la pointe de tous les Diables nous aperceuans, ſe ietterét dans leurs canots, & vindrent au deuant de nous, ſi maigres & hideux, que ie les meſcognoiſſois. A l'abord ils commencerent à crier du pain, diſans, qu'ils mouroient de faim. Cela nous fit iuger que l'hyuer n'auoit pas eſté grãd, & par conſequent, la chaſſe mauuaiſe : de cecy nous en auons parlé aux voyages precedens.

Quand ils furent dans noſtre vaiſſeau ils regardoient chacun au viſage, & comme ie ne paroiſſois point, ils demanderét où eſtoit monſieur de Champlain, on leür fit reſponſe que i'eſtois demeuré en France : ce que ne croyans du tout, il y eut vn vieillard qui vint à moy en vn coin, où ie me promenois, ne deſirãt encor eſtre cognu, & me prenant l'oreille (car ils ſe doutoyent

toyent qui i'eſtois) vid la cicatrice du coup de
fleche que ie reçeus à la deffaicte des Yroquois:
alors il s'eſcria,& tous les autres apres luy, auec
grandes demonſtrations de ioye, diſans, Tes
gens ſont au port de Tadouſſac qui t'attendent.

Ce meſme iour bien que nous fuſſions partis
des derniers nous arriuaſmes pourtant les premiers audit Tadouſſac, & de la meſme maree
le ſieur Boyer de Roüen. Par là l'on cognoiſt
que partir auant la ſaiſon, ne ſert qu'a ſe precipiter dans les glaces. Ayans moüillé l'ancre nos
gens nous vindrét trouuer, & apres nous auoir
declaré comme tout ce portoit en l'habitation,
ſe mirent à habiller trois outardes & deux lapins, qu'ils auoient apportés, & en ietterent les
tripailles à bort, ſur leſquelles ſe ruerét ces pauures ſauuages, & ainſi que beſtes affamees les
deuorerent ſans les vuider,& racloient auec les
ongles la graiſſe dót on auoit ſuiué noſtre vaiſſeau, & la mangeoient gloutonnement comme s'ils y euſſent trouué quelque grand gouſt.

Le lendemain arriuerent deux vaiſſeaux de
S.Malo qui eſtoient partis auant que les oppo-
ſitions fuſſent vuidees , & que la Commiſſion
fut publiée en Normandie. Ie fus à bort d'eux,
accompagné de l'Ange: Les ſieurs de la Moi-
nerie & la Tremblaye y commandoient, auſ-

quels ie fis lecture de la Commiſſion du Roy,
& des deffences d'y contreuenii ſur les peines
portees par icelles.   Ils firent reſponſe qu'ils
eſtoient ſubiects & fidelles ſeruiteurs de ſa Majeſté, & qu'ils obeïroient à ſes commãdemens;
& deſlors ie fis attacher ſur le port à vn poteau,
les armes & Commiſſions de ſa Majeſté, afin
qu'on n'en pretendiſt cauſe d'ignorance.

Le 2. May voyant deux chalouppes equip-
pees pour aller au Saut, ie m'embarquay auec
ledict l'Ange dans l'vne. Nous fuſmes contrariés de fort mauuais temps, en ſorte que le mats
de noſtre chalouppe ſe rompit, & ſi Dieu ne
nous euſt preſerués, nous nous fuſſions perdus,
comme fit deuant nos yeux vne chalouppe de
S. Maſlo qui alloit à l'iſle d'Orleans, de laquelle
les hommes ſe ſauuerent.

Le 7. nous arriuaſmes à Quebec, où trouuaſmes ceux qui y auoient hyuerné en bonne diſpoſition, ſans auoir eſté malades, leſquels nous
dirent que l'hyuer n'auoit point eſté grand, &
que la riuiere n'auoit point gelé. Les arbres
commençoient auſſi à ſe reueſtir de feuilles,
& les champs à s'eſmailler de fleurs.

Le 13. nous partiſmes de Quebec pour aller au
Saut S. Louys, où nous arriuaſmes le 21. & y
trouuaſmes l'vne de nos barques qui eſtoit partie depuis nous de Tadouſſac, laquelle auoit
                                              traicté

traicté quelque peu de marchandiſes, auec vne
petite troupe d'Algoumequins, qui venoyent
de la guerre des Yroquois, & auoient auec eux
deux priſonniers. Ceux de la barque leur firent
entédre que i'eſtois venu auec nombre d'hommes pour les aſſiſter en leurs guerres, ſuiuant la
promeſſe que ie leur auois faite les annees precedentes; & de plus, que ie deſirois aller en leur
pays, & faire amitié auec tous leurs amis ; dequoy ils furent fort ioyeux : Et d'autant qu'ils
vouloient retourner en leur pays pour aſſeurer
leurs amis de leur victoire, voir leurs femmes,
& faire mourir leurs priſonniers en vne ſolem-
nelle Tabagie. Pour gages de leur retour, qu'ils
promettoient eſtre auāt le milieu de la premiere lune (ainſi qu'ils content) ils laiſſerent leurs
rondaches, faictes de bois & de cuir d'Ellaud,
& partie de leurs arcs & fleſches. Ce me fut vn
grand deſplaiſir de ne m'eſtre trouué à propos
pour m'en aller auec eux en leur pays.

　Trois iours apres arriuerét trois canots d'Algoumequins qui venoient du dedans des terres, chargés de quelque peu de marchandiſes,
qu'ils traicterent, leſquels me dirét que le mauuais traictement qu'auoient reçeus les Sauuages l'annee precedente, les auoit degoutés de
venir plus, & qu'ils ne croyoient pas que ie
deuſſe retourner iamais en leurs pays, pour les

mauuaifes impreffions que mes enuieux leur auoient donnees de moy; & pource 1200. hommes eftoyent allez à la guerre, n'ayans plus d'efperance aux François, lefquels ils ne croyoient pas vouloir plus retourner en leur pays.

Ces nouuelles attrifterent fort les marchans, car ils auoient fait gráde emplette de marchandifes, fous efperáce que les fauuages viendroiéc comme ils auoient accouftumé : ce qui me fit refoudre en faifant mes defcouuertures, de paffer en leur pays , pour encourager ceux qui eftoyent reftés, du bon traiétement qu'ils receuroyent, & de la quantité de bonnes marchandifes qui eftoyent au Saut , & pareillement de l'affeétion que i'auois de les affifter à la guerre: Et pour ce faire, ie leur fis demander trois canots & trois Sauuages pour nous guider, & auec beaucoup de peine i'en obtins deux, & vn fauuage feulement, & ce moyennant quelques prefens qui leur furent faits.

PARTEMENT POVR DESCOVVRIR LA MER du Nort, fur le rapport qui m'en auoit efté faiét. Defcription de plufieurs riuieres, lacs, ifles, du Saut de la chaudiere, & autres Sauts.

CHAP. III.

OR n'ayant que deux Canots, ie ne pouuois mener auec moy que quatre hommes, entre lef-

tre lefquels eftoit vn nómé Nicolas de Vignau
le plus impudent menteur qui fe foit veu de
long temps, comme la fuitte de ce difcours le
fera voir, lequel autresfois auoit hyuerné auec
les Sauuages, & que i'auois enuoyé aux defcouuertures les annees precedentes. Il me r'apporta à fon retour à Paris en l'annee 1612. qu'il auoit
veu la Mer du Nort, que la riuiere des Algoumequins fortoit d'vn lac qui s'y defchargeoit,
& qu'en 17. iournees l'on pouuoit aller & venir
du Saut S. Louys à ladite mer: qu'il auoit veu le
bris & fracas d'vn vaiffeau Anglois qui s'eftoit
perdu à la cofte, où il y auoit 80. hommes qui
s'eftoient fauués à terre, que les Sauuages tuerent à caufe que lefdits Anglois leur vouloyent
prendre leurs bleds d'Inde & autres viures par
force, & qu'il en auoit veu les teftes qu'iceux
Sauuages auoient efcorchés (felon leur couftume) lefquelles ils me vouloiết faire voir, enfemble me donner vn ieune garçon Anglois qu'ils
m'auoient gardé. Cefte nouuelle m'auoit fort
refiouy, penfant auoir trouué bien pres ce que
ie cherchois bien loing: ainfi ie le coniuray de
me dire la verité, afin d'en aduertir le Roy, &
luy remonftray que s'il donnoit quelque menfonge à entendre, il fe mettoit la corde au col,
auffi que fi fa relation eftoit vraye, il fe pouuoit
affeurer d'eftre bien recompenfé: Il me l'affeura

encor auec fermens plus grands que iamais. Et
pour mieux ioüer fon roole, il me bailla vne relation du païs qu'il difoit auoir faicte, au mieux
qu'il luy auoit efté poffible. L'affeurance donc
que ie voyois en luy, la fimplicité de laquelle
ie le iugeois plain, la relation qu'il auoit dref-
fee, le bris & fracas du vaiffeau, & les chofes cy
deuant dictes, auoyent grande apparence, auec
le voyage des Anglois vers Labrador, en l'annee 1612. où ils ont trouué vn deftroit qu'ils ont
couru iufques par le 63e. degré de latitude, &
290. de longitude, & ont hyuerné par le 53e. degré, & perdu quelques vaiffeaux, comme leur
relation en faict foy.   Ces chofes me faifant
croire fon dire veritable, i'en fis deffors rapport à Monfieur le Chancelier; & le fis voir à
Meffieurs le Marefchal de Briffac, & Prefident
Ieannin, & autres Seigneurs de la Cour, lefquels
me dirent qu'il me falloit voir la chofe en perfonne.   Cela fut caufe que ie priay le fieur
Georges, marchant de la Rochelle, de luy donner paffage dans fon vaiffeau, ce qu'il feit volontiers; où eftant l'interrogea pourquoy il faifoit ce voyage : & d'autant qu'il luy eftoit inutile, luy demanda s'il efperoit quelque falai-
re, lequel feit refponfe que non, & qu'il n'en
pretendoit d'autre que du Roy, & qu'il n'en-
treprenoit le voyage que pour me monftrer la

                                        mer

mer du Nord, qu'il auoit veuë, & luy en fit à la
Rochelle vne declaration par deuant deux Notaires.

Or comme ie prenois cógé de tous les Chefs,
le iour de la Pentecofte, aux prieres defquels ie
me recommandois, & de tous en general, ie luy
dis en leur preséce, que fi ce qu'il auoit çy deuát
dict n'eftoit vray, qu'il ne me donnaft la peine
d'entreprendre le voyage , pour lequel faire il
falloit courir plufieurs dangers. Il affeura encore derechef tout ce qu'il auoit dict au peril de
fa vie.

Ainfi nos Canots chargés de quelques viures,
de nos armes & marchandifes pour faire prefens aux Sauuages, ie partis le lundy 27. May de
l'ifle fainĉte Helaine auec 4. François & vn Sauuage, & me fut donné vn adieu auec quelques
coups de petites pieces, & ne fufmes ce iour
qu'au Saut S. Louys, qui n'eft qu'vne lieuë au
deffus, à caufe du mauuais temps qui ne nous
permit de paffer plus outre.

Le 29. nous le paffafmes, partie par terre, partie par eau, où il nous fallut porter nos Canots,
hardes, viures & armes fur nos efpaules, qui
n'eft pas petite peine à ceux qui n'y font accouftumés : & apres l'auoir efloigné deux lieuës,
nous entrafmes dans vn lac qui a de circuit enuiron 12. lieuës, où fe defchargét trois riuieres,

c

l'vne venant de l'oueſt, du coſté des Ochataiguins eſloignés du grand Saut de 150. ou 200.
lieuës; l'autre du Sud pays des Yroquois, de pareille diſtance; & l'autre vers le Nord, qui vient
des Algoumequins, & Nebicerini, auſſi à peu
pres de ſéblable diſtāce. Cette riuiere du Nord,
ſuiuant le rapport des Sauuages, vient de plus
loing, & paſſe par des peuples qui leur ſont incogneus, diſtans enuiron de 300. lieues d'eux.

Ce lac eſt rempli de belles & grādes iſles, qui
ne ſont que prairies, où il y a plaiſir de chaſſer, la
venaiſon & le gibier y eſtans en abondance,
auſſi bien que le poiſſon. Le païs qui l'enuironne eſt rempli de grandes foreſts. Nous fuſmes
coucher à l'entree dudiӄ lac, & fiſmes des barricades, à cauſe des Yroquois qui rodent par ces
lieux pour ſurprendre leurs ennemis; & m'aſſeure que s'ils nous tenoient, ils nous feroient
auſſi bonne chere qu'a eux, & pource toute la
nuiӄ fiſmes bō quart. Le lendemain ie prins la
hauteur de ce lieu, qui eſt par les 45. degrez 18.
minutes de latitude. Sur les trois heures du ſoir
nous entraſmes dans la riuiere qui vient du
Nord, & paſſaſmes vn petit Saut par terre pour
ſoulager nos canots, & fuſmes à vne iſle le reſte de la nuiӄ en attendant le iour.

Le dernier May nous paſſaſmes par vn autre
lac qui a 7. où 8. lieuës de long, & trois de large,
où il

où il y a quelques ifles: Le païs d'alétour eft fort
vni, horfmis en quelques endroits, où il y a des
coftaux couuerts de pins. Nous paffafmes vn
Saut qui eft appelé de ceux du païs Quene-
chouan qui eft rempli de pierres & rochers, où
l'eau y court de grãd viftelle: il nous falut mettre en l'eau & traifner nos Canots bort à bort
de terre auec vne corde: à demi lieuë de là nous
en paffafmes vn autre petit à force d'auirons, ce
qui ne fe faict fans fuer, & y a vne grande dex-
terité à pafler ces Sauts pour éuiter les bouillons
& brifants qui les trauerfent; ce que les Sauuages font d'vne telle adrefle, qu'il eft impoffible
de plus, cherchans les deftours & lieux plus ay-
fés qu'ils cognoiffent à l'œil.

Le famedy 1. de Iuin nous paffafmes encor
deux autres Sauts: le premier contenant demie
lieuë de long, & le fecond vne lieuë, où nous
eufmes bien de la peine; car la rapidité du courant eft fi grãde, qu'elle faict vn bruict effroyable, & defcendant de degré en degré, faict vne
efcume fi blanche par tout, que l'eau ne paroift
aucunement: ce Saut eft parfemé de rochers &
quelques ifles qui font çà & là, couuertes de
pins & cedres blancs: Ce fut là, où nous eufmes
de la peine: car ne pouuans porter nos Canots
par terre à caufe de l'efpaiffeur du bois, il nous
les failloit tirer dans l'eau auec des cordes, & en

tirant le mien, ie me penſay perdre, à cauſe qu'il
trauerſa dans vn des bouillons ; & ſi ie ne fuſſe tombé fauorablement entre deux rochers, le
Canot m'entraiſnoit ; d'autant que ie ne peus
d'effaire aſſez à temps la corde qui eſtoit entor-
tillee à l'entour de ma main, qui me l'offença
fort, & me la penſa coupper. En ce danger ie
m'eſcriay à Dieu, & commençay à tirer mon
Canot, qui me fut renuoyé par le remouil de
l'eau qui ſe faict en ſes Sauts, & lors eſtant eſchappé ie loüay Dieu, le priant nous preſeruer.
Noſtre Sauuage vint apres pour me ſecourir,
mais i'eſtois hors de danger; & ne ſe faut eſtonner ſi i'eſtois curieux de conſeruer noſtre Canot: car s'il eut eſté perdu, il falloit faire eſtat de
demeurer, ou attendre que quelques Sauuages
paſſaſſent par là, qui eſt vne pauure attente à
ceux qui n'ont dequoy diſner, & qui ne ſont
accouſtumés à telle fatigue. Pour nos François
ils n'en eurent pas meilleur marché, & par pluſieurs fois penſoient eſtre perdus: mais la Diui-
ne bonté nous preſerua tous. Le reſte de la
iournee nous nous repoſaſmes, ayans aſſés tra-
uaillé.

Nous rencontraſmes le lendemain 15. Canots
de Sauuages appellés Quenongebin, dans vne
riuiere, ayant paſſé vn petit lac long de 4. lieües,
& large de 2. leſquels auoient eſté aduertis de

ma ve-

ma venue par ceux qui auoient paſſé au Saut S.
Louys venans de la guerre des Yroquois. Ie fus
fort aiſe de leur rencontre, & eux auſſi, qui s'e-
ſtonnoient de me voir auec ſi peu de gens en ce
païs, & auec vn ſeul Sauuage. Ainſi apres nous
eſtre ſalués à la mode du païs, ie les priay de ne
paſſer outre pour leur declarer ma volonté, ce
qu'ils firent, & fuſmes cabaner dans vne iſle.

Le lendemain ie leur fis entendre que i'eſtois
allé en leurs pays pour les voir, & pour m'ac-
quitter de la promeſſe que ie leur auois par cy
deuant faicte; & que s'ils eſtoient reſolus d'aller
à la guerre, cela m'agreroit fort, d'autant que
i'auois amené des gens à ceſte intétion, dequoy
ils furent fort ſatisfaits : & leur ayant dict que
ie voulois paſſer outre pour aduertir les autres
peuples, ils m'en voulurent deſtourner, diſans,
qu'il y auoit vn meſchant chemin, & que nous
n'auions rien veu iuſques alors ; & pource ie
les priay de me donner vn de leurs gens pour
gouuerner noſtre deuxieſme Canot, & auſſi
pour nous guider, car nos conducteurs ny co-
gnoiſſoient plus rien: ils le firent volontiers, &
en recompenſe ie leur fis vn preſent, & leur
baillay vn de nos François, le moins neceſſaire,
lequel ie renuoyois au Saut auec vne feuille de
tablette, dans laquelle, à faute de papier, ie faiſois ſcauoir de mes nouuelles.

Ainſi nous nous ſeparaſmes : & continuant noſtre route à mont ladicte riuiere, en trouuaſmes vne autre fort belle & ſpatieuſe, qui vient d'vne nation appelée Oueſcharini, leſquels ſe tiennent au Nord d'icelle , & à 4. iournees de l'entree. Ceſte riuiere eſt fort plaiſante, à cauſe des belles iſles qu'elle contient , & des terres garnies de beaux bois clairs qui la bordent ; la terre eſt bonne pour le labourage.

Le quatrieſme nous paſſaſmes proche d'vne autre riuiere qui vient du Nord, où ſe tiennent des peuples appellés Algoumequins, laquelle va tomber dans le grand fleuue ſainct Laurens 3. lieuës aual le Saut S.Louys, qui faict vne grãde iſle côtenant prés de 40. lieuës, laquelle n'eſt pas large , mais remplie d'vn nombre infini de Sauts, qui ſont fort difficiles à paſſer : Et quelquesfois ces peuples paſſent par ceſte riuiere pour éuiter les rencontres de leurs ennemis, ſçachans qu'ils ne les recherchent en lieux de ſi difficile accés.

A l'emboucheure d'icelle il y en a vne autre qui viét du Sud, où à ſon entree il y a vne cheute d'eau admirable : car elle tombe d'vne telle impetuoſité de 20. ou 25. braſſes de haut, qu'elle faict vne arcade, ayant de largeur pres de 400. pas. Les ſauuages paſſent deſſous par plaiſir, ſans ſe mouiller que du poudrin que fait ladite eau.

Il y

Il y a vne iſle au milieu de ladiĉte riuiere, qui eſt
comme tout le terroir d'alentour, remplie de
pins & cedres blancs: Quand les Sauuages veulent entrer dans la riuiere, ils montent la montagne en portant leurs Canots, & font demye
lieuë par terre. Les terres des enuirõs ſont remplies de toute ſorte de chaſſe, qui faiĉt que les
Sauuages ſi arreſtent plus toſt; les Yroquois y
viennent auſſi quelquesfois les ſurprendre au
paſsage.

Nous paſſaſmes vn Saut à vne lieuë de là, qui
eſt large de demie lieue, & deſcend de 6. à 7.
braſſes de haut. Il y a quantité de petites iſles
qui ne ſont que rochers aſpres & difficiles, couuerts de meſchans petits bois. L'eau tombe à vn
endroit de telle impetuoſité ſur vn rocher, qu'il
s'y eſt caué par ſucceſſion de temps vn large &
profond baſſin: ſi bien que l'eau courant la dedans circulairement, & au milieu y faiſant de
gros bouillons, a faiĉt que les Sauuages l'appellent Aſticou, qui veut dire chaudiere. Ceſte
cheute d'eau meine vn tel bruit dans ce baſſin,
que l'on l'entend de plus de deux lieuës. Les
Sauuages paſſants par là, font vne ceremonie
que nous dirõs en ſon lieu. Nous euſmes beaucoup de peine à monter contre vn grand courant, à force de rames, pour paruenir au pied
dudiĉt Saut, où les Sauuages prirent les Canots,

& nos François & moy, nos armes, viures & autres commodités pour paſſer par l'aſpreté des
rochers enuiron vn quart de lieuë que contient
le Saut, & auſſi toſt nous fallut embarquer, puis
derechef mettre pied à terre pour paſſer par
des taillis enuiron 300. pas, apres ſe mettre en
l'eau pour faire paſſer nos Canots par deſſus les
rochers aigus, auec autant de peine que l'on
ſçauroit s'imaginer. Ie prins la hauteur du lieu
& trouuay 45. degrés 38. minutes, de latitude.

Apres midy nous entraſmes dans vn lac
ayant 5. lieuës de long, & 2. de large, où il y a
de fort belles iſles remplies de vignes, noyers
& autres arbres aggreables, 10. ou 12. lieuës de
là amont la riuiere nous paſſaſmes par quelques
iſles remplies de Pins; La terre eſt ſablonneuſe,
& ſi trouue vne racine qui teint en couleur cra-
moyſie, de laquelle les Sauuages ſe peindent le
viſage, & de petits affiquets à leur vſage. Il y
a auſſi vne coſte de montagnes du long de ceſte riuiere, & le païs des enuirons ſemble aſſés
faſcheux. Le reſte du iour nous le paſſaſmes
dans vne iſle fort aggreable.

Le lendemain nous côtinuaſmes noſtre chemin iuſques à vn grand Saut, qui contient prés
de 3. lieuës de large, où l'eau deſcend comme
de 10. ou 12. braſſes de haut en talus, & faict vn
merueilleux bruit. Il eſt rempli d'vne infinité
                                        d'iſles,

d'ifles, couuertes de Pins & de Cedres: & pour
le paffer il nous fallut refoudre de quitter noftre
Maïs ou bled d'Inde, & peu d'autres viures
que nous auions, auec les hardes moins neceffaires, referuans feulement nos armes & filets,
pour nous dôner à viure felô les lieux & l'heur
de la chaffe. Ainfi allegés nous paffafmes tant à
l'auiron, que par terre, en portant nos Canots &
armes par ledict Saut, qui a vne lieuë & demie
de long, où nos Sauuages qui font infatigables
à ce trauail, & accouftumés à endurer telles ne-
ceffités, nous foulagerent beaucoup.

Pourfuiuás noftre route nous paffafmes deux
autres Sauts, l'vn par terre, l'autre à la rame &
auec des perches en deboutant, puis entrafmes
dans vn lac ayant 6. ou 7. lieuës de long, où fe
defcharge vne riuiere venant du Sud, où à cinq
iournees de l'autre riuiere il y a des peuples qui
y habitët appelés Matou-oüefcarini, Les terres
d'enuiron ledit lac font fablonneufes, & couuertes de pins, qui ont efté prefque tous bruflés
par les fauuages. Il y a quelques ifles, dans l'vne
defquelles nous repofames, & vifmes plufieurs
beaux cyprés rouges, les premiers que i'euffe
veus en ce païs, defquels ie fis vne croix, que
ie plantay à vn bout de l'ifle, en lieu eminent, & en veuë, auec les armes de France,
comme i'ay faict aux autres lieux où nous

d

auions poſé. Ie nommay ceſte iſle, l'iſle ſaincte
Croix.

Le 6. nous partiſmes de ceſte iſle ſaincte croix,
où la riuiere eſt large d'vne lieue & demie, &
ayant faict 8. ou 10. lieuës, nous paſſaſmes vn petit Saut à la rame, & quantité d'iſles de differentes grandeurs. Icy nos ſauuages laiſſerent leurs
ſacs auec leurs viures, & les choſes moins neceſſaires afin d'eſtre plus legers pour aller par terre, & euiter pluſieurs Sauts qu'il falloit paſſer. Il y eut vne grande conteſtation entre
nos ſauuages & noſtre impoſteur, qui affer-
moit qu'il n'y auoit aucun danger par les Sauts,
& qu'il y falloit paſſer : Nos ſauuages luy diſoient tu es laſſé de viure ; & à moy, que ie ne le
deuois croire, & qu'il ne diſoit pas verité. Ainſi
ayant remarqué pluſieurs fois qu'il n'auoit aucune cognoiſſance deſdits lieux, ie ſuiuis l'aduis
des ſauuages, dont bien il m'en prit, car il cher-
choit des difficultez pour me perdre, où pour
me degouter de l'entrepriſe, comme il a confeſſé depuis (dequoy ſera parlé cy apres.) Nous
trauerſames donc à l'oueſt la riuiere qui cou-
roit au Nord, & pris la hauteur de ce lieu qui
eſtoit par 46 $\frac{1}{2}$ de latitude. Nous euſmes beaucoup de peine à faire ce chemin par terre, eſtát
chargé ſeulement pour ma part de trois arquebuſes, autant d'auirons, de mon capot, & quelques

ques petites bagatelles, i'encourageois nos gés
qui eſtoient quelque peu plus chargés, & plus
greués des mouſquites que de leur charge.
Ainſi apres auoir paſſé 4. petits eſtangs, & che-
miné deux licuës & demie, nous eſtions tát fa-
tigués qu'il nous eſtoit impoſſible de paſſer outre, à cauſe qu'il y auoit prés de 24. heures que
n'auiós mágé qu'vn peu de poiſſó roſti, ſans autre ſauce, car nous auiós laiſſé nos viures, cóme
i'ay dit cy deſſus. Ainſi nous poſafmes ſur le bort
d'vn eſtang, qui eſtoit aſſez aggreable, & fiſmes
du feu pour chaſſer les Mouſquites qui nous
moleſtoient fort, l'importunité deſquelles eſt ſi
eſtrange qu'il eſt impoſſible d'en pouuoir faire
la deſcription. Nous tendiſmes nos filets pour
prendre quelques poiſſons.

Le lendemain nous paſſaſmes cet eſtang qui
pouuoit contenir vne lieuë de long, & puis par
térre cheminaſmes 3. lieuës par des païs difficî-
ciles plus que n'auions encor veu, à cauſe que
les vents auoient abatu des pins, les vns ſur les
autres, qui n'eſt pas petite incommodité, car il
faut paſſer tantoſt deſſus & tantoſt deſſous ces
arbres, ainſi nous paruinſmes à vn lac, ayant 6.
lieuës de long, & 2. de large, fort abondant en
poiſſon, auſſi les peuples des enuirons y font
leur peſcherie. Prés de ce lac y a vne habitation
de Sauuages qui cultiuent la terre, & recuillent

du Maïs : le chef se nomme Nibachis, lequel
nous vint voir auec sa troupe, esmerueillé comment nous auions peu passer les Sauts & mauuais chemins qu'il y auoit pour paruenir à eux.
Et apres nous auoir presenté du petun seló leur
mode, il commença à haranguer ses compagnons, leur disant, Qu'il falloit que fussiós tom-
bés des nues, ne sachant comment nous auions
peu passer, & qu'eux demeurás au païs auoient
beaucoup de peine à trauerser ces mauuais passages, leur faisant entendre que ie venois à bout
de tout ce que mon esprit vouloit : bref qu'il
croyoit de moy ce que les autres sauuages luy
en auoient dict. Et scachans que nous auions
faim, ils nous donnerent du poisson, que nous
mangeasmes, & apres disné ie leur fis entendre
par Thomas mon truchement, l'aise que i'auois
de les auoir rencontrés ; que i'estois en ce pays
pour les assister en leurs guerres, & que ie desirois aller plus auant voir quelques autres capitaines pour mesme effect, dequoy ils furent
ioyeux, & me promirent assistance. Ils me mó-
strerét leurs iardinages & champs, où il y auoit
du Maïs. Leur terroir est sablonneux, & pource s'adonnent plus à la chasse qu'au labeur, au
contraire des Ochataiguins. Quand ils veulent
rendre vn terroir labourable, ils bruslent les arbres, & ce fort aysémét, car ce ne sont que pins
charges

chargés de refine. Le bois bruflé ils remuent vn
peu la terre, & plantent leur Maïs grain à grain,
comme ceux de la Floride : il n'auoit pour lors
que 4. doigts de haut.

CONTINVATION. ARRIVEE VERS TESSOVAT,
& le bon accueil qu'il me feit. Façon de leurs cimetieres. Les Sauua-
ges me promettent 4. Canots pour continuer mon chemin. Toft
apres me les refufent. Harangue des fauuages pour me diffuader
mon entreprife, me remonftrant les difficultés. Reffonfe à ces dif-
ficultés. Teffoüat argue mon conducteur de menfonge, & n'auoir
efté où il difoit. Il leur maintient fon dire veritable. Ie les preffe de
me donner des Canots. Plufieurs refus. Mon conducteur conuain-
cu de menfonge, & fa confeßion.

CHAP. IIII.

Nibachis feit equipper deux Canots pour
me mener voir vn autre Capitaine nommé Teffoüat, qui demeuroit à 8. lieuës de luy,
fur le bort d'vn grand lac, par où paffe la riuiere
que nous auions laiffee qui refuit au Nord, ainfi
nous trauerfafmes le lac à l'Oüeft Nort-oueft,
pres de 7. lieuës, où ayans mis pied à terre fifmes
vne lieuë au Nort-eft parmy d'affés beaux païs,
où il y a de petis fentiers battus, par lefquels on
peut paffer ayfément, & arriuafmes fur le bort
de ce lac, où eftoit l'habitation de Teffoüat, qui
eftoit auec vn autre chef fien voifin, tout efton-
né de me voir, & nous dit qu'il penfoit que ie
fuffe vn fonge, & qu'il ne croyoit pas ce qu'il

d iij

voyoit.   De là nous paſſaſmes en vne iſle, où leurs Cabanes ſont aſſez mal couuertes deſcorces d'arbres, qui eſt remplie de cheſnes, pins & ormeaux, & n'eſt ſubiette aux innondations des eaux, comme ſont les autres iſles du lac.

Ceſte iſle eſt forte de ſituation: car aux deux bouts d'icelle, & à l'endroit où la riuiere ſe iette dans le lac, il y a des Sauts faſcheux, & l'aſpreté d'iceux la rendent forte; & ſi ſont logés pour euiter les courſes de leurs ennemis. Elle eſt par les 47. degrés de latitude, comme eſt le lac, qui a 20. lieuës de long, & 3. ou 4. de large, abondant en poiſſon, mais la chaſſe ny eſt pas beaucoup bonne.

Ainſi comme ie viſitois l'iſle i'apperçéus leurs cimetieres, où ie fus raui en admiration, voyant des ſepulchres de forme ſemblable aux chaſſes, fais de piece de bois, croiſees par en haut & fichees en terre, à la diſtance de 3. pieds ou enuiron: ſur les croiſees en haut ils y mettent vne groſſe piece de bois, & au deuāt vne autre tout debout, dans laquelle eſt graué groſſierement (comme il eſt bien croyable) la figure de celuy ou celle qui y eſt enterré. Si c'eſt vn homme ils y mettent vne rondache, vne eſpee amanchee à leur mode, vne maſſe, vn arc & des fleſches; S'il eſt Capitaine, il aura vn panache ſur la teſte, & quelque autre matachia où enjoliueure; ſi vn

enfant

enfant, ils luy baillent vn arc & vne flesche ; si
vne femme, ou fille, vne chaudiere, vn pot de
terre, vne cueillier de bois & vn auiron ; Tout
le tombeau a de longueur 6. ou 7. pieds pour le
plus grand, & de l'argeur 4. les autres moings.
Ils font peints de iaune & rouge, auec plusieurs
ouurages aussi delicats que la sculpture. Le
mort est enseueli dàs sa robe de castor ou d'autres peaux, desquelles il se seruoit en sa vie, &
luy mettent toutes ses richesses aupres de luy,
còme haches, couteaux, chaudieres & aleines,
affin que ces choses luy seruent au pays où il va:
car ils croyent l'immortalité de l'ame, comme
i'ay dict autre part. Ces sepulchres graués ne se
font qu'aux guerriers, car aux autres ils n'y
mettent non plus qu'ils font aux femmes, comme gens inutiles, aussi s'en retrouue il peu entr'eux.

Apres auoir consideré la pauureté de cette
terre, ie leur demanday còment ils s'amusoient
à cultiuer vn si mauuais païs, veu qu'il y en auoit
de beaucoup meilleur qu'ils laissoyent desert
& abandonné, comme le Saut S. Louys. Ils me
respondirent qu'ils en estoiént contraints, pour
se mettre en seureté, & que l'aspreté des lieux
leur seruoit de bouleuart còtre leurs ennemis:
Mais que si ie voulois faire vne habitation de
François au Saut S. Louys, còme i'auois promis,

qu'ils quiteroyent leur demeure pour se venir
loger pres de nous, estans asseurés que leurs ennemis ne leur feroyét point de mal pendát que
nous serions auec eux. Ie leur dis que ceste annee nous ferions les preparatifs de bois & pierres pour l'annee suiuante faire vn fort, & labourer ceste terre: Ce qu'ayant entendu ils firent
vn grand cry en signe d'applaudissement. Ces
propos finis, ie priay tous les Chefs & principaux d'entreux, de se trouuer le lendemain en
la grand terre, en la cabane de Tessoüat, lequel
me vouloit faire Tabagie, & que là ie leur dirois mes intentions, ce qu'ils mé promirent; &
deslors enuoyerent conuier leurs voisins pour
si trouuer.

Le lendemain tous les conuiés vindrent auec
chacun son escuelle de bois, & sa cueillier, lesquels sans ordre, ny ceremonie s'assirent contre
terre dans la cabane de Tessoüat, qui leur distri-
buast vne maniere de boüillie, faite de Maïs,
escrafé entre deux pierres, auec de la chair &
du poisson, coupés par petits morceaux, le tout
cuit ensemble sans sel. Ils auoyent aussi de la
chair rostie sur les charbós, & du poisson boüil-
li à part, qu'il distribua aussi. Et pour mon regard, d'autant que ie ne voulois point de leur
boüillie, à cause qu'ils cuisinent fort salement,
ie leur demáday du poisson & de la chair, pour
l'accom-

l'accommoder à ma mode; ils m'en donnerent. Pour le boire nous auions de belle eau claire. Teſſoüat qui faiſoit la Tabagie nous entretenoit ſans manger ſuiuant leur couſtume.

La Tabagie faite, les ieunes hommes qui n'aſſiſtent pas aux harangues & cóſeils, & qui aux Tabagies demeurét à la porte des cabanes, ſortirent, & puis chacun de ceux qui eſtoient demeurés commença à garnir ſon petunoir, & m'en preſenterent les vns & les autres, & employaſmes vne grande demie heure à cet exercice, ſans dire vn ſeul mot, ſelon leur couſtume.

Apres auoir parmi vn ſi long ſilence amplement petuné, ie leur fis entendre par mó Truchement que le ſubiect de mon voyage n'eſtoit autre que pour les aſſeurer de mon affection, & du deſir que i'auois de les aſſiſter en leurs guerres, comme i'auois auparauant faict. Que ce qui m'auoit empeſché l'annee derniere de venir, ainſi que ie leur auois promis, eſtoit que le Roy m'auoit occuppé en d'autres guerres, mais que maintenant il m'auoit commandé de les viſiter, & les aſſeurer de ces choſes, & que pour cet effect i'auois nombre d'hommes au Saut S. Louys, & que ie m'eſtois venu promener en leur païs pour recognoiſtre la fertilité de la terre, les lacs, riuieres, & mer qu'ils m'auoyent dict

e

estre en leur pays : & que ie desirois voir vne
nation distante de 6. iournees d'eux, nommee
Nebicerini, pour les conuier aussi à la guerre;
& pource ie les priay de me donner 4. Canots,
auec huict sauuages pour me conduire esdictes
terres. Et d'autant que les Algoumequins ne
sont pas grands amis des Nebicerini, ils sem-
bloyent m'escouter auec plus grande atten-
tion.

Mon discours acheué, ils commencerent derechef à petuner, & à deuiser tout bas, ensemble touchant mes propositions : puis Tessoüat
pour tous prit la parole & dict, Qu'ils m'auoiét
tousiours recognu plus affectionné en leur endroit, qu'aucû autre François qu'ils eussent veu;
que les preuues qu'ils en auoient eües le passé,
leur facilitoyent la creance pour l'aduenir ; de
plus, que ie monstrois estre bien leur amy, en ce
que i'auois passé tant de hazards pour les venir
voir, & pour les conuier à la guerre, & que toutes ces choses les obligeoyent à me vouloir du
bien, comme à leurs enfans propres ; Que toutesfois l'annee derniere ie leur auois manqué
de promesse, & que 2000. sauuages estoient venus au Saut en intention de me trouuer, pour
aller à la guerre, & me faire des presens, & ne
m'ayant trouué, furent fort attristez, croyant
que ie fusse mort, comme quelques vns leur
auoyent

auoyent dict: auſſi que les François qui eſtoient
au Saut ne les voulurent aſſiſter à leurs guerres,
& qu'ils furent mal traictés par aucuns, de ſorte
qu'ils auoyent reſolu entr'eux de ne plus venir
au Saut , & que cela les auoit occaſionnés (n'e-
ſperans plus me voir) d'aller à la guerre ſeuls, &
de fait que 1200. des leur y eſtoyent allés. Et
d'autant que la pluſpart des guerriers eſtoyent
abſens, ils me prioient de remettre la partie à
l'annee ſuiuante, & qu'ils feroient ſçauoir cela
à tous ceux de la contree. Pour ce qui eſtoit des
4. Canots que ie demandois, ils me les accorderent, mais auec grandes difficultés , me diſans
qu'il leur deſplaiſoit fort de telle entrepriſe,
pour les peines que i'y endurerois; que ces peuples eſtoiét ſorciers, & qu'ils auoiét faict mourir beaucoup de leurs gens par ſort & empoi-
ſonnemés, & que pour cela ils n'eſtoient amis:
au ſurplus, que pour la guerre ie n'auois affaire
deux, d'autant qu'ils eſtoyent de petit cœur,
me voulans deſtourner auec pluſieurs autres
propos ſur ce ſubiect.

Moy d'autrepart qui n'auois autre deſir que
de voir ces peuples , & faire amitié auec eux,
pour voir la mer du Nord, facilitois leurs difficultez, leur diſant, qu'il n'y auoit pas loing iuſques en leurs païs; que pour les mauuais paſſa-
ges, ils ne pouuoyent eſtre plus faſcheux que

ceux que i'auois paſſé par cy deuant; & pour le
regard de leurs ſortileges qu'ils n'auroient aucune puiſſance de me faire tort, & que mon
Dieu m'en preſerueroit;que ie cognoiſſois auſſi
leurs herbes, & par ainſi ie me garderois d'en
manger; que ie les voulois rendre enſemble
bons amis, & leur ferois des preſens pour cet
effect, m'aſſeurant qu'ils feroient quelque choſe pour moy. Auec ces raiſons ils m'accorderét,
comme i'ay dict, ces 4. Canots, dequoy ie fus
fort ioyeux, oubliant toutes les peines paſſées,
ſur l'eſperance que i'auois de voir ceſte mer
tant deſiree.

Pour paſſer le reſte du iour,ie me fus promé-
ner par leurs iardins, qui n'eſtoiét réplis que de
quelques citroüilles, phaſioles, & de nos pois,
qu'ils commencent à cultiuer,où Thomas mon
truchement,qui entend fort bien la langue,me
vint trouuer,pour m'aduertir que ces ſauuages,
apres que ie les eus quittés,auoient ſongé que ſi
i'entreprenois ce voyage, que ie mourrois, &
eux auſſi, & qu'ils ne me pouuoient bailler ces
Canots promis, d'autant qu'il n'y auoit aucun
d'entreux qui me voulut conduire; mais que ie
remiſſe ce voyage à l'annee prochaine,& qu'ils
m'y meneroient en bon equippage,pour ſe deffendre d'iceux, s'il leur vouloient mal faire,
pource qu'ils ſont mauuais.

Ceſte

Ceste nouuelle m'affligea fort, & soudain
m'é allay les trouuer,& leur dis,que ie les auois
iusques à ce iour estimés hommes, & veritables,& que maintenant ils se monstroyent enfans,& mésongers,& que s'ils ne vouloiét effectuer leurs promesses , ils ne me feroient paroi-
stre leur amitié; toutesfois que s'ils se sentoient
incommodés de 4. Canots, qu'ils ne m'en bail-
lassent que 2.& 4. sauuages seulement.

Ils me representerent derechef la difficulté
des passages, le nombre des Sauts, la meschan-
ceté de ces peuples, & que s'estoit pour crainte
qu'ils auoyent de me perdre qu'ils me faisoient
ce refus.

Ie leur fis response, que i'estois fasché de ce
qu'ils se monstroient si peu mes amis, & que ie
ne l'eusse iamais creu; que i'auois vn garçon,
(leur monstrant mon imposteur) qui auoit esté
dás leur pays, & n'auoit recognu toutes les difficultés qu'ils faisoient, ny trouué ces peuples si
mauuais qu'ils disoient. Alors ils commencerent à le regarder, & specialement Tessoüat
vieux Capitaine, auec lequel il auoit hyuerné,
& l'appelant par son nom, luy dict en son langage, Nicolas est il vray que tu as dit auoir esté
aux Nebicerini? Il fut long temps sans parler,
puis il leur dict en leur langue,qu'il parle aucunemét, Ouy i'y ay esté. Aussi tost ils le regarde-

e iij

rent de trauers,& fe iettans fur luy, comme s'ils
l'euffent voulu manger ou defchirer , firent de
grands cris, & Teffoüat luy dict, tu es vn affeuré menteur , tu fçais bien que tous les foirs tu
couchois à mes coftés auec mes enfans, & tous
les matins tu t'y leuois: fi tu as efté vers ces peuples, ça efté en dormant ; comment as tu efté fi
impudent d'auoir donné à entendre à ton chef
des méfonges, & fi mefchant de vouloir hazarder fa vie parmi tant de dangers? tu es vn homme perdu , il te deûroit faire mourir plus cruellement que nous ne faifons nos ennemis: ie ne
m'eftonnois pas s'il nous importunoit tant fur
l'affeurance de tes paroles. A l'heure ie luy dis
qu'il euft à refpondre à ces peuples;& puis qu'il
auoit efté en ces terres qu'il en donnaft des en-
feignemens pour me le faire croire, & me tirer
de la peine où il m'auoit mis ; mais il demeura
muet & tout efperdu.

A l'heure ie le tiray à l'efcart des fauuages,&
le coniuray de me declarer la verité du faict:
que s'il auoit veu cefte mer, que ie luy ferois
donner la recompenfe que ie luy auois promi-
fe, & s'il ne l'auoit veuë, qu'il eut à me le dire
fans me donner d'auantage de peine:Derechef
auec iuremens il afferma tout ce qu'il auoit par
cy deuant dict , & qu'il me le feroit voir, fi ces
fauuages vouloient bailler des Canots.

                                            Sur

Sur ces difcours Thomas me vint aduertir
que les fauuages de l'ifle enuoyoient fecrette-
ment vn Canot aux Nebicerini, pour les aduertir de mó arriuee. Et lors pour me feruir de l'occafion, ie fus trouuer lefdits fauuages, pour leur
dire que i'auois fongé cefte nuict qu'ils vouloyent enuoyer vn Canot aux Nebicerini fans
m'en aduertir, dequoy i'eftois eftóné, veu qu'ils
fçauoyent que i'auois volonté d'y aller : à quoy
ils me firent refponfe, difans, que ie les offen-
çois fort, en ce que ie me fiois plus à vn menteur, qui me vouloit faire mourir, qu'a tant de
braues Capitaines qui eftoiét mes amys, & qui
auoyent ma vie chere : ie leur repliquay, que
mon hóme (parlant de noftre impofteur) auoit
efté en cefte contree auec vn des parens de Teffoüat, & auoit veu la Mer, le bris & fracas d'vn
vaiffeau Anglois, enfeble 80, teftes que les fauuages auoient, & vn ieune garçon Anglois
qu'ils tenoient prifonnier, dequoy ils me vouloient faire prefent.

Ils s'efcrierent plus que deuant, entendant parler de la Mer, des vaiffeaux, des teftes
des Anglois, & du prifonnier, qu'il eftoit vn
menteur, & ainfi le nommerent-ils depuis, cóme la plus grande iniure qu'ils luy euffent peu
faire, difans tous enfemble qu'il le falloit faire
mourir, ou qu'il dift celuy auec lequel il y auoit

esté , & qu'il declaraſt les lacs , riuieres & chemins par leſquels il auoit paſſé ; à quoy il fit reſponſe aſſeurément qu'il auoit oublié le nom
du ſauuage ; combien qu'il me l'euſt nommé
plus de vingt fois, & meſme le iour de deuant.
Pour les particularitez du païs , il les auoit deſ-
criptes dãs vn papier qu'il m'auoit baillé. Alors
ie preſétay la carte,& la fis interpreter aux ſauuages,qui l'interrogerent ſur icelle,à quoy il ne
fit reſponſe, ains par ſon morne ſilence manife-
ſta ſa meſchanceté.

Mon eſprit vogant en incertitude , ie me retiray à part,& me repreſentay les particularités
du voyage des Anglois cy deuant dictes, & les
diſcours de noſtre menteur eſtre aſſés confor-
mes, auſſi qu'il y auoit peu d'apparence que ce
garçon euſt inuété tout cela,& qu'il n'euſt voulu entreprédre le voyage, mais qu'il eſtoit plus
croyable qu'il auoit veu ces choſes, & que ſoñ
ignorance ne luy permettoit de reſpondre aux
interrogations des ſauuages : ioint auſſi que ſi
la relation des Anglois eſt veritable, il faut que
la mer du Nord ne ſoit pas eſloignee de ces terres de plus de 100 lieuës de latitude, car ı'eſtois
ſous la hauteur de 47.degrés de latitude,& 296.
de longitude : mais il ſe peut faire que la difficulté de paſſer les Sauts, l'aſpreté des mótagnes
remplies de neiges, ſoit cauſe que ces peuples

n'ont

n'ont aucune cognoiſſance de ceſte mer ; bien
m'ont-il touſiours dict, que du païs des Ochataiguins il n'y a que 35. ou 40. iournees iuſques
à la mer qu'ils voyent en 3. endroits : ce qu'ils
m'ont encores aſſeuré ceſte annee : mais aucun
ne m'a parlé de ceſte mer du Nord, que ce menteur , qui m'auoit fort reſiouy à cauſe de la
briefueté du chemin.

Or comme ce Canot s'appreſtoit, ie le fis appeler deuant ſes compagnons ; & en luy repre-
ſentant tout ce qui s'eſtoit paſſé, ie luy dis qu'il
n'eſtoit plus queſtion de diſſimuler, & qu'il falloit dire s'il auoit veu les choſes dictes , ou non ;
que ie voulois prédre la commodité qui ſe preſentoit ; que i'auois oublié tout ce qui s'eſtoit
paſſé : Mais que ſi ie paſſois plus outre, ie le ferois
pendre & eſtrangler ſans luy faire autre merci.
Apres auoir ſongé à luy , il ſe ietta à genoux &
me demanda pardon , diſant, que tout ce qu'il
auoit dict, tant en France qu'en ce païs, touchât
ceſte mer, eſtoit faux ; qu'il ne l'auoit iamais
veuë, & qu'il n'auoit pas eſté plus auant que le
village de Teſſoüat ; q'uil auoit dict ces choſes
pour retourner en Canada. Ainſi tranſporté de
cholere ie le fis retirer, ne le pouuant plus endurer deuant moy, donnant charge à Thomas
de s'enquerir de tout particulierement ; auquel
il pourſuiuit de dire qu'il ne croyoit pas que ie

f

deuſſe entreprendre le voyage, à cauſe des dangers, croyant que quelque difficulté ſe pourroit preſenter qui m'empeſcheroit de paſſer,
comme celle de ces ſauuages, qui ne me vouloient bailler des Canots: ainſi que l'on remet-
troit le voyage à vne autre annee, & qu'e-
ſtant en France, il auroit recompenſe pour ſa
deſcouuerture: & que ſi ie le voulois laiſſer en
ce pays, qu'il yroit tant qu'il la trouueroit, quád
il y deuroit mourir. Ce ſont ſes paroles, qui me
furent rapportees par Thomas, & ne me contenterent pas beaucoup, eſtant eſmerueillé de
l'effronterie & meſchanceté de ce menteur: &
ne me puis imaginer comment il auoit forgé
ceſte impoſture, ſinon qu'il euſt ouy parler du
voyage des Anglois cy mentionné; & que ſur
l'eſperance d'auoir quelque recompenſé, comme il a dict, il ait eu la temerité de mettre cela
en auant.

　Peu de temps apres ie fus aduertir les ſauuages, à mon grand regret, de la malice de ce
menteur, & qu'il m'auoit confeſſé la verité, dequoy ils furent ioyeux, me reprochant le peu
de confiance que i'auois en eux, qui eſtoyent
Capitaines, mes amis, & qui parloiét touſiours
verité, & qu'il falloit faire mourir ce menteur
qui eſtoit grandemét malitieux, me diſant, Ne
vois-tu pas qu'il ta voulu faire mourir; donne le
nous,

nous, & nous te promettons qu'il ne mentira
plus. Et à cause qu'ils estoient tous apres luy
crians, & leurs enfans encores plus, ie leur déf-
fendis de luy faire aucun mal, & aussi d'empes-
cher leurs enfans de ce faire, d'autant que ie le
voulois remener au Saut pour le faire voir à ces
Messieurs, ausquels il deuoit porter de l'eauë
salee; & qu'estant là i'aduiserois à ce qu'on en
feroit.

Mon voyage estant acheué par ceste voye,
& sans aucune esperance de voir la mer de ce
costé là, sinon par coniecture, le regret de n'a-
uoir mieux employé le temps m'est demeuré,
auec les peines & trauaux qu'il m'a fallu neantmoins tolerer patiemment. Si ie me fusse tran-
sporté d'vn autre costé, suiuant la relation des
sauuages, i'eusse esbauché vne affaire qu'il faut
remettre à vne autre fois. N'ayant pour l'heure
autre desir que de m'é reuenir, ie cõuiay les sauuages de venir au Saut S. Louys, où il y auoit
quatre vaisseaux fournis de toutes sortes de
marchãdises, & où ils receuroiét bon traitemét;
ce qu'ils firént sçauoir à tous leurs voisins. Et
auant que partir, ie fis vne croix de cedre blãc,
laquelle ie plantay sur le bort du lac en vn lieu
eminent, auec les armes de France, & priay les
sauuages la vouloir conseruer, comme aussi celles qu'ils trouueroient du long des chemins où

f ij

nous auions paſſé; & que s'ils les rompoiét, que mal leur arriueroit; & les conſeruant, ils ne ſeroient aſſaillis de leurs ennemis. Ils me promirent ainſi le faire , & que ie les retrouuerois quand ie retournerois vers eux.

NOSTRE RETOVR AV SAVT. FAVSSE ALARME.
Ceremonie du Saut de la chaudiere. Confeſſion de noſtre menteur
deuant tous les chefs. Et noſtre retour en France.

CHAP. V.

LE 10. Iuin ie prins congé de Teſſoüat, bon vieux Capitaine , & luy fis quelques preſens, & luy promis, ſi Dieu me preſeruoit en ſanté, de venir l'annee prochaine, en equippage pour aller à la guerre; & luy me promit d'aſſembler grand peuple pour ce temps là, diſant, que ie ne verrois que ſauuages, & armes qui me dóneroyent contentement; & me bailla ſon fils pour me faire compagnie. Ainſi nous partiſmes auec 40. Canots, & paſſaſmes par la riuiere que nous auions laiſſee, qui court au Nord, où nous miſmes pied à terre pour trauerſer des lacs. En chemin nous récontraſmes 9. grands Canots de Oueſcharini, auec 40. hómes forts & puiſſants qui venoient aux nouuelles qu'ils auoient euës; & d'autres que rencontraſmes auſſi, qui faiſoient enſemble 60. Canots; & 20. autres qui eſtoient

estoient partis deuant nous, ayans chacun assés
de marchandises.

Nous passasmes 6.ou 7. Sauts depuis l'isle des
Algoumequins iusques au petit Saut, païs fort
desagreable. Ie recogneus bien que si nous fus-
sions venus par là que nous eussiós eu beaucoup
plus de peine, & malaisémét eussions nous passé : & ce n'estoit sans raison que les sauuages
contestoient contre nostre méteur, qui ne cer-
choit qu'a me perdre.

Continuant nostre chemin 10.ou 12. lieuës au
dessous l'isle des Algoumequins, nous posasmes
dans vne isle fort agreable , remplie de vignes
& noyers , où nous fismes pescherie de beau
poisson. Sur la minuict arriua deux Canots
qui venoient de la pesche plus loing , lesquels
rapporterent auoir veu 4. Canots de leurs ennemis. Aussi tost on despescha 3. Canots pour
les recognoistre, mais ils retournerét sans auoir
rien veu. En ceste asseurance chacun prit le repos, excepté les femmes qui se resolurét de passer la nuict dans leurs Canots, ne se trouuans as-
seurees à terre. Vne heure auant le iour vn sauuage songeant que les ennemis le chargeoyent
se leua en sursaut, & se prit à courir vers l'eau
pour se sauuer, criant , On me tue. Ceux de sa
bande s'esueillerent tous estourdis, & croyans
estre poursuiuis de leurs ennemis se ietterent en

l'eau, comme feit vn de nos Fráçois, qui croyoit
qu'on l'aſſommaſt. A ce grand bruit nous autres
qui eſtions eſloignés, fuſmes auſſi toſt eſueillés,
& ſans plus s'enquerir accouruſmes vers eux:
mais les voyans en l'eau errans çà & là, eſtions
fort eſtonnés, ne les voyans pourſuiuis de leurs
ennemis, ny en eſtat de ſe deffendre, quand cela
euſt eſté, mais ſeulement de ſe perdre. Apres
que i'eus enquis noſtre François de la cauſe de
ceſte eſmotion, il me dict qu'vn ſauuage auoit
ſongé, & luy auec les autres pour ſe ſauuer, s'eſ-
ſtoit ietté en l'eau, croyant auoir eſté frappé.
Ainſi ayant recognu ce que s'eſtoit, tout ſe paſſa en riſee.

En continuant noſtre chemin, nous partinſ-
mes au Saut de la chaudiere, où les ſauuages firent la ceremonie accouſtumee, qui eſt telle.
Apres auoir porté leurs Canots au bas du Saut,
ils s'aſſemblét en vn lieu, où vn d'entr'eux auec
vn plat de bois va faire la queſte, & chacū d'eux
met dans ce plat vn morceau de petun; la queſte
faicte, le plat eſt mis au milieu de la troupe, &
tous danſent à l'entour, en chantant à leur mode; puis vn des Capitaines faict vne harangue,
remonſtrant que dés long temps ils ont accouſtumé de faire telle offráde, & que par ce moyé
ils ſont garátis de leurs ennemis, qu'autremeñt
il leur arriueroit du malheur, ainſi que leur persuade

fuade le diable , & viuent en cefte fuperftition,
comme en plufieurs autres, comme nous auons
dict en d'autres lieux. Cela faict, le harangueur
prent le plat , & va ietter le petun au milieu de
la chaudiere, & font vn grand cry tous enfemble. Ces pauures gés font fi fuperftitieux, qu'ils
ne croiroient pas faire bon voyage, s'ils n'auoiét
faict cefte ceremonie en ce lieu , d'autant que
leurs ennemis les attendent à ce paffage , n'o-
fans pas aller plus auant, à caufe des mauuais
chemins, & les furprennent là : ce qu'ils ont
quelquesfois faict.

Le lendemain nous arriuafmes à vne ifle, qui
eft à l'entree du lac., diftante du grand Saut S.
Louys de 7. à 8. lieuës, où repofans la nuict, nous
eufmes vne autre alarme, les fauuages croyás a-
uoir veu des Canots de leurs ennemis : ce qui
leur fit faire plufieurs gráds feux , que ie leur fis
efteindre, leur remonftrant l'inconuenient qui
en pouuoit arriuer, fçauoir, qu'au lieu de fe ca-
cher ils fe manifeftoient.

Le 17. Iuin nous arriuafmes au Saut S. Louys
ou ie trouuay l'Ange qui eftoit venu au deuant
de moy dans vn Canot, pour m'aduertir que le
fieur de Maifon-neufue de S. Maflo auoit apporté vn paffeport de Monfeigneur le Prince
pour trois vaiffeaux. En attendant que ie l'euffe
veu, ie fis affembler tous les fauuages pour leur

faire entendre que ie ne defirois pas qu'ils trai-
ctaſſent aucunes marchandiſes, que ie ne leur
euſſe permis : & que pour des viures ie leur en
ferois bailler ſi toſt que ſerions arriués; ce qu'ils
me promirent, diſans, qu'ils eſtoient mes amis.
Ainſi pourſuiuant noſtre chemin, nous arriuaſmes aux barques, & fuſmes ſalués de quelques
canonades, dequoy quelques vns de nos ſauuages eſtoient ioyeux, & d'autres fort eſtonnés,
n'ayans iamais ouy telle muſique.   Ayans mis
pied à terre, Maiſon-neufue me vint trouuer
auec le paſſeport de Monſeigneur le Prince : &
auſſi toſt que l'eus veu, ie le laiſſay iouïr, & les
ſiens, du benefice d'iceluy, comme nous autres ; & fis dire aux ſauuages qu'ils pouuoyent
traicter le lendemain.

Ayant veu tous les Chefs, & deduit les particularités de mon voyage, & la malice de noſtre menteur, dequoy ils furent fort eſtonnés,
ie les priay de s'aſſembler, afin qu'en leur pre-
ſence, des ſauuages & de ſes compagnons, il declaraſt ſa meſchanceté; ce qu'ils firent volōtiers.
Ainſi eſtans aſſemblés, ils le firent venir, & l'interrogerent, pourquoy il ne m'auoit monſtré la
mer du Nord, comme il m'auoit promis à ſon
depart : Il leur fit reſpōſe qu'il auoit promis vne
choſe impoſſible à luy, d'autant qu'il n'auoit iamais veu ceſte mer, & que le deſir de faire le
                                                voyage

voyage luy auoit fait dire cela; auſſi qu'il ne croyoit que ie le deuſſe entreprendre , & les prioit luy vouloir pardóner, comme il fit à moy derechef, confeſſant auoir grandement failly: mais que ſi ie le voulois laiſſer au pays, qu'il feroit tát par ſon labeur , qu'il repareroit la faute, & verroit ceſte mer , & en rapporteroit certaines nouuelles l'annee ſuiuáte:& pour quelques conſiderations ie luy pardonnay à ceſte condition.

Apres leur auoir deduit par le menu le bon traiĉtemét que i'auois reçeu dans les demeures de ces ſauuages, & mon occupation iournaliere , ie m'enquis auſſi de ce qu'ils auoyent faiĉt pendant mon abſence, & de leurs exercices, leſquels eſtoient la chaſſe, où ils auoient faiĉt tel progrés, que le plus ſouuent ils apportoient ſix cerfs. Vne fois entre autres le iour de la S.Barnabé, le ſieur du Parc y eſtant auec deux autres, en tua 9. Ils ne ſont pas du tout ſemblables aux noſtres, & y en a de differétes eſpeces, les vns plus grands, les autres plus petits , approchát fort de nos dains. Ils auoient auſſi ſi grande quantité de Palombes qu'impoſſible eſtoit de plus, ils n'auoient pas moins de poiſſon, cóme brochets, Carpes, Eſturgeons, Aloſes, Barbeaux, Tortues, Bars , & autres qui nous ſont incognus, deſquels ils diſnoient & ſouppoient tous les iours: auſſi eſtoyent-ils tous en meilleur point que

moy, qui eſtois attenué par le trauail & la faſ-
cherie que i'auois euë, & n'auois mangé le plus
ſouuent qu'vne fois le iour de poiſſon mal cuit,
& à demy roſti.

Le 22. Iuin ſur les 8. heures du ſoir les ſauuages nous donnerent vne alarme, à cauſe qu'vn
des leurs auoit ſongé qu'il auoit veu les Yroquois: pour les contenter chacun prit ſes armes,
& quelques vns furent enuoyés vers leurs cabanes pour les aſſeurer, & aux aduenues pour
deſcouurir: ſi bien qu'ayant recognu que s'e-
ſtoit vne fauſſe alarme, l'on ſe contenta de tirer
quelques 200. mouſquetades & harquebuſa-
des, puis on poſa les armes en laiſſant la garde
ordinaire. Cela les aſſeura fort, & furent bien
contens de voir les François qui ſe preparerent
pour les ſecourir.

Apres que les ſauuages eurent traitté leurs
marchandiſes, & qu'ils eurent reſolu de s'en
retourner, ie les priay de mener auec eux deux
ieunes hommes pour les entretenir en amitié,
leur faire voir le païs & les obliger à les ramener, dont ils firent gráde difficulté, me repreſen-
tant la peine que m'auoit donné noſtre menteur, craignans qu'ils me feroient de faux rapports, comme il auoit faict. Ie leur fis reſponſe
qu'ils eſtoient gens de bien & veritables, & que
s'il ne les vouloient emmener, ils n'eſtoyent pas
mes amys, & pource ils s'y reſolurent. Pour

noſtre

noſtre méteur aucun de ſes ſauuages n'en vouluſt, pour priere que ie leur feit, & le laiſſaſmes
à la garde de Dieu.

Voyant n'auoir plus rien affaire en ce pays,
ie me reſolus de paſſer dans le premier vaiſſeau
qui retourneroit en France. Le ſieur de Maiſon-neufue ayant le ſien preſt m'offrit le paſſage, lequel i'acceptay, & le 27. Iuin auec le ſieur
l'Ange nous partiſmes du Saut, où nous laiſſaſ-
més les autres vaiſſeaux, qui attendoyent que
les ſauuages qui eſtoient à la guerre fuſſent de
retour, & arriuaſmes à Tadouſſac le 6. Iuillet.

Le 8. Aouſt le temps ſe trouua propre qui
nous en feit partir.

Le 18. ſortiſmes de Gaſpé à l'iſle percee.

Le 28. nous eſtions ſur le grand banc, où ſe
faict la peſche de poiſſon vert, où l'on prit du
poiſſon tant que l'on voulut.

Le 26. Aouſt arriuaſmes à S. Maſlo, où ie vis
les Marchans, auſquels ie remonſtray combien
il eſtoit facile de faire vne bonne aſſociation
pour l'aduenir, à quoy ils ſe ſont reſolus, comme ont faict ceux de Rouën, & de la Rochelle
apres qu'ils ont recognu ce reglement eſtre neceſſaire, & ſans lequel il eſt impoſſible d'eſperer
quelque fruict de ſes terres. Dieu par ſa grace face proſperer ceſte entrepriſe à ſon honneur, à ſa gloire, à la conuerſion de ſes pauures
aucugles, & au bien & honneur de la France.

F I N.

TABLE DES CHAPITRES DV
QVATRIESME VOYAGE.

Date Due

Demco 38-297